景福宮臥遊
경복궁와유

들어가는 말_ 첫번째

천지만물의 조화가
꽃피는 곳, 경복궁

천지만물의 조화가 꽃피는 곳, 경복궁
누구든지 와유(臥遊)로 오세요. 궁궐에는 오랜 보배로움을 맘껏 향유 할 수 있는 낭만이 있습니다. 궁궐 안을 들여다보면 수많은 역사와 빛바랜 사연이 쌓여있는 것이 우리의 인생과 같습니다.

519년 역사의 자취와 흔적을 이 책에 담았습니다.
유교의 근본, 공자의 가르침이 뿌리내린 조선국의 제례 문화의 위대함을 생각 해보면 역사가 가지는 의미가 더욱 크게 다가옵니다. 오천년 역사 안에는 청동(靑銅)문화와 철기(鐵器)문화, 조선(造船)문화, 도자기(陶磁器)문화 등 다양한 문화가 역사와 밀접하게 얽혀있음을 알 수 있습니다.

나의 바람은 역사와 문화를 향한 여러분들의 궁금증이 자랑스러운 것이었으면 합니다.

이 책을 읽는 모든 분이 천지만물의 조화가 꽃 피는 궁을 와유(臥遊)하며, 우리 고유의 문화가 살아있는, 도도한 강물에 흐름처럼 끊임없이 이어지는 역사를, 궁궐을 답사하며 관조해 보시기를 기대합니다.

이 글을 통해 책을 완성하는데 많은 도움을 주신 분들께 감사의 인사를 드립니다. 한 분 한분의 따뜻한 지원과 협조 덕분에 이 책이 완성되었습니다.

책이 나오기까지 물심양면 지원해주신 대한항공 故조양호 회장, 전 한국일보 서울경제신문 장재구 회장님께 깊은 감사를 드립니다.
그리고 책의 검수를 봐주신 전 창경궁 박정상 소장, 사진과 그림을 제공해주신 이희배 사진작가, 정옥임 화백, 또한 책을 잘 다듬어 마무리까지 도와준 제자 김예진, 김예은 까지 모두 감사드립니다.

마지막으로
40년 이상 궁을 연구하며 걸어 온 길을 묵묵하게 응원해 준 가족들에게 감사드립니다.
다시 한번, 모든 분들에게 진심으로 감사드립니다.

박동환 원장

목차

1부. 궁궐

1. 궁궐의 풍수 - 풍수지리/좌묘우사 — 10
2. 궁궐의 개념 - 궁궐(宮闕)/궁실(宮室)/궁전(宮殿) — 12
3. 음양오행 - 일월오악도 — 13
4. 팔괘의 개념 — 14
5. 천원지방사상 — 15
6. 구자룡의 의미 - 팔조룡 — 15

2부. 태조 이성계의 조선창건

1. 이성계의 삶 — 20
2. 요동 정벌과 위화도 회군 — 22
3. 한양 천도와 조선 - 조선왕조가 오기까지/명당 경복궁/한양 수도 정비 — 24
4. 왕자의 난 - 1398년 8월 27일 제1차 왕자의 난 — 26
5. 경복궁의 창건 — 27
6. 광복 이후의 복원 — 29

3부. 경복궁

0. 광장과 월대(月臺)	32
1. 광화문(光化門) – 건춘문/영추문/신무문/동십자각/계무문/광무문	41
2. 흥례문(興禮門)	56
3. 영제교(永濟橋)	58
4. 유화문(維和門)	60
5. 기별청(奇別廳)	61
6. 계조당(繼照堂)	62
7. 근정문(勤政門) – 왕의 즉위절차/월화문과 일화문	63
8. 근정전(勤政殿) – 근정문/근정전 내부/석조물/회랑/용문루/인정전비교/왕의 의복	67
9. 사정전(思政殿) – 만춘전/천추전/용신당/연태문/협선당/내탕고	88
10. 경회루(慶會樓) – 하향정/어처구니/이견문/함홍문/자시문/필관문/만시문/기우제/수정전/집현전/내명부	96
11. 강녕전(康寧殿) – 연생전/경성전/연길당/응지당/연소당/청심당/건의당/수경당/계광당/흥안당/내시부/향오문/용부문/지도문/내성문/양의문/교태전 담벽	111
12. 교태전(交泰殿) – 원길헌/함홍각/승순당/보의당/체인당/만통문/내순당/재성문/연휘문/함형문/원지문/건순각/산실청/산자리/아미산/함월지/낙하담/연지	119

13. 함원전(咸元殿) - 인지당/융화당/선장문/대재문/흠경각/자안당 — 134
14. 자경전(慈慶殿) - 만세문/청연루/협경당/제수합/전축문 — 140
15. 수라간(水刺間) - 사옹원 — 151
16. 자선당(資善堂) - 이극문/삼비문/중광문/진화문/미성문/숭덕문/길위문/비현각/ — 157
    이모문/구현문/세자책봉
17. 흥복전(興福殿) - 함화당/집경당/하지 — 165
18. 향원정(香遠亭) - 열상진원천/장흥고 — 169
19. 건청궁(乾淸宮) - 곤녕합/정시합/사시향루/함광문/청휘문/복수당/녹금당/인유문/ — 174
    무령문/무청문/옥호루/장안당/정화당/추수부용루/초양문/필성
    문/관명문/취규문
20. 집옥재(集玉齋) - 팔우정/협길당 — 184
21. 장고(獎庫) — 189
22. 일중문(日中門) — 190
23. 태원전(泰元殿) - 영사재/대서문/건길문/공묵재/홍경문/보강문/경사합/유정당/ — 191
    건숙문/경안문/인수문/기원문/예성문/신거문/숙문당/국장의
    절차/삼도감/종묘 영녕전

국장의 절차, 삼도감 — 198

4부. 조선왕조

조선왕조 - 조선역대 왕 가계도 / 1대 태조 ~ 26대 고종 — 208
관직 - 의정부/삼정승/육조/승정원/의금부/사헌부/사간원/홍문관/춘추관/성균관/8도 — 270
과거시험 - 응시자격/과거제도 — 275

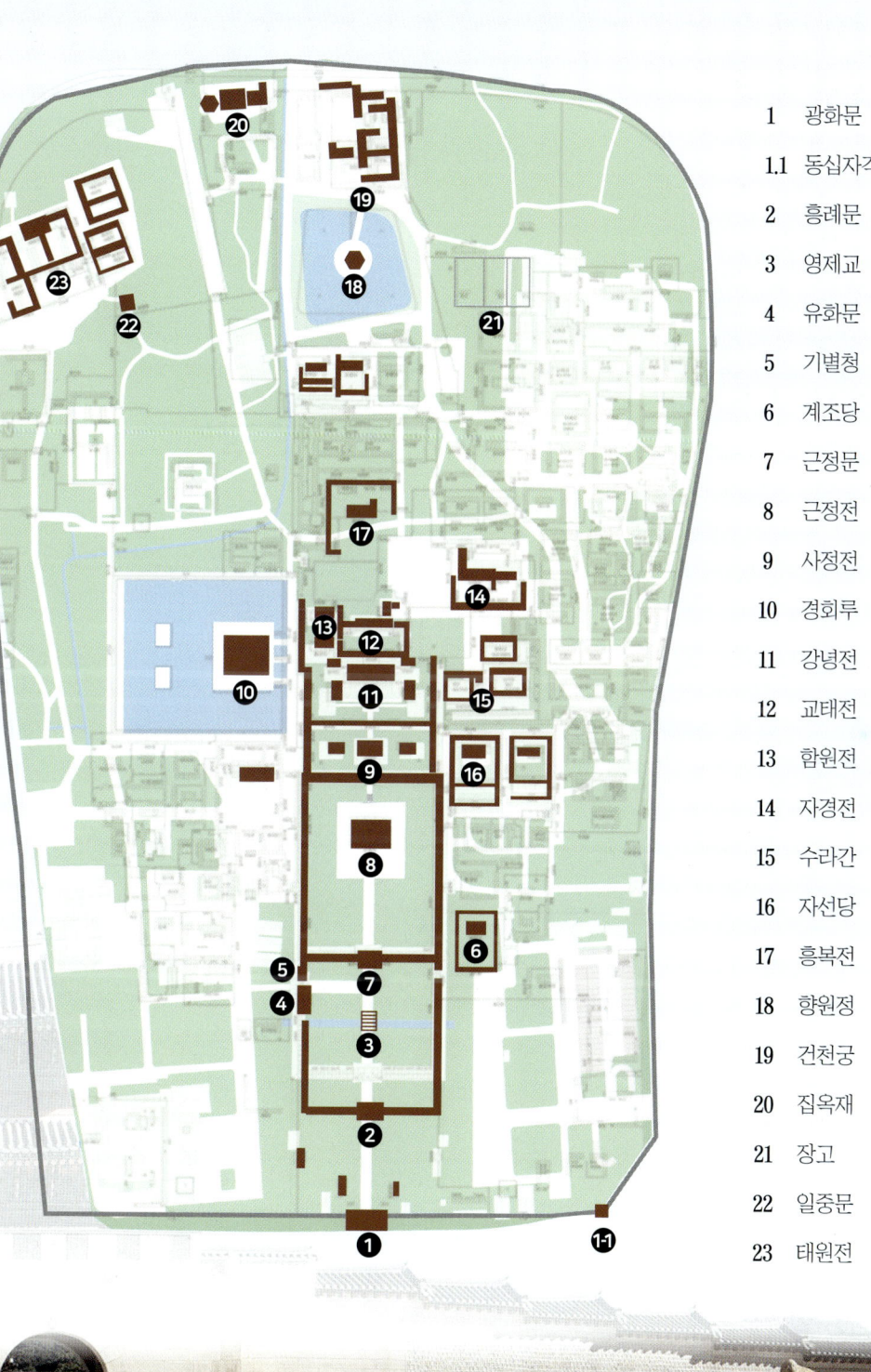

1 광화문
1.1 동십자각
2 흥례문
3 영제교
4 유화문
5 기별청
6 계조당
7 근정문
8 근정전
9 사정전
10 경회루
11 강녕전
12 교태전
13 함원전
14 자경전
15 수라간
16 자선당
17 흥복전
18 향원정
19 건천궁
20 집옥재
21 장고
22 일중문
23 태원전

1부
궁궐

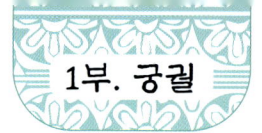

1부. 궁궐

1. 궁궐의 풍수

풍수지리

태조 이성계는 1392년에 조선을 세우기 위해 도읍지로 한양(서울의 옛 지명)을 선택하였다. 한양이 도읍지로 선택된 이유는 당시 풍수지리 사상에 따른 것으로 원나라 환관인 김사행의 도움으로 한양의 지형과 지세에 맞게 도시계획을 철저하게 진행하였다.

경복궁은 '정자(正字)'와 '동서남북'을 기준으로 대칭을 이루는 형태로 설계되었다. 이러한 구조는 중국의 풍수지리 사상에 기반하고 있으며, 궁궐 내부에는 중요한 건물들이 일정한 위치에 배치되어 있다. 예를 들면, 대궐인 광화문(光化門)과 주궐인 강녕전(康寧殿), 그리고 교태전은 향원정까지 경복궁의 중추적인 축에 놓여 있다.

또한, 경복궁은 물(水)과 산(山)의 조화를 중요시한 풍수지리 원리를 따라 조성되었다. 궁궐 내부에는 호수와 연못이 있으며, 주변에는 자연적인 지형을 활용한 정원이 조성되어 있다. 이를 통해 물과 산의 에너지를 균형 있게 조화시켜 궁궐 내외에 평화와 안정을 불러오는 효과를 기대한 것으로 알려져 있다.

한양의 도시계획 중 중요한 부분은 법궁인 경복궁이었다. 북쪽 방위를 지키는 영귀와 현무는 북악산, 서쪽 방위를 지키는 백호는 인왕산, 남쪽 방위를 지키는 주작은 남산, 동쪽 방위를 지키는 청룡은 낙산, 이 네 개의 산에 둘러싸인 지역을 중심으로 도시계획이 완성되었으며, 그 둘레는 약 18.7km다. 이렇게 계획된 도시는 조선의 중심지로서 역사와 문화의 중요한 역할을 담당하게 되었다.

좌묘우사

예로부터 조선은 도시 형성의 기본 원칙으로, 좌측에는 국가의 제례를 담당하는 종묘를 세우고, 우측에는 토지와 곡식의 신을 모시는 사직단을 두었다. 이는 조선이 조상들의 음덕을 존중하며 조상들의 가호와 천지신령의 보살핌을 받고 평화롭게 살아가기 위한 차원에서 이루어진 것이다.

조선의 수도인 한양 역시 경복궁을 중심으로 조성되었는데, 경복궁의 좌측에는 종묘가 건립되었다. 종묘는 감실 내에 역대 왕과 왕비들의 위패와 신위를 모시고 있으며, 봄, 여름, 가을, 겨울, 그리고 동지마다 매년 다섯 차례의 제사가 지내어지는 사당이다. 경복궁의 동쪽에 위치한 동묘와 서쪽에 위치한 사직단은 토지의 신인 사(社)와 곡식의 신인 직(稷)에게 제사를 지내는 제단이다.

정도전은 유교 국가의 정신사상을 백성들에게 심어주는 역할을 맡았다. 그는 태조 이성계의 정치 전

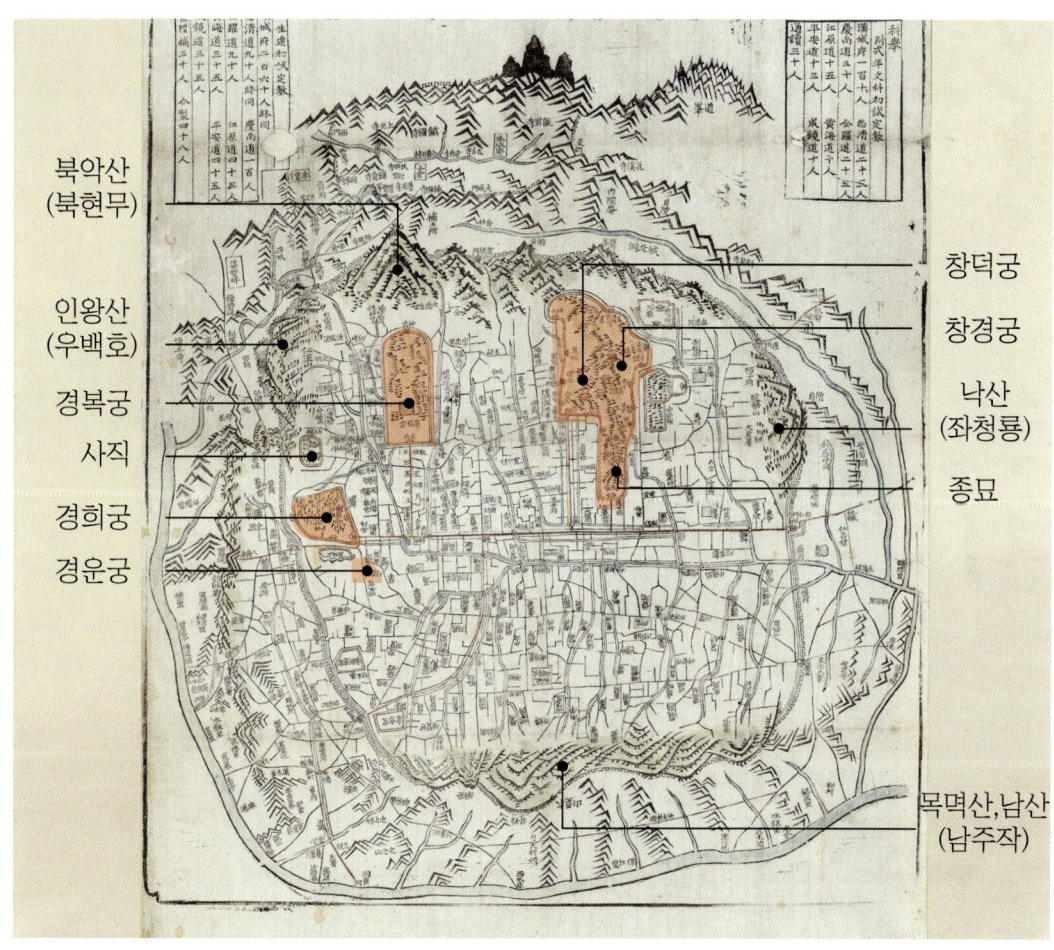

한양도성 서울시 역사박물관 소장

략을 유교 교리에 근본을 두어 이해하기 쉽도록 하였으며, 군주는 백성이 교체할 수 있지만 백성의 마음은 변화시키기 어렵다는 점을 감안하여 근본적인 제례와 제사의 중요성을 강조하였다.

또한, 삼봉은 주례고공기¹를 이용하여 도시의 지리적 관점을 고려하고, 도시 내에서 윤리적 가치와 정치적인 가치를 강조함으로써 조선의 발전을 도모하였다.

---

1 주례고공기: 도성의 건설·궁궐조영·수레·악기·병기·관개·농기구 등에 관한 기록으로 중국에서 가장 오래된 기술관련 백과사전

2. 궁궐의 개념

궁궐 宮闕

궁궐이란 용어는 집을 의미하는 '궁'과 대궐을 의미하는 '궐'의 합성어다. '궁'은 왕족들이 살던 큰 건물을 의미하고, '궐'은 원래 궁의 출입문 좌우에 설치되던 망루를 가리키는 단어로 왕이 거주하던 건물과 망루가 함께 있어 '궁궐'이라고 불리게 되었다.

한양에는 총 8개의 큰 문이 있었는데, 이를 4대문과 4소문이라고 한다. 이 문들이 둘러싸고 있는 모든 집들은 궁으로 볼 수 있다. 그래서 한양의 문 밖으로 나가면 궁궐 밖으로 나선다는 표현을 사용하기도 하였다.

궁실 宮室

궁실은 일반적으로 왕과 왕비가 거주하는 공간을 의미한다. 이는 단순히 공간적인 개념으로 이해될 수도 있지만, '궁실'에 '제(制)'라는 접미사를 붙인 '궁실제도'라는 단어가 사용되는 것을 보면, 궁실은 단순한 공간 이상으로 권위를 갖는 집으로서의 의미가 있다고 볼 수 있다. 궁실은 왕과 세자, 공주가 거주하는 공간으로서 왕정의 중요성을 가지며, 계층 간의 인식과 관련이 있다. 내실은 침전에 가까운 공간을 의미하며 이는 궁실 내부의 공간이다.

궁전 宮殿

궁전은 왕이 거주하는 큰 집으로 집 '궁'과 대궐 '전'이 합쳐진 형태다. 궁전은 궁궐과 대체로 비슷한 의미로 사용되지만, 궁궐에 비해 전각에 초점이 맞추어져 있다는 느낌을 주는데 이것은 왕, 대비, 중전이 사용하는 대궐 전 등의 높은 위계를 나타내기 때문이다. 궐은 문루에 가까운 의미를 갖고 있지만, 전은 주로 실내 공간인 침전, 침소를 의미한다. 불교에서는 대웅전, 지장전, 명부전 등이 동등한 위치로 여겨진다.

고대 중국의 궁궐 계획을 살펴보면, 궁정을 궁성과 궁전으로 구역을 구분하기도 했다. 궁성 구간에는 정치 공간인 외조, 치조, 연조(燕朝)와 생활공간인 침소(寢所) 및 궁궐 내의 부(府), 청(廳), 사(舍), 실(室) 등이 포함되었으며, 궁전 구역은 외조를 핵심으로 하여 전조후침, 종묘사직, 관아 등이 연관된 곳으로 구분되었다. 이 관점에서 보면 궁전이 외향적인 성격을 가지는 반면, 왕이 거처하는 지역은 더 깊숙한 내전에 위치한다고 생각된다.

황제국과 제후국에서는 주례고공기의 질서에 따라 5문 3조로 건물의 위치를 정한다. 오문은 고문(皐門), 고문(庫門), 치문(稚門), 응문(應門), 로문(路門)으로 황제는 오문을 가지고 있으며, 제후나라는 삼문을 가지고 있다.

첫번째 문: 고문 皐門으로 경복궁에서는 광화문에 해당된다.
두번째 문: 고문 庫門으로 경복궁에서는 홍례문에 해당된다.
세번째 문: 치문 稚門으로 경복궁에서는 근정문에 해당된다.
네번째 문: 응문 應門으로 경복궁에서는 사정문에 해당된다.
다섯번째 문: 로문 路門으로 경복궁에서는 향오문에 해당된다

3. 음양오행

일월오악도 국립고궁박물관 소장

일월오악도

　병풍 속에 그려진 일월오악도에는 그 이름과 같이 해와 달 그리고 오악(五嶽) 산이 그려져 있다. 해는 왕을 상징하고, 달은 왕비를 의미하며, 음과 양의 조화를 나타낸다. 오악은 중악인 숭산(崇山), 서악인 묘향산(華山), 북악인 백두산(恒山), 동악인 금강산(泰山), 남악인 지리산(衡山)으로 이루어져 있으

며, 이는 산신에게 제사를 지내고 왕은 국토를 다스리라는 의미를 담고 있다. 중용 26장 9절에서는 동서남북 중앙의 오악이 언급되는데, 이를 통해 오악이 중요한 원리로 자리매김 되었다는 것을 알 수 있다. 일월오악도는 왕실의 태평성대를 상징하기 위해 그려졌다.

소나무는 하늘과 땅의 소통을 상징한다. 송백불노 송수천년(松栢不老 松壽千年)의 소나무는 늙지 않고 천년을 살아가는 나무로, 고상절개와 함께 우리 민족의 뿌리를 상징하기도 한다. 소나무는 조선시대에는 신하를 표현하는 상징물로 사용되기도 했으며, 추사 김정희는 세한도(歲寒圖)에서 "소나무의 기개와 절개는 찬바람이 불어 날이 춥고 서야 알 수 있다"라고 표현했다.

또한, 폭포수에 흐르고 파도치는 물은 백성을 나타낸다. 왕이 살아있는 동안에는 초상화 대신 일월오악도가 사용되어 왕의 자리를 나타내었는데 이는 자객이 왕의 얼굴을 알아보고 위협을 가할 수 있기 때문에 노출을 최소화하기 위해서였다. 따라서 도화서에서는 화원이 일월오악도를 여러 장 준비해 두었고 민간에서 사용될 경우 역적으로 인식되어 왕실에서만 사용되었다. 왕을 일월오악도의 해와 같은 존재로 여겨 존엄성을 높이는 면도 있다.

4. 팔괘의 개념

팔괘는 동양에서 사용되는 기호적인 그림으로, 주로 중국의 역사와 철학에서 중요한 개념을 나타내는 데 사용된다. 각각의 팔괘는 다양한 의미와 상징성을 지니고 있다.

건(乾)	곤(坤)	리(離)	감(坎)	손(巽)	진(震)	간(艮)	태(兌)
☰	☷	☲	☵	☴	☳	☶	☱
하늘 천天	땅 지地	불 화火	물 수水	바람 풍風	천둥 진震	산 산山	연못 택澤
남 / 금	북 / 흙	동 / 불	서 / 물	서남 / 나무	동북 / 나무	서북 / 흙	동남 / 금

5. 천원지방사상

중국 최초의 사전인 석명 《釋名》 에는 천원지방(天圓地方)을 '하늘은 둥글고 땅은 네모나다'라고 설명되어 있다. 이는 고대 중국의 수학 및 천문학 문헌에서도 비슷한 표현을 찾아볼 수 있는데, 땅은 모나고, 하늘은 둥근 것으로 여겨지며, 천원은 둥글고 지방은 네모로 상징화되어 있다.

천원지방사상은 여러 가지 문화에 반영되어 있는데 중국에서는 이 개념을 말 그대로 받아들여 실제로 하늘을 둥글게, 땅을 네모로 상상했다. 또한 '하늘은 둥글고 땅은 평평하다'에 따라 잘못을 범하면 발이 잘못 가서 문제가 발생한다는 의미에서 발바닥을 때리는 문화가 있었다. 조선 시대에는 잘못을 저질렀을 때 얼굴은 하늘이니까 때려서는 안 된다는 의미에서 종아리를 걷어서 회초리로 매를 맞는 관습이 있었다.

왕과 신하가 입는 관복의 흉배 문양에도 나타나는데 왕은 하늘과 같으므로 곤룡포(袞龍袍)의 보(補)를 둥글게 하였고, 신하들은 흉배를 네모지게 만들어 구분하였다. 밥상도 천원지방사상을 따라 임금의 수라상은 둥근상을 사용하였고 신하들은 네모진 상을 사용했다.

절의 탑 속에는 부처와 스님의 사리가 봉안되는데, 탑의 형태를 살펴보면 바닥은 네모이며, 올라갈수록 원형으로 변해 작은 연꽃이 되는 형태를 가지고 있다. 이는 탑 안으로 들어가면 바깥세상을 넘어서 수행하여 윤회하고, 새로운 세계에 태어남을 의미한다. 이를 상징하기 위해 이처럼 천원지방사상은 조선시대 문화와 건축 등 여러 측면에 영향을 주었으며, 경복궁을 비롯한 많은 장소에서도 천원지방사상이 담겨있으니 한번 찾아보는 것을 추천한다.

6. 구자룡의 의미

용생구자(龍生九子)는 용의 아홉 자식을 이르는 말이다. 홍치제 시대에 어떤 이는 '용이 새끼 아홉을 낳았는데, 용은 정작 되지 않고 각기 좋아하는 것이 있었다' 고 말했다.

구자룡(九子龍)은 중국의 전통적인 용의 형태 중 하나로 '구자(九字)'는 '아홉 글자'를 의미하며, '용'은 용의 형상을 나타낸다. 구자룡은 아홉 개의 독특한 형태를 가진 용이며 각각의 형태는 다양한 의미를 지니고 있다. 중국의 전설이나 민간신화에서 종종 등장하며, 용의 특성과 능력을 상징적으로 나타낸다. 아홉 개의 형태는 다양한 색상과 머리, 꼬리, 발 등의 형상이 조합되어 있으며, 일반적으로는 아홉 개의 머리와 아홉 개의 꼬리를 가지고 있다고 묘사된다.

조선 시대 실학자인 이익은 《성호사설》이라는 저서에서 용생구자에 대해 다음과 같이 기록했다. 용은 대나무를 심는 날인 죽취일(竹醉日)이라 불리는 날에만 아홉 마리의 새끼를 낳을 수 있으며 태어난 새끼들은 다양한 모습과 능력을 가지고 있는데, 그 중 하나만 용이 되어 승천하게 되며 이를 항룡(亢龍)이라고 한다. '항용(亢龍)'은 귀중하고 존귀한 존재를 의미한다.

팔조룡

팔조룡(八爪龍)이란 용의 발가락 개수가 8개인 것을 가리키는 용어이며, 일반적으로 용은 3, 5, 7, 9와 같은 홀수 개의 발가락을 가지고 있다고 전해진다. 그러나 일부 건축물이나 사당, 능과 같은 죽은 자의 신전에서는 발가락 수가 짝수인 용을 사용하는데 천제를 드리던 환구단에서는 기둥의 개수가 8개이고 용의 발가락 수도 8개인 경우가 있다.

《성호사설》에서 설명하는 용생구자 구자룡의 특징은 다음과 같다.

[구자룡의 특징]

	명칭	특징
첫째	비희(贔屭)	힘이 장사이며 거북이 모양으로 무거운 것을 항상 등에 지길 좋아해 비석의 받침으로 쓰였다.
둘째	이문(螭吻)	물에서 나온 짐승으로 불을 막는 능력이 있다 하여 지붕에 얹는다. 높은 곳에서 먼 곳을 바라보길 좋아하고 용마루 끝에 놓여지며 '치문' 또는 '치미'라고도 불린다.
셋째	포뢰(蒲牢)	천성이 울기를 좋아하고, 고래를 무서워하여 보기만 하면 울부짖는데 그 소리가 크고 웅장하여 종이나 북 위에 올려놓았다. 절에서 종의 머리에는 용이 있고, 그것을 치는 당목에는 고래 모양을 하고 있는 경우가 있는데 이는 여기서 유래했다.
넷째	폐한(狴犴)	호랑이 모습을 하고 있고 위엄이 넘치는 모습이라고 한다. 범접하지 말라는 뜻으로 위엄을 표현하려 주로 감옥 문에 세워졌다.
다섯째	도철(饕餮)	무서운 외모와 식욕이 대단한 괴물로 묘사된다. 사람을 마구잡이로 집어삼켰다가 그 벌로 사람이 목구멍에 넘어가기도 전에 죽었다고 하여, 머리만 있고 몸통이 없어 주로 솥뚜껑에 손잡이에 사용되었다.
여섯째	공복(蚣蝮)	천성이 물을 좋아하여 다리 기둥이나 배수구 등에 세워졌으며 생김새는 용을 닮았다고 한다. '이수'라고도 불린다.
일곱째	애자(睚眦)	천성이 죽이기를 좋아하고, 늑대를 닮았다고 한다. 칼의 고리에 주로 새겨졌다.
여덟째	금예(金猊)	연기를 좋아하여 '산예'라고도 불린다. 사자와 형상이 비슷하고 천성이 앉아있는 것을 좋아하여 향로에 새겨졌다.
아홉째	초도(椒圖)	소라 또는 개구리와 닮았으며 문을 닫거나 잠그는 것을 좋아해 문고리에 많이 장식되었다.

2부
조선창건

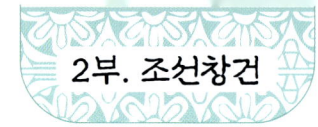

1. 태조 이성계의 삶

태조의 어진 고궁박물관 소장

초대 왕 이성계는 1335년 함경도 영흥에서 고려 쌍성총관부[1]의 만호[2]였던 이자춘과 최한기의 딸 사이에서 둘째로 태어났다. 자는 군진(軍晉), 본관은 전주이며 성은 이(李), 휘는 단(旦), 초명은 성계(成桂), 초자는 중결(仲潔), 호는 송헌(松軒)이다. 한 씨 집안 여식과 결혼하여 6남 2녀를 두고 계비강 씨 소생은 2남 1녀를 뒀다.

---

1 쌍성총관부 : 원나라가 함경남도 영흥에 설치한 관청의 성격을 가진 통치기구이다.
2 만호(萬戶) : 원나라에서 들어온 품계를 말함. 통주 1백명은 百戶(백호) 1,000명을 통솔 시 千戶(천호) 만 명은 만호라 한다.

고려의 무신 가문 출신이었던 이성계는 어릴 때부터 가문의 피를 이어받아 용맹하여 많은 전쟁터에서 공을 세웠다. 특히 활을 잘 쏘아서 신궁(神弓)이라고 불렸으며 천하의 명궁으로 소문이 자자했다. 30년 동안 전쟁터에서 활약했던 이성계는 적진에 나아가 단 한 번도 패하지 않았다고 알려져 있다.

1356년 공민왕 5년 유인우가 이끄는 고려군이 원의 쌍성총관부를 공격해 오자 아버지와 함께 공을 세웠고, 5년 후 아버지 이자춘이 죽자 벼슬을 그대로 이어받아 변방의 북쪽 금오위상장군(金吾衛上將軍) 동북면상만호(東北面上萬戶)가 되었다.

1361년 공민왕 10년 독로강만호(禿魯江萬戶)¹ 박의(樸儀)의 난을 제압하였으며, 같은 달에 홍건적이 10만 대군을 이끌고 고려에 침입하여 순식간에 수도가 함락되자 이성계는 고려인 및 여진족으로 구성된 강력한 친병 조직 2,000명을 거느리고 수도 탈환 작전을 지휘하였다.

1362년 공민왕 11년 심양행성승상(審陽行省丞相)을 자처한 원의 장수 나하추(納哈出)가 수만 명의 군사를 이끌고 함경도 홍원 지방으로 쳐들어오자 고려에서는 이성계를 동북면 병마사(東北面兵馬使)로 새 관직을 내려 출정시켰다. 여러 차례 격전 끝에 함흥평야에서 원의 군대를 격퇴시키며 전쟁을 승리로 이끌자 적장인 나하추(納哈出) 마저 이성계의 탁월한 군사적 재능과 뛰어난 용맹에 크게 감탄하며 존경을 표했다.

쌍성총관부

1364년 공민왕 13년 여진족 김삼선(金三善)·김삼개(金三介) 형제가 함주를 침략하자 격퇴하여 밀직부사(密直副使)에 임명되었고, 1370년 공민왕 19년 평양 원의 동녕부(東寧府)를 원정하여 국토를 확장하는데 크게 기여했다.

---

1 독로강만호:자강도 강계시의 옛이름

1380년 9월 우왕 6년 고려 말 당시 왜구의 약탈이 각지에서 자행되었다. 아지발도(阿只拔都, 阿其拔都)가 이끄는 왜구의 대규모 군대가 지리산 일대를 약탈하며 북진하자 이성계는 삼도도원수(三道都元帥)로 임명되어 군대를 출정시켰다. 전라도 운봉 황산에 도착한 이성계의 군대는 왜구가 올 길을 예측하여 피 바위 근교에 진을 치고 잠복하였고 이성계의 예측대로 왜구가 습격해 왔다. 이에 대치하여 격렬하게 싸우던 중 이성계가 쏜 화살에 아지발도가 죽자 고려군의 사기는 크게 올라 왜구의 정예부대를 모두 무찔렀다. 이 전투를 '황산대첩(荒山大捷)'이라 한다.

이렇듯 당시 고려 말기는 외적으로는 원나라에서 명나라로 교체되는 시기였고, 내적으로는 친원파와 친명파가 첨예하게 대립하고 있었다. 이성계의 계속되는 승전보는 무장으로서의 진가를 확실하게 보여주어 고려 내에서 입지를 굳게 만들었다. 백성들의 신망을 받으며 그에 따라 벼슬도 중심부로 자리 잡게 되었으며 군사력을 갖춘 신망받는 이성계에게 자연스레 신진 사대부들이 찾아왔다.

정치적 연대가 필요하던 그는 개혁성향이나 무장능력이 없던 신진사대부와 연대하여 손을 잡게 되었다. 이성계가 동북면에 있을 때 정몽주가 그를 수시로 찾아왔고, 그를 통해 정도전이 함주 막사에 있던 이성계에게 수시로 방문하여 정사와 현안을 논의하기도 하였다.

정몽주와 정도전을 통해 친명 세력이자 반원정책을 하던 신진사대부에 대한 압력과 위협에서 이들을 지켜주고 보호하며 신진사대부와 뜻을 함께 하며 결속력을 다져나갔다. 또한 최영, 조민수와도 친분관계를 유지하며 최영이, 임견미, 염흥방 세력을 숙청할 때 최영에게 적극적으로 도움을 주었다.

2. 요동 정벌과 위화도 회군

1388년 우왕 14년 명나라는 철령 이북의 땅을 점령하겠다고 통보해 왔다. 본래 원나라 쌍성총관부가 있던 지역이니 명나라의 땅이라는 이유를 들어 철령위라는 관청을 설치하고 관리를 파견했다. 이에 최영과 우왕은 이 기회에 만주기지인 요동을 쳐 명나라의 야심을 꺾어야 한다고 주장했다. 그러나 이성계는 요동정벌에 반대하며 4가지 이유를 들었는데,

첫째, 작은 나라가 큰 나라를 공격할 수 없다.

둘째, 여름에 군대를 동원할 수 없다.

셋째, 나라의 많은 군대를 동원하면 왜적이 그 틈을 노려 침략할 것이다.

넷째, 지금은 덥고 비가 자주 내려 활에 아교가 녹고, 군사들이 질병에 취약하다.

위의 네 가지 이유를 이야기하며 '4대 불가론'을 주장했다.

그러나 요동정벌은 단행되었다. 최영이 8도 도통사로 총 지휘관이 되고, 이성계는 우군도통사, 조민수는 좌군도통사로 임명되어 군사 4만 명을 이끌고 고려군은 위화도에 당도하였다. 당시 계속되는 장맛비로 회군을 청하였으나 받아들여지지 않자 마침내 이성계는 좌군도통사 조민수를 설득하여 회군하였다. 회군한 이성계는 개경을 점령하여 우왕을 폐위시키고 9살의 창왕을 옹립하여 섭정을 전담하고 군사적 실권을 장악하며 명실상부 최고의 권력자가 되었다.

위화도 회군은 이성계가 혼자 일으킨 쿠데타가 아닌 신진사대부가 신흥 무인세력을 끌어들여 구세력을 몰아내고 정권을 장악한 사건이자, 조선왕조 건국의 단초가 되는 사건이다. 이들의 위화도 회군은 정도전, 정몽주 등의 적극적인 찬성과 지지 속에 내부 반발을 무마시킬 수 있었는데 이렇듯 쉽게 개경을 장악한 이성계 일파는 구세력의 중심이었던 최영을 유배시킨 후 두 달 뒤 개경에서 처형시켰다.

이성계는 위화도 회군 이후 삼군도총제사(三軍都摠制使)가 되어 특권층 세력을 흔들며 신흥세력의 기반을 굳건하게 하였다. 우왕 때 정치 일선에서 배제되었던 신진사대부도 속속 정계에 복귀하며 개혁의 기틀을 마련하였다. 그러나 신진사대부 사이에서도 개혁의 방향성을 두고 서로 대립하였는데 이색, 정몽주 등 온건 개혁파는 고려 왕실을 보존하고 그 틀 안에서 점진적인 개혁을 추진하려 하는 한 편 정도전 등 급진 개혁파는 고려 왕조를 부정하는 쿠데타를 주장하였다.

1392년 공양왕 4년 3월 명나라에 갔다 돌아오는 세자를 마중하러 황주에 나갔던 이성계가 사냥 중 낙마하여 크게 다쳐 은신해 있는 동안 정몽주는 그 틈을 이용해서 측근들과 함께 역성혁명파의 핵심 세력인 정도전 일파를 탄핵하고 유배시켜 버린다. 이에 이성계는 급히 가마를 타고 개경으로 향했으나 이미 자신의 측근들이 유배된 상태였기 때문에 정몽주를 당해 낼 재간이 없었다. 이에 이성계는 아들 이방원에게 정몽주를 찾아가 자신들과 함께 새로운 왕조를 세우자 권할 것을 지시하였다. 이방원은 정몽주를 만나 정자에 둘러앉아 하여가로 회유하였으나 정몽주는 단심가를 통해 단호하게 거절하였다.

'이방원의 하여가'
이런들 어떠하리 저런들 어떠하리
만수산 드렁칡이 얽힌들 그 어떠하리.
우리도 이와 같이 얽혀 천년만년 살고지고

'정몽주의 단심가'
이 몸이 죽고 죽어 일백 번 고쳐 죽어 백골이 진토 되어 넋이라도 있고 없고,
임 향한 일편단심 가실 줄이 있으랴

새 나라, 새 왕조를 세우는데 같이 뜻을 모으자는 이방원의 시조를 정몽주는 자신의 몸이 죽어도 고려의 왕만을 섬기겠다는 시조로 답하며 단칼에 거절한 유명한 일화이다.

이방원은 정몽주가 있는 한 역성혁명[1]을 이룰 수 없다 판단하고 자신의 수하 조영규를 시켜 집으로 돌아가는 정몽주를 쫓아가 선죽교에서 살해하였다. 온건 개혁파의 중심이었던 정몽주의 죽음으로 고려 조정은 다시 이성계의 일파가 득세하였고, 온건개혁파는 대거 축출되어 유배 길에 올랐다. 정몽주에 의해 탄핵받아 유배 갔던 정도전까지 정계에 복귀하자 사실상 역성혁명이 구체화되며 1392년 7월 정도전, 남은, 조준, 배극렴 등은 공양왕을 폐위시키고 이성계를 왕으로 추대할 것을 결정한다. 이들은 정비 안 씨를 찾아가 공양왕의 폐위와 이성계의 옹위를 명령하는 교지를 요청하였고, 정비가 이를 수용함으로써 공양왕은 정식으로 폐위되었다. 1392년 7월 17일 신하들의 계속된 추대와 간청으로 마침내 이성계는 58세의 나이로 개경 수창궁에서 왕위에 올라 새로운 왕조를 세웠다.

3. 한양 천도와 조선

조선왕조가 오기 까지
고려 474년 쇠기에 고려가 망하고 조선이 탄생했다. 태조 이성계는 한양(서울)을 수도로 선택한 용감

---
1 역성혁명: 나라의 왕조가 바뀌는 일

하고 고결한 인물이었다. 그는 신궁이자 명사수이며 힘이 강한 장사였고 그의 참을성과 용맹함은 뛰어났다. 조선을 저울질한 왜구들은 이성계의 적수가 될 수 없었다.

새 왕조를 연 태조 이성계는 처음에 민심을 두려워하여 고려의 명칭을 유지하고 고려의 법제를 따르게 했지만, 재위 한 달 만에 천도를 결심하고 후보지를 선정하기 시작했다. 그러나 백성들의 생활이 안정되기 전에 큰 역사를 일으키는 것은 적절하지 않다는 반대론이 있었기 때문에 재위 3년 8월이 되어서야 신도궁궐조성도감을 설치하고 새로운 수도 도시 계획을 구상하여 천도를 명령하였다. 이를 통해 조선의 건국이 이루어졌다.

명당 경복궁

태조 이성계는 처음에 신도안 계룡산을 후보지로 지목했지만, 상소가 제기되어 주춧돌 초석을 놓은 상태로 철수하고 하륜이 거론한 무악(현 서대문구 신촌 일대)을 고려했다. 그러나 이도 정도전의 반대로 중단되었고 이에 태조는 무학, 정도전, 하륜 등과 함께 새로운 도읍지를 찾기 시작했다.

승려 무학은 백악산 아래에 도착하여 인왕산을 중심으로 백악산과 남산을 좌우로 설정한 곳을 궁궐터로 제안했다. 태조는 남산에 올라 터를 살펴보았는데, 군룡조읍지로써 뒤로는 산이 북쪽 방벽을 이루고, 앞으로는 한강의 강물이 요충지로 흐르는 곳이었다. 길지를 구하는 데 있어서는 전조 후시인 삼군부 앞에 조정이 있어야 하고, 뒤로는 시장이 있어야 한다는 기준이 있었으며 또한, 뒤편에는 배산[1], 앞쪽에는 임수[2]가 있어야 명당으로 평가되었다. 그는 이곳을 명당 길지로 정하였고 현재는 북한산 자락의 백악산과 경복궁이 위치한 곳이다.

경복궁의 설계에 대해서는 일반적으로 정도전이 주로 기여한 것으로 알려져 있지만, 실제로 원나라 환관 출신인 기술자 김사행이 설계 감리를 담당했다. 김사행은 고려 시대에 왕과 왕비들의 무덤을 조성하는 등 건축 분야에서 명장으로 알려져 있으며, 조선 초기 건축에도 큰 역할을 하였다. 그의 제자인 박자청은 경복궁 경회루, 창덕궁 인정전, 종묘 정전 등을 지은 인물로 유명하다. 정도전과 김사행은 대부

---

1 배산 : 산이 뒷방위로 보호하는 것
2 임수 : 물이 앞에서 조세를 운반하는 곳

분 조선창건의 중요한 역할을 했으며 문화와 건축에 큰 영향을 주었다. 정도전은 성리학과 유교의 배반을 주장하여 조선의 사회와 정치체제를 이루어 가는 것에 힘을 쏟았고 김사행은 건축기술과 체제 제한으로 조선의 발전과 성장에 기여했다.

태조의 개경 출발과 한양 수도 정비

　1394년 10월에 태조는 문무백관을 이끌고 개경을 출발하여 한양(漢陽)에 도착하였고, 이후 새 수도의 이름을 한성부로 고쳤다. 한양을 선택하고 도성을 신축하여 국가의 새로운 면모를 갖추어 나갔다. 태조 4년에는 도성 축조를 위해 도성축조도감이라는 관청을 설치하여 건축 및 기초 측량 작업을 진행하였다. 이때 정도전이 이 일의 총책임자로 임명되었고, 김사행은 건축 기술자로서 활약하였다.

　태조는 신설된 왕조를 위해 명나라에 예문관학사 한상질을 파견하여 국가의 이름을 정해달라고 요청하였다. 이에 명의 홍무제는 '화령'과 '조선' 중에서 국명으로 '조선'을 결정하였다. 이는 나라의 이름을 중국에 결정권을 넘기는 사례로, 단군 이래로는 처음 있는 일이었고 이로 인해 태조 이성계는 오명을 받게 되었다. 태조는 정치적으로 개국에 기여한 공신들에게 논공행상[1]으로 개국공신 호를 주어 전지(田地)와 노비를 내려 왕권을 강화하였으며, 관제를 비롯한 국가의 시설을 정비하고, 정도전 등을 통해 《조선경국전》, 《경제육전》 등을 찬집 하여 반포하는 등 다양한 정책을 추진하였다.

4. 왕자의 난

1398년 8월 27일 제1차 왕자의 난

　태조 이성계에게는 첫 째 부인인 신의왕후 한 씨 소생의 여섯 왕자와 계비인 신덕왕후 강 씨 소생의 두 왕자가 있었는데 그 가운데 강 씨 소생의 막내아들 방석을 특히 총애하여 세자로 책봉했다. 이에 조선 개국에 공이 컸던 한 씨 소생의 다섯 번째 아들인 이방원의 불만은 갈수록 커져갔고 정도전과 그의 측근들이 방석을 이용해 자신들을 해치려 한다는 이유로 1398년 8월 27일 제1차 왕자의 난을 일으켰다. 이 난으로 강 씨 소생의 왕자들과 정도전 일파는 무참히 살해되었다. 태조는 이로 인해 몹시 상심하여 왕위

---

[1] 논공행상 : 공적의 크고 작음 따위를 논의하여 그에 알맞은 상을 줌

를 둘째 아들 방과(정종)에게 물려주고 상왕으로 물러났다. 하지만 정종은 2년간의 재위기간 동안 동생 이방원의 세력이 갈수록 커지자 방원(태종)을 왕세제로 책봉하였다. 정종이 개경으로 다시 천도를 하려 하자 이방원은 이를 구실로 제2차 왕자의 난을 일으켰고 9개월 뒤 정종은 이방원(태종)에게 왕위를 물려주고 상왕으로 물러났다. 마침내 태종이 즉위하자 성석린(成石璘)을 보내 이성계를 다시 서울로 모셔 오려했지만, 함경도로 들어간 채 돌아오지 않았다. 태종이 차사(差使)를 보내 돌아오기를 권유하니 차사(差使)마저 돌려보내지 않고, 오는 차사마다 죽였다는 전설로 인해 심부름을 가서 돌아오지 않는 사람을 칭하는 함흥차사란 말이 여기서 유래했다. 후에 무학대사가 찾아가 설득하여 1401년 한성부로 돌아왔고 이성계는 태상왕으로 7년을 더 살며 조용한 나날을 보내다가 1408년 지병으로 있던 중풍이 악화되어 창덕궁 광연루 별전에서 74세로 승하했다.

5. 경복궁의 창건

1392년 조선 왕조를 건국한 태조는 즉위 3년째인 1394년에 신도궁궐조성도감(新都宮闕造成都監)을 열어 한양으로 천도하였다. 그 해 종묘 및 사직의 건설에 착수하고 김사행에게 북쪽을 향한 궁궐을 짓도록 명령하였다. 경복궁 건설은 1395년 8월에 시작되어 경기좌도, 우도, 충청도에서 15,000명의 인부를 동원하여 건설되었다. 9월에 1차로 완성되었으나 궁궐 내부 중심부만 이루어졌고, 궁궐을 감싸는 궁성이나 궁궐 앞에 세워지는 의정부, 육조와 같은 관청은 몇 년 뒤에 세워졌다.

1395년 10월 태조는 경복궁에 입궐하여 정도전에게 새 궁궐과 주요 전각의 명칭을 지어 올리게 했는데, 정도전은 《시경》(詩經) 주아(周雅)에 나오는 '기취이주 기포이덕 군자만년 개이경복 (既醉以酒 既飽以德 君子萬年 介爾景福)'에서 두자를 따와 경복궁(景福宮)이라 지었다. 이때 경복궁의 명칭을 비롯하여 강녕전, 연생전, 경성전, 사정전, 근정전, 근정문, 광화문 등 주요 건물의 명칭이 지어졌다.

경복궁의 둘레에는 약 6.1m 높이의 담을 쌓고, 남쪽에는 광화문, 북에는 신무문, 동에는 건춘문, 서에는 영추문을 두었다. 근정전의 주위에도 근정문(勤政門 : 남문)을 비롯한 4대 문이 있었고, 광화문에서 남북 직선 축을 따라 오문, 정전, 사정전, 강녕전·교태전 등의 침전의 순서로 중심 전각이 나란히 놓여 있었다. 중심 전각 주변에는 행각이 좌우 대칭으로 자리 잡았다. 왕이 신하들과 정무를 보는 외전은 궁궐 앞에, 내전은 뒤쪽에 배치하는데, 내전의 각 전각과 정전은 천랑으로 서로 연결되어 있었다.

창건 당시, 경복궁 390칸과 종묘사직 365칸을 합하여 총 755칸으로 조선의 역사는 시작되었다.
1398년 태조 7년, 궁궐을 완성한 지 3년 뒤에는 일반 백성들을 징발하여 궁궐의 외곽 울타리인 궁성을 건설하였다. 겨울에는 궁성 성벽을 건설하고, 그 해 여름에는 경기좌도와 충청도 군사 3,700명을 동원하여 궁성을 수축하였다. 궁성에는 정문인 남문 외에 동문과 서문이 갖추어져 있었는데, 북쪽은 궁성과 문을 갖추지 못하고 목책으로 둘러쳐 있다가 세종대에 와서야 완성된 것으로 알려져 있다.

[경복궁 주요 문화재 명칭]

건물	국보 호 보물	특징	창건 / 중건
근정전	국보 제 223호	1층 193평 2층 143평, 높이 24m	태조 4년 / 고종 4년
경회루	국보 제 224호	2층 294평, 높이 21.5m 연회장소	태종 12년 / 고종 4년
아미산 굴뚝	보물 제 811호	4기 육각형 평면 굴뚝(그림)	고종 4년
자경전	보물 제 809호	굴뚝, 십장생 보물 810호	고종 4년
풍기대	보물 제 847호	석조조형 풍향기구	조선시대
사정전	보물 제 1759호	편전, 2012년 보물지정	태조 4년 / 고종 4년
수정전	보물 제 1760호	집현전, 2012년 보물지정	고종 4년
향원정	보물 제1761호	왕실의 휴식 공간, 2012년 보물지정	고종 22년 추정

6. 조선총독부로의 전환과 광복 이후의 복원

경복궁은 일제 강점기인 1910년부터 1945년까지 조선총독부의 사무소로 사용되었다.

조선총독부는 일본의 통치 기관으로서 경복궁 내에 설치되었고 이는 조선 왕실의 궁궐이었던 경복궁이라는 상징적인 장소를 식민지 통치의 중심지로 변형시킨 것으로 보인다.

그들은 한국의 경제, 정치, 군사 등을 통제하고 조선인들을 일본화시키는 정책을 추진했다. 조선총독부 건물은 경복궁 내에서 중앙에 위치하며, 조선의 전통적인 건축 양식과는 대조적인 일본식의 건물로 설계되었다. 일제강점기 동안 경복궁은 일본의 식민지 통치의 상징이 되었으며, 조선총독부는 일본의 통치체제를 대표하는 기관으로 작용했다. 그러나 대한민국이 독립을 선언하고 일제강점기가 끝나면서 경복궁은 다시 조선의 왕궁으로 복원되었다.

이후 조선총독부청사 철거에 대한 찬성과 반대 주장이 끊이지 않았고 광복 50주년인 1995년, 김영삼 정부의 추진으로 건물을 철거하고, 그 잔재는 독립기념관에 보존해 두었다.

경복궁은 현재 대한민국의 문화유산으로 보호되고 있으며 많은 사람들이 방문하여 조선의 역사와 한국 전통문화를 체험할 수 있는 장소로 존재하게 되었다.

사적 117호 경복궁 1963년 1월 21일 지정.

3부
경복궁

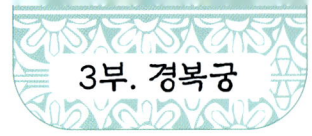

3부. 경복궁

0. 광화문 광장과 월대 月臺

광화문광장 정옥임 作

광화문 광장 일대와 육조거리

광화문부터 현재 세종대로 사거리까지의 국가의 심장부로 통하는 광화문 앞길은 오늘날 행정각부, 내각에 해당하는 조선시대에 나랏일을 맡아하는 중앙 행정기관이 모여있었다. 예조, 병조, 형조, 공조, 이조, 호조인 육조가 있어 육조거리라고 불리우던 곳이였으며 임진왜란 시기 화재로 광화문이 소실된 후에도 이 곳은 중심 관청가의 역할을 다하던 곳이였다.

1926년 일제가 대한제국을 강점한 직후 경복궁 앞에 조선충독부 신청사를 지으면서 광화문은 경복궁의 동쪽 담장쪽으로 이전하게 되었다. 이때 육조거리의 도로를 확장하였는데, 이것이 현재 세종대로를 구성하는 세종로의 원형이었다. 육조거리의 명칭도 '광화문통(光化門通)'으로 변경되었다.

1950년 6.25 전쟁 내 폭격으로 광화문은 모두 파괴되고 석축만 남았다. 전쟁 직후에는 세종로의 너비를 53미터에서 100미터로 2배만큼 넓혔다.

1968년 동쪽으로 이전 되어 있던 광화문을 제자리로 옮겨와 조선총독부 건물 앞에 재건하였다.

1996년 김영삼 대통령이 조선총독부 건물을 모두 철거하였다. 건물 위에 있던 첨탑만 남아 독립기념관에 의도적으로 방치되어 있다.

2009년 광화문 복원을 하면서 동시에 기존 왕복 20차로였던 세종대로를 왕복 12차로로 줄이고 세종대로 중앙에 광화문 광장을 만들게 되었다.

중앙박물관으로 쓰이던 1988년 무렵의 총독부 청사와 광화문 　　　　　독립기념관에 방치된 총독부청사 첨탑

광화문 광장 판옥선형

2008년부터 2010년 후반까지의 광화문 광장은 판옥선 모양으로 광장을 지키는 이순신 장수와 앉아서 이를 지켜보고 있는 세종대왕의 모습을 볼 수 있었다. 많은 사람들이 광장이 판옥선이라는 것을 알지 못했지만, 그 의미를 알고 있었다면 이 광장은 성군과 성웅이 함께하는 역사적인 장소임을 알 수 있었을 것이다.

광화문 광장(구)의 판옥선 작가 이희배
광화문 광장(구) 지상 위 모습은 판옥선 모양으로, 이순신 장군이 칼을 차고 배를 지키고 있으며 세종대왕은 앉아서 지켜보고 있다.

충무공 이순신 동상

1968년 정부의 산하 단체였던 애국선열 조상건립위원회와 서울신문사의 공동 주관으로 지리상 남쪽 일본의 기운이 강하게 들어오는 것을 막기 위해 일본이 가장 두려워하던 존재이며 국가를 수호하는 의미에 가장 맞는 충무공 이순신 장군의 동상이 건립되었다. 전체 높이 17m(동상 6.5m, 기단 10.5m)의 청동 입상 형태로 형상에 대해 시비가 많으나 사실성보다는 인물이 지니는 역사적 의미가 더 중요하다. 기단에는 거북선 모형, 기단 앞에는 북 2개가 놓여있으며 기단 옆에는 전진하는 군함의 모습이 양각되어 있고 동상 주변에는 충무공의 해전을 상징하는 명량 분수와 함께 승진비가 세워져 있다. 동상 안쪽 분수의 수는 133개로 명량해전의 133척의 왜선 격퇴를 의미하며 바깥쪽 분수는 한산도 대첩의 학익진을 상징한다. 또한 분수 앞 바닥의 조명은 이순신 장군의 탄생을 모티브로 15.45m로 만들었다.

이순신 동상

세종대왕 동상

이후 광화문은 위치와 건축 소재 면에서 고증 논란이 끊이지 않다가 2008년 고증을 통해 원래의 자리에 제대로 복원되었고 광화문의 복원과 함께 2009년 광화문 앞 광장은 장소의 의미와 기능에 맞게 처음 광장의 모습을 갖추었다. 이때 민족의 자긍심과 우수성을 세계에 알리기 위해 이순신 장군 뒤 250m에 높이 6.2m, 폭 4.3m의 민족의 영웅인 세종대왕 동상을 제작하였다. 왼손에는 훈민정음해례본을, 가볍게 들고 있는 오른손은 훈민정음을 온 백성이 널리 쓰도록 하라는 대왕의 정신이 표현되어 있다. 기단 앞에는 훈민정음과 해석문, 그리고 앞쪽에는 해 시계, 측우기,

세종대왕 동상

혼천의와 같이 세종대왕의 주요 과학 발명품이 세워져 있다. 그리고 동상 후면에는 세종대왕과 충무공의 혼과 업적이 담긴 전시관이 있다. 이후로 조금씩 변화를 거치다가 2016년 광화문광장의 개선에 관한 포럼을 시작으로 계획에 맞춰 조성 사업에 착공하여 지금의 광장으로 변화하였다.

광화문 광장사진 [출처 광화문광장 홈페이지]

현재 광화문 광장

1900 육조거리를 상징하는 넓은 잔디마당은 전통 우물정자 모양의 우물마루가 돌 포장 되어있다. 잔디마당 옆으로는 1392년 조선 건국부터 현재까지 630년 역사를 돌판에 기록한 역사물 길이 있으며 앉음벽 벽면 단차를 이용해 벽에서 물이 흐르게 하여 시간의 흐름을 느끼게 하는 수경시설인 시간의 벽천, 바닥우물, 샘물 탁자, 광복 후부터 광장 개장까지 77년간의 대한민국의 경제성장과 번영을 상징하는 77개의 물줄기가 만드는 터널분수, 한글 창제 원리인 천, 지, 인을 모티브로 한 놀이형 글자 분수 등 여러 가지 시설들로 우리 민족 역사의

육조의 흔적인 유구를 전시하는 전시장

흐름과 담장, 배수로 등의 재현을 통하여 육조의 흔적을 느낄 수 있도록 하였다.

또한 이 일대의 발굴에서 나온 매장문화재의 가치와 의미를 알리고 공유하기 위해 조성한 사헌부 문터 전시장은 사헌부가 있던 곳으로 배수로와 우무로 사헌부 청사의 담장과 출입문 터, 행랑 유구 등을 확인할 수 있다.

1.월대복원 2.잔디마당 3.육조마당 4.역사물길 5.유구전시공간 6.시간의 정원 7.사계 정원 8.세종대왕상 9.시간의 물길 10.문화 쉼터 11.터널분수 12.열린마당 13.광화문계단 14.한글분수 15.명량분수 16.광장숲
광화문광장 사이트 출처

광화문 월대

광화문과 월대와 난간석 광화문 광장 백악산 정상 기운이어받은 경복궁에 달빛을 바라본다.

'월대'는 궁궐의 정전과 같은 중요한 건물 앞에 터보다 높게 쌓아 제작된 건축물의 기초가 되는 넓은 기단으로 각종 행사가 있을 때 이용된다. 경복궁 근정전 등 정전 앞에도 월대가 있지만, 특히 왕의 위엄과 왕의 권위를 한층 더 높이려는 목적으로 난간석을 두른 경우는 광화문 월대가 유일하다. 월대 역시 궁궐의 일부였다.

광화문 월대에 대한 기록은 세종 때부터 찾을 수 있다. 세종실록을 보면 "1431년(세종 13년) 3월 29일 예조판서 신상이 광화문 앞 섬돌을 쌓자고 건의하였다"라는 기록이 있다. 임진왜란 후 270여 년 동안 폐허로 남아 있던 경복궁을 1820년 조선

광화문과 그 앞에 있던 월대 [출처 나무위키]

흥선대원군이 중건을 실시하면서 정문인 왕의 권위와 왕실의 존엄성 회복 및 광화문의 격을 높이기 위해 월대도 함께 조성하였다.

이후 1865년 4월부터 경복궁을 다시 재건하면서 고종 임금이 백성들과의 소통을 위해 월대를 만들었다. 경복궁을 중건하는 과정을 기록한 《경복궁 영건일기(營建日記)》에도 '1866년 3월 3일 광화문 앞에 월대를 쌓았다. 모군(인부)이 궁 안에 쌓아둔 잡토를 지고 왔는데, 실로 4만여 짐에 이르렀다'라고 광화문 앞에 월대를 쌓았다는 기록이 있다.

복원 된 월대와 경복궁 [출처 연합뉴스]

그러다 1899년 대한 제국 시기 처음으로 전차 길이 생겼는데, 일제강점기 때인 1923년에는 일본이 광화문 월대 자리에도 통의동-안국동 노선 전차 선로를 설치하였다. 이 때문에 월대 좌우 난간석이 제거되고 월대가 모두 흙으로 덮이는 등 크게 훼손된 채 땅에 묻히게 되었다. 1966년 전차가 중지되면서 선로는 콘크리트로 메워지고 그 자리에는 세종로 지하 도로가 만들어졌다.

2007년 문화재청에서 월대의 난간 일부를 복원하였고 2009년 광화문의 광장으로의 복원과 함께 2023년 10월 15일 100여 년 만에 숙원이었던 월대 복원을 마무리하였다. 일제의 잔재를 없애고 우리 역사를 온전히 되살렸다는 것으로도 큰 의미가 있다. 이번에 복원된 월대의 총 길이는 48.7M 동서의 폭은 29.7M이며 월대 위 어도는 7M이다. 월대의 난간석 중 일부 18기, 하엽동자 20기, 용두 2기는 1970년에 동구릉에 옮겨져 보관되어 있던 것을 그대로 가지고 와 복원하였다. 난간석주는 동서각 20기, 하엽동작각 19기, 팔각난간대각 19기가 사용되었다. 앞쪽에 있는 두개의 서수상은 이건희 회장 유족이 기증하였다.

복원된 난간석을 보면 기존 난간석과 새로 만든것이 섞여 뒤죽박죽 색상이 다른것을 볼 수 있다. 처음 계획은 기존것은 기존것대로 모아서 배치하려고 하였으나 난간석이 높낮이가 다른 땅에 맞춰 길이가 모두 달라 길이에 맞는 각 위치대로 복원하게 되었다. 현재 놓아진 해치 위치는 과거 사진들을 보면 지금보다 광장쪽 방향으로 수십미터 앞에 세워져 있어야 하나 도로때문에 현재 위치에 놓이게 되었다.

해치 獬豸

해치는 돼지와 사자를 합친 듯한 몸의 형태를 가졌다. 이마에는 작은 뿔이 있고 몸 전체는 비닐로 덮여 있으며 겨드랑이에는 길고 고운 털을 가지고 있다. 목에는 방울을 달고 구름 같은 갈기와 큰 코를 가지고 있다. 여름에는 늪가에 살며 겨울에는 소나무 숲에 산다고 알려져 있다. 몸이 단단하고 튼튼하여 어떤 장애물이나 장벽도 넘어갈 수 있다는 전설이 있다. 재물과 행운을 상징하며, 부와 번영, 권위와 보호를 상징하는 동물이다. 의롭고 정의로워 악인을 뿔로 들이받는다고 한다. 해치는 불의 위험을 막아주는 동물로서 중요한 상징성을 가지고 있다. 1층과 2층 양쪽에 각 2마리가 놓여 있다.

광화문 해치(좌)

광화문 해치(우)

용두석(좌)

용두석(우)

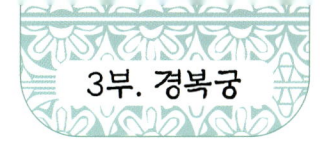

3부. 경복궁

1. 광화문 光化門

일제강점기 및 한국전쟁으로 소실되었으나 복원사업을 통해 2010년 8월 15일 개장하였다.

　광화문은 경복궁의 정문으로, 《서경》의 '광피사표 화급만방(光被四表 化及萬方)'의 첫 글자 광화를 인용하여 '빛이 사방을 덮고 가르침이 만방에 미친다'는 뜻을 가지고 있다. 임금이 백성들에게 미치는 덕과 가르침이 좋은 방향으로 나아가게 함을 나타낸다. 광화문은 조선의 문화와 문물을 세계만방에 떨치는 출발점이라 할 수 있다. 태조시기 광화문은 오문, 남문, 정문, 사정문 이름을 가졌다. 또 다른 이름으로는 고설삼문, 홍예문 즉 무지개문이라 칭하며 임금을 만나려면 무지개문을 통해야 한다 하였다.

　광화문은 석축 7m, 목조 13.5m로 전체높이 20.5m이다. 아래쪽에는 문이 있고 위쪽에는 문과 벽이 없는 누라고 불리는 집을 지어 사방을 살피는 기능을 가지는데, 이것을 문루라고 한다. 광화문은 문루의 형태를 가진 중층 건물로 전면 3칸, 측면 2칸의 길이는 24m가량 된다.

　광화문에는 세 개의 문이 있는데 이는 뫼 산(山) 자를 형상화한 것으로 해석할 수 있다. 이 문으로 들어서면 산 위에 올라 삼문에 들어서게 되는데, 이는 백성과 군주를 연결시켜 주는 광화문의 역할을 알 수 있다. 삼문을 통과하여 홍교를 지나는 것은 세이(洗耳)라는 행위로, 더러운 말을 들은 귀를 씻고 경청하는 마음으로 궁에 들라는 이야기다.

이 현판은 고종 시기 임태영 훈련대장이 글씨를 썼다. 이후 정학교 친필이 걸리기도 하였으며 박정희 전 대통령의 한글 서체가 사용되기도 했다. 미국 스미스소니언 박물관에 있는 1893년 9월 이전의 자료 사진에서 흑색 배경에 금색 글씨 현판을 발견하여, 현재는 흑색 배경에 황금색 글씨로 재현되어 있다.

광화문 현판

 광화문의 윗부분은 아치 형태로 무지개처럼 둥글게 만들어진 홍예인데, 이맛돌이라 불리는 중간 부분에는 용과 도깨비의 얼굴을 무늬화 한 귀면이 조각되어 있다. 이는 악귀를 막아주는 역할을 하며 혓바닥을 내민 것은 악귀를 혀로 말아서 먹겠다는 의미를 담고 있다. 이런 모습으로 광화문은 백성과 군주를 보호하며, 부정과 악을 막아주는 중요한 상징적인 역할을 한다.

 또한 문이 중앙과 좌·우 세 개가 있는 이유는 왕과 신하가 출입하는 것을 구분하기 위함이다. 중앙의 문은 왕이 이용하는 어문, 동쪽 문은 문관 계열인 동반이 출입하는 문이며 서쪽 문은 무관 계열인 서반이 출입하는 문이다. 여기서 종 2품 이상의 동반, 서반 이 두 반을 동시에 이르는 말인 양반이라는 단어가 여기서 유래했다.

어칸 용 조각 중앙 이맛돌

광화문 이맛돌과 해치 정옥임 作

중앙의 문 천장에는 주작이 그려져 있고, 동쪽 문 천장에는 기린, 서쪽 문 천장에는 영귀가 그려져있어 격을 달리해 주고 있다.

영귀 靈龜

영귀는 중국 신화와 전설에서 중요한 신수로 여겨지는 동물로 영(靈)은 '영적인', '신비로운'을 나타내며, '귀(龜)'는 '거북이'를 뜻한다. 서수(瑞獸), 즉 상서로운 동물로 보통 동서남북의 방위를 다스리는 청룡, 주작, 백호, 현무가 있다면 사령(四靈)에는 기린, 봉황, 응룡, 영귀가 있다.

영귀의 생김새는 용의 머리와 거북이의 금빛 등껍질을 가진 모습이며, 천지 간의 통로인 천간(天干)과 지간(地干)을 연결하는 매개체로 여겨졌다. 중국 신화에는 불로불사가 된 선인이 사는 봉래산을 등껍질 위에 짊어진 거대한 모습을 하고 있으며 강대하고 신비스러운 힘을 발휘해 길흉화복(吉凶禍福)을 예지할 수 있다고 전해진다. 장수, 지혜, 천문학적 의미, 예언과 같은 다양한 상징성을 지니고 있다.

서쪽문 영귀

주작 朱雀

주작은 남쪽을 수호하는 신으로 불에 연관되며, 빛나는 붉은 깃털을 가지고 있다. 봉황과 공작새를 합쳐놓은 모습이나 붉은 참새나 메추라기로 형상화 묘사되기도 한다. 정수 머리, 귀수 눈, 유수 부리, 성수 목, 장수 모이주머니, 익수 깃털, 진수 꼬리는 남방 7개 별 자릿 수를 나타낸다. 보통 붉은 새가 암수 한 쌍의 모습으로 그려지며, 오행 중에서는 화를 관장하고 여름을 상징한다. 무덤이나 관 앞에 그려졌다. 봉황이 도를 깨우치면 온몸이 붉게 물들어 주작이 된다고 한다. 왕을 상징하는 봉황과 다르게 주작은 재주나 수호를 담당하여 기술자나 재주 있는 사람을 좋아한다. 주작은 청룡, 백호, 주작, 현무의 4신 중 하나로 재판관 역할을 한다.

주작의 모습은 높은 지위와 권위를 상징하며 운명과 행운을 가져다주는 신성한 존재로도 여겨진다. 그 깃털이 불꽃처럼 빛나는 모습은 길이와 번영을 상징하고 풍년을 주고 재앙을 막아주는 보호자로 여겨진다.

중앙문 주작

동쪽문 기린

기린 麒麟

기린은 '치우'라는 이름으로도 알려져 있으며, 중국에서 큰 행운과 축복을 상징하는 동물 중 하나로 가장 높은 지위를 가지고 있다. '기(麒)'와 '린(麟)' 두 글자로 구성되어 있으며, 수컷은 '기', 암컷은 '린'이라고 한다. 용이 땅에서 암말과 결합하여 낳았다는 전설이 있다. 용의 머리와 사슴 같은 몸, 소의 꼬리, 말발굽과 화염 모양의 갈기를 지니고 있다. 뿔이 있지만, 살가죽으로 덮여있어 다른 생물을 해할 수 없다. 성격은 매우 유순하고 다른 동물들에게 절대 해로운 행동을 하지 않는다. 작은 곤충도 밟아 죽이지 않고 새싹도 밟지 않는다. 오로지 죽어 있는 풀만 먹으며 산다고 한다. 기린은 말을 할 줄 알며 동양 신화에서 높은 도덕성, 신성성, 평화의 상징을 가지고 있다.

기린은 신화에서 신성한 동물로 여겨지며, 보통은 좋은 전조와 평화의 메시지를 전하는 존재로 묘사된다. 중국에서는 고대부터 황제의 상징으로 간주 되어 왔으며 기린이 황제의 출현을 예고하거나 왕실의 안전을 상징하는 경우가 많다. 중국 황제인 무제(武帝)가 기린각(麒麟閣)을 세웠고 국가에 공훈을 세운 사람들은 자기의 화상이 기린각에 걸리는 것을 이상으로 여겼다. 어린이 중에서도 재능과 능력이 뛰어난 아이를 '기린아(麒麟兒)'라고 불렀다. 유교에서 기린은 공자와 연관 지어지며, 공자의 어머니가 임신 중에 기린이 나타나서 위대한 현인으로의 출생을 알렸다는 전설이 전해지며 선량하고 도덕적인 특성을 상징하는 동물로 여긴다. 기린은 훌륭함과 성품의 온화함을 나타낸다.

기린은 동아시아 문화의 중요한 부분을 이루는 상징적인 동물로서, 다양한 이야기와 예술 작품에서 등장하여 인류의 심성 속을 아름답게 살아가고 있다.

석루조 石漏槽, **토수** 吐首

용의 꼬리 팔괘 감(坎)이 새겨져 있다.

광화문 정면을 바라보면 석벽에 돌출된 여섯 마리의 용머리 토수가 관악산을 바라보고 있으며 반대편에는 용의 꼬리가 돌출되어 있다. 이는 불기를 머금은 화마가 주눅 들어 도망치게 하려는 의도를 담고 있다. 장마철에는 석루조¹의 역할로써 여섯 용두와 용미에서 물이 뿜어져 나오는 모습을 볼 수 있다.

---

1 석루조 : 빗물이 흘러내리도록 구멍을 뚫어 지붕 처마에 설치한 돌

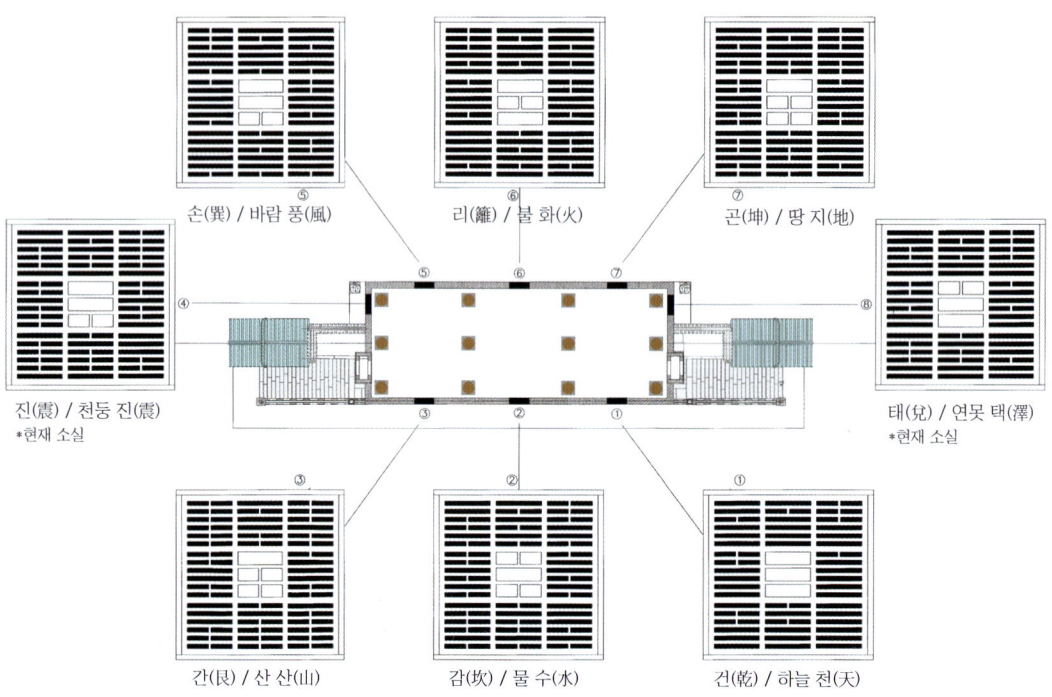

광화문 권역 중건보고서 참고

    토수가 여섯 마리인 이유는 《주역》(周易)에서의 물의 수가 육각수, 즉 6이기 때문이다. 현재는 소실되었으나 본래 양옆 측면에는 이무기가 각각 한 마리씩 설치되어 있었는데 여덟 마리의 용머리가 모두 갖추어진다면 팔괘로 이루어진 천지만물의 조화를 나타낸다. 이러한 설계는 조선시대에 광화문이 건축될 당시의 철학적인 관념과 도덕적인 가치를 반영한 것이다.

    이와 비슷하게 근정전을 용이 머무는 곳, 즉 용좌라고 볼 때 광화문을 용의 머리, 문 옆에 이어져 있는 양쪽 담장이 몸통이 된다. 이 담장은 동양의 수 중 가장 큰 수인 극양수 9를 따라 동서쪽 각각 아홉 개의 단차를 가지고 있으며 이는 9x9=81 여든한 개의 용의 비늘을 의미한다. 이렇게 작은 수 하나하나에도 깊은 의미가 담겨 있을 뿐만 아니라, 크게 바라보면 경복궁 자체를 용궁으로 표현한 우리 문화의 아름다움을 발견할 수 있다.

광화문 부재명

경복궁은 다른 궁궐에 비해 비교적 평탄한 지형에 자리하고 있어 궁성의 외곽이 남북으로 긴 장방형에 가까운 형태를 갖추고 있다. 초기에는 동, 서, 남 삼면에 궁장문을 내고 중앙에 홍예로 문을 두고 석축 위에 문루를 세웠다. 그러나 후에 북쪽 궁성을 막아 궁성을 쌓고 세종 1433년 북문을 신설하였다. 궁성의 동, 서 모서리에는 세종 때 세워진 동십자각과 서십자각이 있었고 동십자각은 경복궁 중건 시 철거되었다가 다시 세워졌다.

세종 시기에 궁장문은 광화문, 건춘문, 영추문으로 명명되었다. 그 후 세종은 신무문이라는 북문을 새로 지어 경복궁에 총 4개의 성문이 갖추어졌다. 궁장문 안쪽에는 궁궐을 호위하는 병사들이 입직하는 처소가 있었다. 건춘문에서 신무문 동쪽 계무문까지 그리고 영추문에서는 신무문까지 외궁장 안쪽으로 내궁장이 있어 군사들이 호위를 위해 순찰을 했다.

고종 시기에 중건된 경복궁의 궁장은 일제강점기를 거치면서 남쪽 궁장과 네 모서리가 도로에 편입되어 축소되었다. 하지만 동쪽 궁장과 건춘문 주변에 있는 신무문이 있는 북쪽 궁장은 원래의 위치를 유지하고 있다.

건춘문 建春門

(좌)건춘문 (우) 청룡 동쪽을 수호하는 신으로 불을 상징하며 비와 구름, 바람과 천둥번개를 다스린다.

건춘문은 경복궁의 동쪽에 위치한 궁문으로, 종친 상궁들이 주로 출퇴근 시에 사용하던 문이다. 건춘문 현판의 글씨는 훈련대장 이경하의 친필로 쓰였다. 경복궁의 궁장문들은 모두 계절에 따라 이름이 지어지는데, 건춘문은 봄을 의미하는 계절인 '춘(春)'자가 붙여져 있다.

'건(建)'은 '세우다'라는 의미를 가지고 있으며, '건춘'은 봄의 시작을 의미하여 '봄이 시작된다' 또는 '봄을 세운다'라는 의미로 해석할 수 있다. 광화문과 함께 1398년 태조 7년에 건축되었다.

고종이 1896년 2월 11일 아관파천(俄館播遷)을 결행할 때에도 건춘문을 통과하여 엄상궁으로 이동했으며, 아라사 공사관에서 파천식이 진행되기도 했다. 창건 당시 세워진 문은 임진왜란 당시 화재로 인해 소실되었으나, 고종 때 현재의 건춘문이 중건되었다. 이 건춘문은 정면이 3칸이고 측면이 2칸인 건물 위에 돌로 된 석문이 세워져 있다.

경복궁의 동문인 건춘문 천장에는 동쪽을 수호하는 청룡이 그려져 있는데, 청룡은 푸른빛을 띠는 용으로 상상 속의 동물이다. 청룡은 상서로운 징조로 여겨지며, 백호(白虎), 주작(朱雀), 현무(玄武) 등과 함께 하늘의 사신(四神) 중 하나이며 동방의 수호신이다.

용 龍

용은 구름과 비를 몰고 다니는 천계의 주인으로 옥황상제를 뜻하기도 한다. 용이 하늘로 오를 때에는 용오름이라고 불리는 회오리가 일어나는데, 비를 동반하여 나타나며 주위의 물건을 끌어올려 파괴적인 작용을 일으키는 것으로 알려져 있다. 이러한 용오름 현상은 바다의 회오리 현상과 매우 유사하여 비유되기도 한다. 이를 통해 용의 승천은 신과의 교감과 교통을 의미한다고도 해석된다.

고대 중국의 여러 문물을 자세히 기록하고 있는 『회남자(淮南子)』 백과에는 다음과 같은 구절이 있다. **또한 만물은 날개(羽), 털(毛), 비늘(鱗), 갑옷(介)으로 이루어졌으며 용은 생출의 조상(祖上)이다.** 중국 고대부터도 용은 만물 중 으뜸이며 용중에서도 청룡이 가장 귀하게 인식되었음을 알 수 있다.

용은 상상 속의 동물로서 낙타의 머리, 사슴의 뿔, 토끼의 눈, 소의 귀, 뱀을 닮은 목덜미, 조개와 비슷한 배, 잉어의 비늘, 호랑이의 발, 매의 발톱 등을 가지고 있다고 묘사된다. 이러한 형태는 청룡이라는 신적인 존재를 나타내기 위해 과장된 표현으로 추정된다.

중국의 고대 기록에서 나타난 용은 실제로는 말의 머리와 뱀의 꼬리를 가지며, 머리에는 뿔이 있고 눈에는 광채가 나며 온몸은 비늘로 덮여 있는 모습으로 묘사되기도 한다. 또한 네 번째 절기인 춘분(春分)에는 하늘로 등귀하여 천상의 위치에 오르고, 열여섯 번째 절기인 추분(秋分)에는 잠행[1]을 한다고 전해진다.

그 외에도 용은 81개의 비늘을 가지고 있으며, 소리는 청동 구리로 만든 쟁반을 울리는 것과 같은 청아한 소리를 내며, 입 주위에는 긴 수염이 있다. 턱 밑에는 여의주라고도 하는 보주가 위치하며, 목 아래에는 큰 비늘 역린(逆鱗)이 거꾸로 박혀 있다고 전해진다. 역린을 건드리면 반드시 죽는다고 전해지는 미신도 있다.

---

1 잠행 : 남몰래 숨어서 오고감

영추문 迎秋門

(좌)영추문 (우)백호 서쪽을 수호하는 신으로 쇠(金)를 관장하며 가을을 상징한다.

경복궁의 서쪽에 위치한 궐내각사 문무백관이 출입하던 문으로 사용되었다. 영추문의 서쪽에는 매잣골이 있었는데, 현재의 종로구 통의동에 해당하는 지역에 위치한 매화꽃이 흐드러지게 피는 마을 매동이었다. 영추문 현판은 영건도감제조와 판의금부사직을 역임한 허계의 친필이다. '영추(迎秋)'는 가을을 맞이한다는 의미로, 건춘문과 함께 짝을 이룬다.

영추문은 건춘문과 규모와 형태가 동일하게 설계되었다. 그러나 일제강점기에는 영추문 앞에 전차를 배치하여 궁장이 무너졌고, 이를 계기로 영추문 또한 철거되었다. 현재의 영추문은 1975년에 본래의 위치에서 약 50m 북쪽에 철근 콘크리트 구조로 복원되었다.

영추문의 천장에는 백호가 그려져 있다. 백호는 별자리 28수 중 서쪽에 위치한 칠수(七宿) 즉, 규(奎), 누(婁), 위(胃), 앙(昴), 필(畢), 시(觜), 삼(參)의 7개의 별의 모습이 백호와 유사하여 서방의 수호신이 되었다고 한다. 또한 가을을 상징하는 동물이기도 하다.

백호 白虎

백호는 호랑이를 기반으로 한 상상의 동물이다. 그 용감함과 용맹스러움으로 인해 모든 동물의 왕자로 여겨진다. 호랑이에 대한 신앙은 오랜 옛날부터 있었으며, 고대 청동기나 옥기에도 호랑이의 모습을 조각한 유물이 남아있다. 초기에는 머리와 다른 부분이 호랑이와 유사하게 그려지다가 목과 몸통, 꼬리가 파충류와 유사하게 그려져 호랑이와 구별되었다. 6세기 이후로는 과장된 아가리와 부릅 뜬 붉은 눈, 날카로운 송곳니, 앞발을 내밀어 쳐들어 올린 모습으로 그려져, 호랑이와는 완전히 다른 형상으로 표현되었다. 벽화에서의 백호는 머리의 형상과 몸에 있는 파상형 줄무늬에 의해 청룡과 식별되며 날개가 있는 모습은 상서로운 동물인 서수(瑞獸)의 의미를 강조하기 위한 것이다.

또한, 고대 중국의 시경(詩經)에는 백호를 의로운 짐승으로 인식하였으며, 고대 중국에서는 천자가 거동할 때 백호를 그린 백호기를 사용하였다. 이러한 역사와 전통으로 인해 초등학교 체육대회에서 '청군'과 '백군'의 이름이 사용되는 것으로 알려져 있다.

신무문 神武門

(좌)신무문 (우)현무 북쪽을 수호하는 신으로 물을 관장하며 겨울을 상징한다.

신무문은 성종 시기에 지어진 것으로, 북쪽을 다스리는 현무라는 의미에서 그 이름을 얻었다. 조선 초기에는 회맹제(會盟祭)라는 의식을 진행하는 문으로 사용되었는데 이 의식은 임금과 공신들이 산 짐승을 잡아 제사를 지내고 피를 나누며 맹세를 하는 것이었다. 그러나 중종의 기묘사화 때 남곤, 홍경주 일파가 북문에 잠입하여 배신을 저지르는 사건이 발생하여 북문은 배반의 문으로 악명을 떨치게 되었다.

고종대에 중건된 건물이 현재도 남아 있으며, 문루의 크기는 건춘문이나 영추문과 같지만 육축(栍轊)의 높이와 폭을 조금 작게 지었다.

신무문의 성벽에는 '천하태평춘(天下太平春)'이라는 글씨가 새겨져 있다. 이는 "온 세상이 태평스러운 좋은 날을 맞이하니 호다(好多) 봄날과 같다"라는 의미로, 온 나라가 평화롭고 태평한 시대를 기원하는 염원이 담겨 있다.

원래는 북문이 따로 없어서 말뚝을 박아 만든 울타리인 목책으로만 되어 있었으나, 1433년 세종 15년에 제왕의 궁성에는 4대문이 있어야 한다는 상소를 받아들여 북문을 새로 지었다. 고종 시기에는 경복궁을 중건하면서 신무문 밖에 후원을 조성하였다. 이곳에서는 군대의 행렬, 대규모 행사, 문무 시험 등을 진행하였다.

현무 玄武

신무문 천장에 그려진 현무(玄武)는 거북이와 뱀이 합체된 모습이다. 북쪽 방위를 담당하면서 물의 기운 수기(水氣)를 맡은 태음신(太陰神)이다.

현무의 형체는 고대 중국에서 유향이 편집한 초사(楚辭)라는 책에서 언급된 내용을 통해 알 수 있다. 이 책에 따르면 고대 중국인들은 거북의 종류에는 수컷이 없다고 생각하여 거북이 머리 모양과 유사한 뱀으로 짝을 이어 주었다. 거북은 암컷, 뱀은 수컷 역할을 하며 이들이 서로 마주 보면 기(氣)가 통하여 자손을 잉태하게 된다고 생각하여 거북이와 뱀이 얽혀 있는 형상으로 표현되었다고 적혀 있다. 현무는 그 모습의 독특함 때문에 다른 동물에 비해 쉽게 구별할 수 있다.

현무의 중심이 되는 동물인 거북이는 그 모습이 위는 하늘처럼 둥글고, 아래는 땅처럼 편편하여 우주의 축과 유사하다. 또한 수명이 매우 길어 용 같은 신성한 존재로 여겨졌으며, 우리나라에서는 용왕 신으로 상징되어 인식되었다. 예로부터 거북이는 신과 인간 간의 미묘한 감정을 실어 나르는 매개체로서의 역할을 하였으며, 『삼국유사』에서도 백성들이 신에게 신성한 주군의 출현을 바라는 바람을 거북(현무)을 통해 전달하는 모습이 묘사되기도 하였다. 이를 통해 거북이는 신성하고 정제된 존재로 인식되며, 신과 인간의 관계를 나타내는 상징적인 동물로 여겨지고 있다. 조선의 어휘사전인 『물명고』에서는 십귀(十龜)라 하여 열 가지 거북의 종류를 말하고 있는데, 각각의 종류는 다음과 같은 이름과 특징을 가지고 있다.

신귀(神龜), 어떤 것은 크고 어떤 것은 작으며 변화가 무상하다.

영귀(靈龜), 산에 있고 울 수 있으며, 신령스러움을 의미한다.

섭귀(攝龜), 작고 뱀을 먹는다.

보귀(寶龜), 물 속에 있고, 보배로운 귀인을 의미한다.

문귀(文龜), 갑에 글과 그림이 있다.

산귀(山龜), 산에 지식은 산 거북이가 객처럼 아닌 주인처럼 자처한다.

택귀(澤龜), 못에 깃들어 산다.

수귀(水龜), 수중에서 논다.

화귀(火龜), 불과 더불어 산다.

현무의 형태인 거북과 길게 늘어진 혀가 있는 형상은 중국뿐만 아니라 북반구에서 아세아를 통해 전해진 문화에서도 발견된다. 인도의 현무도 뱀이 거북의 몸체를 감고 그 꼬리와 머리가 서로 합쳐져 둥근 원을 형성하고 있어 중국의 현무와 형태로 닮았다. 그러나 인도에서의 현무는 영생과 불멸을 상징하는 인도의 사고방식과 시간을 상징하기 때문에 중국의 현무와 그 의미는 전혀 다르다. 이렇듯 현무의 형태는 문화적인 배경과 상황에 따라 다양한 의미를 지니고 있다.

동십자각 東十字閣

경복궁 내에서 궁궐의 수비를 담당하고 있는 건물로, 궁궐의 면모를 완성 시키는 역할을 한다.

중종 시기 한 때는 경복궁의 성상소로서 조선의 지방 관아의 장계를 받던 관아의 명칭을 가졌다. 원래는 경복궁의 담장과 연결되어 있었으나, 1923년에는 광화문에서 영추문을 지나 통의동까지 전차를 운행하기 위해 남서쪽 모서리의 궁장과 서십자각이 철거되었다. 동십자각은 1929년 조선박람회를 개최하면서 도로의 한가운데에 위치하게 되었다. 동십자각이 없었다면 궁의 의미는 상실되었을 것이다.

남쪽 궁궐의 동·서 모서리에는 석축을 쌓고 각루(閣樓)를 세워 궁궐의 망루와 망대로 사용되었다. 서십자각은 일제강점기에 파괴되어 복원되지 못하였고 현재 남아있는 동십자각은 고종 중건 시대의 세운 건축이다. 건물의 위쪽은 전돌로 여장을, 남쪽과 동쪽에는 연잎 모양의 석루조가 각각 2조씩 있다. 여장 하부의 석축 상단에는 당초문과 앙련, 복련이 장식되어 있다. 모임지붕에는 절병통을 얹었으며 기둥과 창방에는 낙양각을 달았고 공포[1]는 이익공[2]이다.

과거의 동십자각   현재의 동십자각

---

1 공포 : 처마끝의 무게를 받치기 위하여 기둥머리에 짜 맞춘 나무쪽
2 이익공 : 기둥머리에 두공과 창방에 교차되는 상하 두개의 쇠서로 짠 공포

계무문

광무문

계무문 癸武門

신무문 오른쪽에 위치하며 돌로 만든 홍예, 월문(月門)으로 작은 문의 역할을 한다.

계무(癸武)에서 '계(癸)'는 날짜나, 날, 연도를 셀 때 사용했던 단위인 천간(天干)의 마지막을 의미하며 '북쪽'을 나타내고 '무(武)'는 북쪽을 상징하는 동물인 거북 현무(玄武)를 의미한다. 따라서 '북쪽의 현무'라는 의미를 가진다. 찬문이나 협문으로 부르기도 하며 이 문을 들어서면 무청문(武淸門)이 나온다.

광무문 廣武門

계무문 오른쪽에 위치하며 '광무(廣武)'에서 '광(廣)'은 넓히다는 의미를 가지고 있고 '무(武)'는 무예나 무술을 의미하여 '용맹함을 넓힌다'라는 뜻을 가지고 있다. 광무문 역시 돌로 만들어진 월문(月門)으로, 홍예문이라고도 말한다. 광무문은 계급이 낮은 하인이나 소인배 청지기 무인들의 출입을 돕는 협문으로 사용되었다.

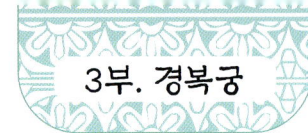

3부. 경복궁

2 홍례문 興禮門

'홍례문을 지날때면, 조선의 예를 갖추어 들라. 동방예의지국인 우리나라답게 예도 예(禮)를 숭례문에서 한번, 홍례문에서 또 한번, 두 차례 강조한 사실을 눈여겨 볼 필요가 있다'

위 글은 유교에서 말하는 사람이 지켜야 하는 다섯 가지 덕목인 인(仁), 의(義), 예(禮), 지(智), 신(信) 오상 중 남쪽과 관련된 예(禮)를 인용한 것이다.

홍례문은 근정문의 남쪽 문으로 당시에는 오문(午門)이라고 불렸으나 이후 정도전이 이를 정문(正門)이라고 지정하였다. 1426년에는 세종이 집현전 관원인 수찬에게 명령하여 경복궁의 네 개의 문과 협문, 그리고 영제교 다리의 이름을 정하도록 했는데, 수찬이 정한 이름은 예를 널리 펴내는 의미의 홍례(弘禮)였다. 이후 고종 시기 경복궁을 중건하면서 청나라 건영 황제인 홍력(弘歷)과 같은 '홍(弘)'을 피하기 위해 흥(興)으로 변경하면서 홍례문의 이름이 흥례문이 되었다.

흥례문 현판

앞서 언급한 대로 흥례문은 1916년부터 1926년까지 조선총독부 건물을 세우기 위한 조선의 문화 말살 정책으로 인해 광화문과 함께 위치가 변경되어 궁궐의 동북쪽으로 이전되었다. 이전된 문 자체도 1950년 6.25 한국전쟁 당시 화재로 소실되었지만, 2002년에 근정문을 근거로 다시 복원되었다.

『국조오례의』 기록에 따르면 근정전에서 행하는 의례 시에는 흥례문 마당의 회랑은 집회자들이 근정전으로 들어가기 전에 대기하는 위치이며, 또는 임시로 임금님의 행차가 머무를 수 있는 막차(幕次)의 대기장소로도 활용되었다. 근정문을 사용하는 조참(朝參) 의례에서는 의식 거행 장소가 흥례문부터 근정문까지의 내정이 되었다. 이를 위해 금천과 영제교가 있어 공간을 구분하였는데, 동쪽은 문관(文官)이 위치하고, 서쪽은 종실(從室)과 무관(武官)이 등급에 따라 각각 다른 자리에 서게 되었다. 기록에 따르면 2품 이상은 금천의 북쪽에 서고, 3품 이하는 남쪽에 자리했다.

고종 시기에 중건된 흥례문의 행각에는 다양한 관서가 위치했는데, 주로 병조(兵曹)에 속하는 기관으로 궁내 외 행사와 왕의 이동 시 주변 정리 및 이동 수단을 관리하는 역할을 했다. 남행각의 서쪽에는 정색(政色)과 마색(馬色)이 위치했으며, 동쪽에는 결속색(結束色)이 있었다.

- 정색(政色) : 왕이 거둥 시 규찰을 하고 소란을 피울 때 관리 감독을 하는 호위, 무선사(武選司)라 한다. 호종을 하는 무인을 뜻한다.

- 마색(馬色) : 병조에 속한 승려사(乘輿司)라 하고, 역참(驛站), 로문, 초료, 입마, 역마를 관리한 부서다.

- 결속색(結束色) : 임금 행차나 거둥 시 떠들어 소란을 피울 때에 규율, 규케를 하고 왕을 시위, 보호하는 역할을 했다. 병조 소속으로 궁궐에서 난동을 피우는 자를 다스린다. 술 취해 난동을 부리는 자, 고성방가, 복장 불량자는 세 번째 걸렸을 때 월급에서 2분의 1을 케하여 먹고 살 일이 난감했다고 전해져온다.

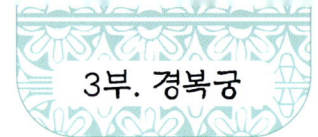

3 영제교(금천교)

흥례문(興禮門)을 지나면 궁내 안에 금천(禁川)이 흐르고 그 위에는 영제교가 위치한다. 경복궁은 물이 부족하여 물 보급을 위해 서북쪽에 물길을 만들었는데, 흥례문 내정을 따라 흐르는 이 물은 인왕산의 백운동 계곡과 백악산의 물줄기를 서로 합쳐 금천으로 끌어들여져 명당수가 되도록 조성되었다. 홍예 구조인 석교와 영제교를 통해 이 물을 건너면 근정문 앞에 도달하게 된다.

경복궁 창건 당시의 기록에는 "정전의 전문(殿門)과 오문(午門) 사이의 뜰 가운데 석교가 있으니 개거¹ 도랑물이 흐르는 곳이다"라고 언급되어 있어, 창건 시점부터 금천교와 석교가 존재했음을 알 수 있다. 태종 시기인 1411년 9월 7일의 기록에는 "영제교에 금천 물이 흐르도록 하니, 그 물은 속세에 찌든 때를 벗어내고 세이(洗耳) 들었던 나쁜 기운과 악기를 다 떨쳐 버리고 홍교를 지난다. 영제교라는 이름은 세종 때에 신하가 지은 이름이다. 이 무지개다리를 건너 신선의 세계로 간다"라고 기록되어 있다. 옛날 중전이 배웅을 나올 때면 이곳까지 나왔다고 한다. 영제교는 1915년에 '시정 5주년 기념 조선물산공진회'를 개최하기 위해 흥례문과 행각이 철거되면서 조선총독부 박물관 서쪽으로 옮겨졌다. 1950년대에는 수정전 앞에 설치되어 있었으며, 1970년대에는 건춘문 안쪽으로 재설치되었다.

---

1 개거 : 뚜껑이 없는 수로로서, 위를 덮지 않고 그대로 터 놓아 대기와 물의 표면을 직접 접하는 물의 흐름 또는 그 구조물

서수의 경계의 눈빛

서수, 천록, 산예 악귀를 물려 쳐 줌

　영제교는 하부에는 홍예(虹霓)라고 불리는 두 개의 기틀을 두었고, 상부에는 귀틀(龜頭)이 설치되어 있다. 이 다리의 너비는 33자(약 9.8m)이고, 길이는 43자(약 13.8m)에 달한다. 중앙에는 어도(御道)가 위치하고 있으며, 돌난간의 엄지기둥에는 동물상이 조각되어 있다. 이 조각은 이무기가 아닌 용으로 여의주를 가지고 있는데, 이는 성취를 상징하고 있으며 용과 함께 있는 구름은 신하를 나타낸다. 다리를 건너기 전에 동서남북 네 방향에 이 용 조각인 서수(瑞獸)를 놓아 다리를 365일 수호신처럼 지키고 있다. 이 네 마리의 서수 중 북서쪽 서수는 혀를 내밀고 있는데, 우리 선조들의 재치를 엿볼 수 있다.

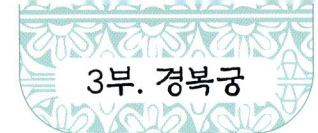

3부. 경복궁

4. 유화문 維和門

유화(維和)란 예를 실천함에 있어 조화로움이 가장 중요하다는 의미를 담고 있는 문으로, 흥례문 서쪽 행각에 위치해 있다. 이 문은 궐내각사로 들어가는 입구로 사용되었으며, 1867년 고종 4년 경복궁 중건 시 만들어졌다. 흥례문 일곽에는 조회뿐만 아니라 국문이나 교서 반포 등의 업무가 이루어졌기 때문에, 궐내각사와 빈청의 관원들이 원활하게 움직일 수 있는 문이 필요했는데 이 역할을 유화문이 수행하였다. 정원, 예문관, 홍문관, 내각, 규장각, 상서원, 교서관, 대전장청, 집현전, 선전관청, 빈청, 대청, 정청, 내반원, 공상청, 약방, 침방, 보루각, 당후, 수라간, 사옹원 등이 유화문 주변에 자리하고 있다.

조선시대에는 왕명을 전달하거나 궁궐, 군진, 성문 등을 출입할 때 지니고 다니던 표식을 '표신'이라고 한다. 이 표신은 금패(禁牌)로 사용되었으며, 부신이나 금표, 신부, 신표 등 다양한 형태를 가지고 있었다. 유화문에서는 출입자들의 문을 열고 닫기 위해 신경을 써서 표신 하나도 신중하게 다뤄졌다. 이는 궁궐을 불시에 기습하거나 도발하는 것을 예방하는 차원으로 아무나 출입을 허용하지 않아 도성의 기능을 강화하는 역할을 했다. 이러한 이들은 결속색과 함께 승전색(承傳色)[1]과도 함께 했던 것으로 본다.

---

[1] 승전색(承傳色) : 조선시대 내시부에 소속된 관직. 내시부는 궁궐 내에서 임금의 명을 전달하는 일인 전령의 임무를 맡았다. 국왕의 전교(傳敎) 가운데에서 정사와 관련된 중요한 일들은 승정원에서 담당하였으나, 사사로운 일들은 이들 승전색이 담당하였다.

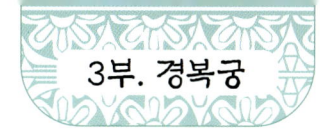

5. 기별청 奇別廳

　기별청의 기별(奇別)은 소식을 알린다는 뜻으로 흥례문 안 서쪽 행각에 자리하며 원래 왕명을 받아 전달하는 기관인 승정원(承政院)에서 반포하는 기별(奇別)을 작성하여 전보, 조보, 소식지, 사발통문을 지방 관아에 우송을 해주던 곳이다.

　"서울 올라가거든 기별하게나!"라는 말도 여기서 유래된 말이다. 승정원의 기별은 하루의 일어난 일을 매일 아침마다 적어 알리는 관보(官報)로 기별청의 기별의 뜻을 따서 이름 지었다. 1892년 고종 29년에 최초의 기록이 나오는 것으로 볼 때 이 기별청은 경복궁을 중건한 이후에 설치되었다고 볼 수 있다.

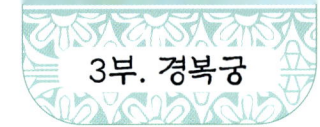

3부. 경복궁

6. 계조당 繼照堂

　계조당의 계조(繼照)는 '계승해 비춰준다' 즉 왕위계승을 뜻한다. 세자 문종이 세종을 대신하여 대리청정을 하던곳으로 이에 세자가 신하들과 조회를 할 수 있는 전각이 필요하여 1443년 세종 25년에 건물을 새로 지은 것이다. 이후 철거 되었다가 복원되어 2023년 09월 20일 개장했다. 단청은 고증 연구를 통해 추후 진행될 예정이다.

계조당 측면　　　　　　　　　　　　　　계조당 취두

3부. 경복궁

7. 근정문 勤政門

근정전의 전문(殿門) 근정문은 신하들과 함께 조참(朝參)을 행하는 장소이다.

　근정문은 궁궐 내에서 화려한 달빛과 찬란한 햇빛을 받는 문으로, 많은 사람들이 드나들던 문이다. 문무와 음양의 조화를 상징하며, 조정과 내조로 들어가는 첫 번째 문이다. 근정문은 행각과 함께 보물 812호로 지정되어 있다. 1395년 태조 4년에 처음 지어졌으며, 임진왜란 때 불에 타서 소실되었지만, 1867년 고종 4년에 경복궁이 중건된 후에 재건되었고 오늘까지 그 자리를 지키고 있다.

　근정문은 근정전으로 들어가는 문의 역할을 하면서도 왕과 신하가 만나 정치를 논의하는 장소의 시작점이기도 했다. 세조 시대에는 근정문에서 조참(朝參)이 집중적으로 기록되었다. 조참은 중앙에 어좌를 설치하고, 근정문과 흥례문 사이의 공간에서 매월 5, 11, 21 ,25일에 거행되었다. 또한, 왕의 즉위 장소로서 근정문에서 정종(1398년), 세종(1418년), 단종(1452년), 세조(1455년), 성종(1469년), 중종(1506년), 명종(1545년), 선조

근정문 현판

(1567년) 등 많은 왕이 즉위하였다.

　근정문은 다섯 개의 문과 24개의 기둥으로 구성되었으며 세 개의 중심 문으로 이루어져 있다. 기둥은 총 12개로 열두 달과 12절기를 뜻한다.

　측면에는 2칸의 중층 문루를 갖추고 있으며, 중앙의 기둥 열에 따라 근정전 쪽으로 열리는 문이 달려 있다. 내부의 기둥은 상층까지 올라가는 높은 고주로 되어 있다. 상층에는 마루가 깔려 있고, 하층에는 상층 마루의 아랫부분이 보이지 않도록 서까래를 받치는 기둥에 반자(半柱)라고 불리는 천장을 설치하고 우물정자 모양으로 치장하였다. 처마 끝에는 공포로 받치고 있으며, 하층은 다포형식으로 구성되어 있다. 지붕은 우진각지붕 형태이고, 양성 바름 위에는 취두와 용두, 잡상이 설치되어 있다. 정면 계단 중앙에는 근정전 월대의 남쪽 계단과 같은 형태로 답도가 있으며 공작새가 새겨져 있다. 그리고 해치를 조각한 소맷돌이 양쪽에 위치하고 있다.

　이처럼 근정문은 아름다운 건축물로서 경복궁의 중요한 출입구 중 하나이며, 그 구조와 장식에는 많은 의미와 아름다움이 담겨 있다.

근정문 답도 2마리의 공작이 조각되어 있으며 계단에는 구름과 신하를 뜻하는 당초문양이 새겨져 있다.

왕의 즉위절차

차기 왕인 세자가 보위를 물려받는 왕의 즉위식은 선왕이 승하한 지 6일이 지난 후 거행된다. 선왕의 시신을 모신 빈전의 동쪽에 왕세자가 머물 여막을 치고, 여러 가지 의장물과 함께 유언장과 국새를 두어 새 왕에게 건네어 줄 준비를 한다. 왕세자는 여막 안에서 입고 있던 상복을 벗은 다음 예복인 면복(冕服)으로 갈아입고 빈전의 뜰로 나아간다. 그리고 선왕의 유언장과 국새를 받아 각각 영의정과 좌의정에게 전해 주고는 여막으로 돌아간다. 여막에서 다시 나온 왕세자는 붉은 양산과 푸른 부채를 든 자들에게 둘러싸여 가마를 타고 어좌에 설치된 정전으로 향한다. 왕세자가 오른쪽 계단을 통해 어좌에 올라앉는 순간, 새로운 왕이 탄생하게 된다. 즉위교서가 반포된 후 정전에서는 향을 피우고, 즉위식장을 가득 메운 대소 신료들은 두 손을 마주 잡고 이마에 얹으면서 "천천세(千千歲)"라고 외친다. 이는 왕조의 운명이 오래도록 영원하라는 뜻이다.

월화문 月華門 과 일화문 日華門

근정문의 월화문과 일화문

근정문 양쪽에는 근정전 행각이 연결되어 있으며, 좌측과 우측에는 각각 일화문과 월화문이 있다. 일화문과 근정문 사이에는 2층으로 올라가는 계단이 있다.

월화문(月華門)과 일화문(日華門)의 이름은 음양의 이치에서 비롯되었다. 월화(月華)는 달의 정화를 의미하며, 달은 음의 성격을 가지고 있어 정문의 서쪽 문인 월화문으로 이름을 지었다. 일화(日華)는 해의 정화를 의미하며, 해는 양의 성격을 가지고 있어 근정문의 동쪽 문인 일화문으로 이름을 지었다.

정전에서 조회를 할 때 무반은 월화문으로, 문반은 일화문으로 출입했다. 이는 세상에는 보이지 않는 선이 존재한다는 의미다. 무반과 문반의 역할을 철저히 분리함으로써 조정의 분명한 경계를 표현했다. 태조실록에는 월화문과 일화문이 홍례문의 동·서 행각에 위치하여 있는 것으로 기록되어 있지만, 영조대에 그려진 경복궁의 그림에서는 근정전 동·서행각에 위치하고 있다. 고종 때 중건하면서 현재의 위치와 같이 근정문의 좌우에 월화문과 일화문을 배치하였다.

근정문을 멀리서 바라보면 떠오르는 그림이 있음을 알 수 있다. 뫼산의 형태를 한 5개의 문, 양쪽의 위치한 해(日)와 달(月) 그 곁으로 뻗어있는 회랑, 바로 일월오악도(日月五峯圖)이다. 근정전에서 바라볼 때 5개의 문이 오악이 되고 양옆에 뻗어있는 행랑이 신하를 의미하는 소나무를 나타내며 일화문, 월화문이 해와 달, 궁궐 내에 금천이 백성을 뜻하는 물, 폭포수다. 일월오악도를 보러 가기 전, 더 크고 웅장한 일월오악도를 먼저 맞이할 수 있는 것이다. 왕의 어좌 뒤에 자리하는 일월오악도가 근정문을 통해서도 그대로 투영되니 정말 아름답고 놀라울 수밖에 없다.

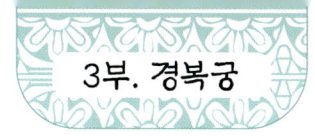

8. 근정전 勤政殿

조선 시대의 법궁 정전으로, 국가 대례, 의전, 의식 등을 행하던 곳이다. 의식과 대관식, 사신 알현, 종친회 등을 열어 국가적인 행사를 수행하는 중요한 장소였다.

근정전은 부지런하고 근면한 정치가 이루어지는 곳으로, 만물의 조화가 가득한 공간으로 알려져 있다. '근정(勤政)'은 근면한 백성들은 부지런하며 나라의 주임임을 알고 왕은 정치를 잘하여 부지런함으로 덕을 보이는 의미를 지니고 있다. 정도전은 "치세¹가 이루어지려면 왕은 정사를 부지런히 해야 한다"는 뜻을 여러 경전의 표현을 빌려 작명하였다. 근정전과 그 주변을 둘러싸고 있는 근정문과 행각은 경복궁의 상징이며, 국가적인 중요행사가 열리는 가장 핵심적인 장소였다.

근정전의 지붕은 암기와 32,126장, 수키와 13,683장으로 약 4만 5천 장의 기와가 올라가 있다. 근정전은 5칸으로 이루어져 있으며, 중요한 건물 앞에는 월대가 상하층으로 있다. 내부에는 보좌가 설치되어 있고, 보좌 위에는 어좌와 일월오봉도(일월오악도)를 두었으며 보좌 위에는 보개(寶蓋)를 설치하였다.

---

1 치세: 잘 다스려져 화평한 세상

천장은 우물반자에 봉황이 그려져 있으며, 중앙에는 보개천장을 설치하여 한 쌍의 용과 구름을 매달아 입체적으로 보이게 했다. 바닥은 전돌로 깔려 있다.

근정전의 건축 양식은 헛집구조, 다포양식계, 통층구조, 중층구조, 결구공법을 사용하였으며, 홈과 홈을 짜 맞추기식으로 구성되어 있다. 동·서·남·북 행랑은 각각 29칸으로 구성되어 있으며, 현재는 기둥만 남아 있다. 정전에서 북행랑까지는 중앙에 천랑(穿廊)이 있고, 정전 월대에서 남행랑까지의 거리는 178자, 북행랑까지의 거리는 43자이다. 이에 따라 근정전은 근정전 행랑 내정의 북쪽에 치우쳐 중앙에 위치하고 있다. 행랑에는 수라간 4칸, 2층 구조인 동·서루 3칸이 있고, 남쪽 양끝 모서리에는 각루가 있다. 또한 남행랑의 중앙에는 근정문이 위치하고 있다. 근정전 내부에 있는 품계석은 동쪽에 12개, 서쪽에 12개로 배치되어 있으며, 이는 12 절기와 24 절기를 나타낸다. 근정전에서 광화문까지는 일직선 축에 놓여 있어 건축(측량) 기술 설계의 대단한 자부심을 보여 주고 있다. 이러한 설계는 근정전과 광화문을 연결하여 조선 시대의 중요한 건물들이 일관된 축으로 배치되었음을 나타낸다.

고종 시대에 중건된 근정전 권역은 중심 건물인 근정전과 근정문, 그리고 동·서·남쪽의 행각으로 구성되어 있다. 남행각은 전체가 기둥만 남아 있는 월랑으로 구성되었다. 동행각에는 관광청(觀光廳), 양미고(糧米庫), 융문루(隆文樓)가 위치하고 있으며 서행각에는 향실(香室), 예문관(藝文館), 내삼청(內三廳), 충의청(忠義廳), 융무루(隆武樓) 등의 기능을 가지고 있는 방(房), 청(廳),

근정전 현판 고종 때 이흥민 서사관의 친필이다. 그림을 그린것이 아닌 신주(황동)로 글자 조각을 만들어 못을 박아 보호하도록 제작되었다.

고(庫) 등으로 구성되어 있다. 근정전 행각을 통해 바깥쪽으로 나가는 문으로는 동행각에는 계인문(啓仁門)이 있고, 서행각에는 협의문(協義門)이 있다. 동행각 북쪽 부분의 양미고만이 행각 바깥쪽에서 출입하게 되어 있고 나머지 동·남·서행각은 근정전 내정에서 출입하도록 되어 있다.

칠성(七星)은 동양과 서양을 막론하고 인간의 운명을 결정하거나 미래를 예견한다는 의미로 중요하게 여겨진다. 경복궁 내에서도 칠성을 반영한 부분을 찾아볼 수 있다. 근정전 용상에서 근정문까지 아래의 7가지 공간요소들을 칠성으로 두고 조정(朝庭)의 심장을 비유하였다. 이러한 상징은 경복궁 내에서 조정의 중요한 의미를 형성하는 역할을 한다.

1. 근정문 앞 : 탐랑(貪狼) = 천추성 (생기성, 시작점 및 일의 중심)
2. 하월대(下越臺) : 거문(巨門) = 천선성 (땅의 기운, 음기 기운)
3. 상월대(上越臺) : 녹존(祿存) = 천기성 (생사 화복을 주관하는 별)
4. 기단(基壇) : 문곡(文曲) = 천권성 (간악과 잔악무도를 다스리는 거울)
5. 정전 : 염정(廉貞) = 옥형성 (죄가 있으면 죽음과 함께 흙이 됨)
6. 용상계단 : 무곡(武曲) = 계양성 (하늘 양식 창고 곡간)
7. 용상자리 : 파군(破軍) = 요광성 (황제의 별)

마루

전통적인 건축물의 지붕에서 기와면과 기와면이 만나는 높은 모서리 부분을 가리키는 말이다. 가장 꼭대기나 정상을 상징하며, 전통 건축에서 중요한 요소 중 하나이다.

마루는 위치에 따라 여러 가지 종류로 구분될 수 있다. 용마루는 지붕의 중앙에 수평으로 뻗어있는 마루를 말하며, 전체 건물의 높은 위치에 있다. 이는 악한 기운을 막아주는 역할을 한다고 여겨지며, 건축물에 좋은 기운을 유지하고자 할 때 활용된다. 또한 내림마루는 지붕의 경사면이 내려가는 부분에 위치한 마루를 의미하며, 추녀마루는 건물의 모서리나 변곡점에 위치한 마루를 의미한다.

취두

용마루의 양 끝에 위치한 사각 모양의 조각을 가리킨다. 이것은 올빼미의 머리를 상징하는 글자로, 용을 잡아먹는다는 전설의 새의 머리 모습과 비슷하다고 해서 붙여진 이름이다. 취두는 마루 끝을 장식하는 기와를 뜻하며, 망새라고도 불리기도 한다.

취두는 세 부분으로 나누어 제작 후 조립된 형태로 되어 있다. 멀리서 보면 크기를 가늠하기 어려울 수 있지만, 실제 취두의 크기는 가로로 약 1,121mm, 높이로 약 1,719mm로서 성인 남성의 키와 비슷하다. 취두의 측면에는 오조룡(五爪龍)이 날아오르는 모습이 양각으로 새겨져 있다. 이때, 오조룡은 용마루를 물고 있으며, 몸은 아래를 향해 두 번 비틀어진 형상이고, 꼬리는 위로 치켜든 모습이다. 이는 꼬리가 바다를 내리쳐서 파도를 일으켜 화재를 막는 의미를 담고 있다. 또한 용의 9마리 자식 가운데 멀리 바라보기를 좋아하는 '이문'이 지붕 위에 얹혀 있으면 불을 막아준다는 기원도 함께 담겨 있다. 취두 아래쪽에는 운문과 구름이 양각되어 있어 하늘을 날고 있는 용을 형상화했다. 이렇듯 조상들의 건축물에는 작은 조각 하나하나에도 다양하고 깊은 의미들이 담겨 있다.

근정전 취두 (좌측)   근정전 취두 (우측)   일본 샤치호코(취두)

토수

토수는 마루의 끝에 달리는 장식물로, 용두나 잡상과 같이 흙으로 구운 이무기 형상의 상징물이다. 추녀(마루 끝)에 박혀 있어 마구리면[1]에 빗물이 스며들어 가는 것을 방지하는 역할을 한다. 이무기의 형상을 사용하는 이유는 이무기가 물고기의 형상을 가지고 있기 때문인데, 이는 물고기는 죽어서도 눈을 감지 않기 때문에 영역을 지킨다는 의미가 있다. 격이 낮은 건축물에는 어수 물고기 모양의 토수를 사용하고 더 낮아지면 풍경을 사용하였다. 일반 서민들은 명주실에 북어를 달아 놓기도 하였다. 토수는 건축물의 보호와 행운을 기원하기 위한 중요한 요소로 사용되며, 전통적인 아름다움과 의미가 있다.

잡상

목조건축의 추녀마루에 나란히 장식되어 있는 작은 짐승의 형상을 말한다. 이들은 흙으로 빚은 여러 가지 동물의 형상을 가진 토우로서, 추녀마루 위에 세워져 있다. 잡상은 모습이 다양하고 다소 잡다한 형

---

1 마구리면: 목재의 나이테가 보이는 양쪽 끝머리의 면

근정전 토수

근정전 잡상

태를 가지고 있어 잡상이라는 이름이 붙었다.

주술적인 의미로 화재 예방과 액운 차단 등의 기능이 있어 주로 궁궐이나 도성의 성문, 왕릉의 정자각, 종묘, 성균관 등 왕실과 관련된 건물에서 발견할 수 있다. 왕실의 안녕과 번영을 기원하는 의미를 담고 있으며, 외부로부터의 침입이나 나쁜 기운을 막는 역할을 한다고 해석한다.

부시(罘罳)와 오지창

부시는 그물(부) 가리개(시)를 사용한 뜻 그대로 참새나 비둘기 등의 새가 궁궐의 지붕 처마에 앉거나 집을 짓지 못하도록 막는 그물망을 말한다. 오지창(또는 삼지창) 또한 창처럼 생긴 구조물로 새들이 앉거나 집을 지을 수 없도록 막는 역할을 하며 부시를 설치할 수 없는 곳에 꽂아 새들을 막았다.

오지창

부시와 오지창의 설치는 새들의 배설물이 궁궐을 더럽히고 훼손시키는 것을 방지하기 위한 장치다. 또한, 새들이 집을 지어 번식하면 천적인 구렁이가 들어와 알과 새끼를 잡아먹을 수 있으며, 구렁이가 건물 내부로 들어가면 인심도 흉흉해져 이를 예방하기 위한 수단으로 사용되었다.

부시는 조선 초에는 명주실을 엮어서 만들어 사용되었으며, 성종 때에는 오래도록 보존하기 위해 구리 철망으로 대체되었다고 기록되어 있다. 조선왕조실록에도 부시와 관련된 기록이 남아 있는데, 성종 6년(1475)에 경회루의 돌기둥에 꽃과 용을 새긴 것과 용마루와 처마에 구리로 만들어진 망새(鷲頭)가 설치되었다는 기록이 있다.

이는 최근에 만들어진 보호망으로 오해되는 경우가 많지만, 사실은 예로부터 전해져 내려온 조상들의 지혜와 건축 기술의 산물이었다.

성종 6년(1475) 5월 12일

"신 등이 경회루의 돌기둥을 보니 꽃과 용(龍)을 새겼고 용마루와 처마가 궁륭(穹窿)하고 구리로 망새[鷲頭]를 만들었으며, 또 근정전에는 철망을 둘렀는데 선왕의 옛 제도가 아닌 듯하니, 후세에 보일 수 없습니다…" 〈조선왕조실록에 기록된 부시 관련 기록 일부〉

여기서 새들의 입장을 잠시 생각해 보자. 새들이 아름다운 궁궐에 집을 지을 기쁜 생각을 하고 열심히 날아와 집터를 보는데 다 망이 쳐 있었다. 일이 뜻대로 흘러가지 않을 때 사용하는 말 "망쳤다"라는 말의 여러 가지 어원중 하나가 여기에서 나오기도 하였다. 오지철도 같은 목적으로 새가 둥지를 못 틀도록 처마 밑에 설치해 조류를 퇴치했다.

민흘림기둥

근정전의 기둥은 아래쪽에서 위로 올라가면서 서서히 두께가 좁아지는 기둥인 민흘림기둥으로 되어 있다. 근정전에는 총 36개의 기둥이 받치고 있는데 이것은 도교 사상에서 말하는 "신선의 36궁"을 의미한다. 바깥쪽의 평기둥보다 높은 내부의 기둥인 고주(高柱)는 높이가 14.8m이다. 2000년 복원 공사 때 네 모서리에 있는 귀고주 중에 한 본은 우리나라 소나무를 사용하고 3본은 캐나다의 전나무가 사용되었다.

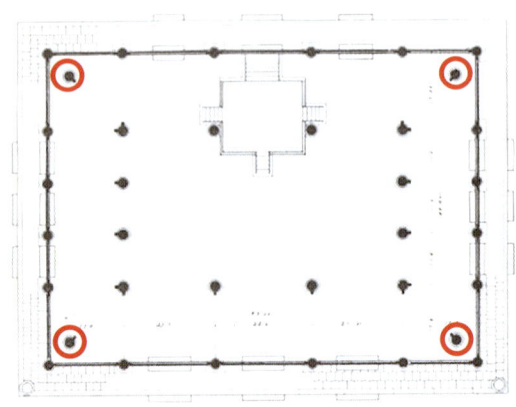

근정전 내진고주 4개 기둥그림 왼쪽 아래 나무만 국내산이며 나머지 3개는 캐나다산 전나무이다.

솟을빗 꽃창살 궁과 사찰에서 사용된 창살로 궁궐, 사찰 외엔 함부로 사용하지 못했다. 귀신이 창살에 끼여 들어오지 하게 막는 의미다. 급살, 주살, 오살, 창살이라는 단어가 여기서 유래된 용어이다.

근정전 내부

근정전 내부 모습

근정전 내부 칠보향로

일월오악도, 천정, 닷집, 병풍, 용상, 삼곡병, 계단, 뒤웅이 함, 옥새, 기둥 좌우 4개는 왕이 서는 자리 오행을 나타낸다. 왕이 바라본 쪽에서 동, 서를 얘기하며 왕은 전하 또는 상감마마라 불린다. 중전은 곤전, 곤위라 불려진다.

칠보향로는 근정전 내부에 있는 향로로, 16세기 청나라에서 가져온 것으로 알려져 있으며 칠보는 보석의 한 종류이다. 이러한 요소들은 근정전의 구조와 의미를 형성하는데, 중요한 역할을 한다.

칠조룡과 사방신

칠조룡(七爪龍) - 황

일곱 개의 발가락을 가진 용의 일종이다. 황제를 대표하는 상징으로 사용되며, 가운데 여의주를 두고 두 마리의 칠조룡이 다투는 모습으로 그려진다. 칠조룡은 황제의 권위와 권력을 상징하며, 중요한 궁궐 건물이나 제왕의 의식에서 사용된다. 과거에는 발가락이 다섯 개였는데, 고종이 대한제국을 선포하고 왕이 황제로 즉위하게 되면서 칠조룡으로 바뀌었다. 발가락의 개수를 통해 직계순서를 알 수 있으며, 왕은 오조룡, 왕세자는 사조룡, 왕손자는 삼조룡을 사용한다.

근정전 내부 천정 칠조룡

청룡(青龍) - 청

사신(四神) 중 하나로 동쪽을 관장하는 용의 일종이다. 모습은 일반적인 용과 크게 다르지 않은 모습을 갖고 있으며, 그 이름처럼 몸이 푸른색을 띠고 있다.

오행 사상에서 청색은 동쪽을 상징하는데, 생명의 시작을 의미한다. 따라서 청룡은 동쪽을 수호하는 신성한 용으로 여겨지며, 나무(木)의 속성을 지니고 있어 봄에 나타난다고 한다. 또한 바람을 다스린다고도 한다. 청색 깃발이 있는 경우 동쪽을 가리키는 상징으로 사용된다.

백호(白虎) - 백

서쪽을 관장하는 용의 일종이다. 서방의 신성한 용으로 여겨진다.

전통적으로 벽화나 그림에서 백호는 일반적으로 용의 몸통과 흰 호랑이의 머리로 그려지거나 표현된다. 조선 시대에는 실제 흰색 호랑이를 그려 표현하기도 했다. 백호는 오행 사상에서 금(金)을 상징하며, 가을 계절을 관할한다고 한다. 백색 깃발이 서 있는 경우 서쪽을 가리키는 상징으로 사용된다. 동아시아의 별자리에서도 규(奎), 루(婁), 위(胃), 묘(昴), 필(畢), 자(觜), 삼수(參宿)의 7개 별자리 영역이 백호에 속하기도 한다.

주작(朱雀) - 젹

남쪽을 관할하는 용의 일종이다. 두 날개를 활짝 펼친 붉은 봉황의 모습으로 그려지며, 종종 봉황과 동일시되기도 한다. 오행 사상에서는 불(火)을 상징하며, 여름을 관장한다. 붉은 깃발이 있는 경우 남쪽을 가리키는 상징으로 사용된다. 주작은 사자성어나 문화 예술에서도 많이 언급되며, 동아시아의 전통적인 신화와 이야기에 등장하는 중요한 존재로 여겨진다. 천하를 수호하고 재생과 번영을 상징하는 역할을 맡고 있다.

현무(玄武) - 흑

북쪽을 관할하는 용의 일종이다. 암컷인 거북이의 머리와 수컷인 뱀의 머리가 원을 그리며 교차하는 모습으로 그려지는데, 이는 암수가 서로 합하여 조화를 이룬다는 의미를 지니고 있다. 현무에 현(玄)은 검은색을 의미하고 북망을 상징하며, 무(武)는 거북이의 두꺼운 등껍질과 뱀의 날카로운 이빨을 가리킨다. 일반적으로 현무는 생명의 끝이자 죽음을 상징하는 수호신으로 여겨지며, 360종류의 갑각류 중에서 우두머리이기도 하다. 오행 사상에서는 물(水)을 상징하며, 겨울 계절을 관장한다. 흑색 깃발이 서 있는 경우 북쪽을 가리키는 상징으로 사용된다. 수호와 방어의 상징으로도 자주 사용 된다.

근정전 외부 향로

근정전 드므 나무건축에 취약한 화마를 막아준다.
화마가 드므 물에 비친 자기의 흉측한 모습을 보고 놀라 도망간다고 한다.

향로

근정전의 앞쪽에는 큰 향로가 있다. 이 향로는 세종 때인 1418년 9월 27일에 근정전 기둥 앞에 설치되었으며 이는 세종 대왕이 직접 지시하여 설치한 것이다. 향로는 신을 부르는 상징물로 사용되며, 향에서 나오는 연기는 혼(魂)을, 타고 남은 재는 백(白)을 상징한다. 이는 잡다한 세상을 정화하는 의미로, 혼백(魂白)의 의미가 여기에 담겨 있다.

근정전에서의 향로는 임금이 근정전에 계시는 동안에는 향을 피워 신하들에게 임금이 계시는지, 여부를 알려주는 역할을 하였다. 이 외에 일월오봉도, 정(향로), 드므는 근정전의 중요한 상징물이다.

월대(월견대)

궁궐의 정전과 같은 중요한 건물 앞에 만들어진 넓은 대나 무대를 말한다. 이곳에서는 주로 궁중에서 중요한 행사나 의례가 진행되었으며, 특히 월견대(月見臺)라고도 불리는 월대는 팔월 한가위(추석)나 정월 대보름날 임금과 함께 달을 구경하는 장소로 사용되었다. 정 3품 이상만 오를 수 있으며 궁중의례와 행사에서 중요한 장소로 사용되어 왕과 신하들의 권위와 위엄을 과시하였다.

근정전의 월대는 상월대와 하월대로 구성되어 있다. 이 두 개의 월대에는 다양한 석조물이 있다.

쌍석견 조선의 대를 잇겠다는 의지의 표출이다.

근정전 월대의 끝에는 서수인 백택과 해치가 있다. 백택(白澤)은 근정전 하월대에 위치한 석조물 중 하나로, 중국의 신화에서 나오는 신수인데, 사자를 닮은 모양을 하고 있다. 상상 속의 동물로서 사람의 말을 잘하고, 만물의 모든 뜻을 알고 있으며 덕을 갖춘 임금이 존재할 때만 모습을 드러낸다는 설이 전해지고 있다.

쌍사자는 근정전을 정면으로 바라보는 방향에 위치한 월대 양쪽에 있는 석조물이다. 쌍사자는 두 마리의 해치(獬豸)로 구성되어 있다. 월대 양쪽에는 대각선 방향으로 두 마리의 해치가 있다. 재밌는 사실은 이 두 마리의 해치를 자세히 보면 각각의 새끼를 품고 있는데 이는 대를 이어서 궁을 지키고 조선의 대를 잇겠다는 의지를 담고 있다. 오른쪽에 위치한 해치는 새끼를 가슴에 품고 있는데 이 또한 백성들을 보듬어 안는다는 의미를 가지고 있다.

새끼해태를 품고 있는 쌍해치

근정전 석조물

근정전의 석조물들의 배치도 주역의 원리를 담고 있다. 주역은 중국의 전통적인 숫자 철학으로, 숫자의 의미와 원리를 통해 우주의 질서와 천지의 균형을 이해하는 철학적인 관점이다. 주역에서의 36이라는 숫자는 모든 역의 원리를 담고 있다 하여 천지의 진리상수, 곧 우주를 상징하고 신선사상을 고취하고 있다.

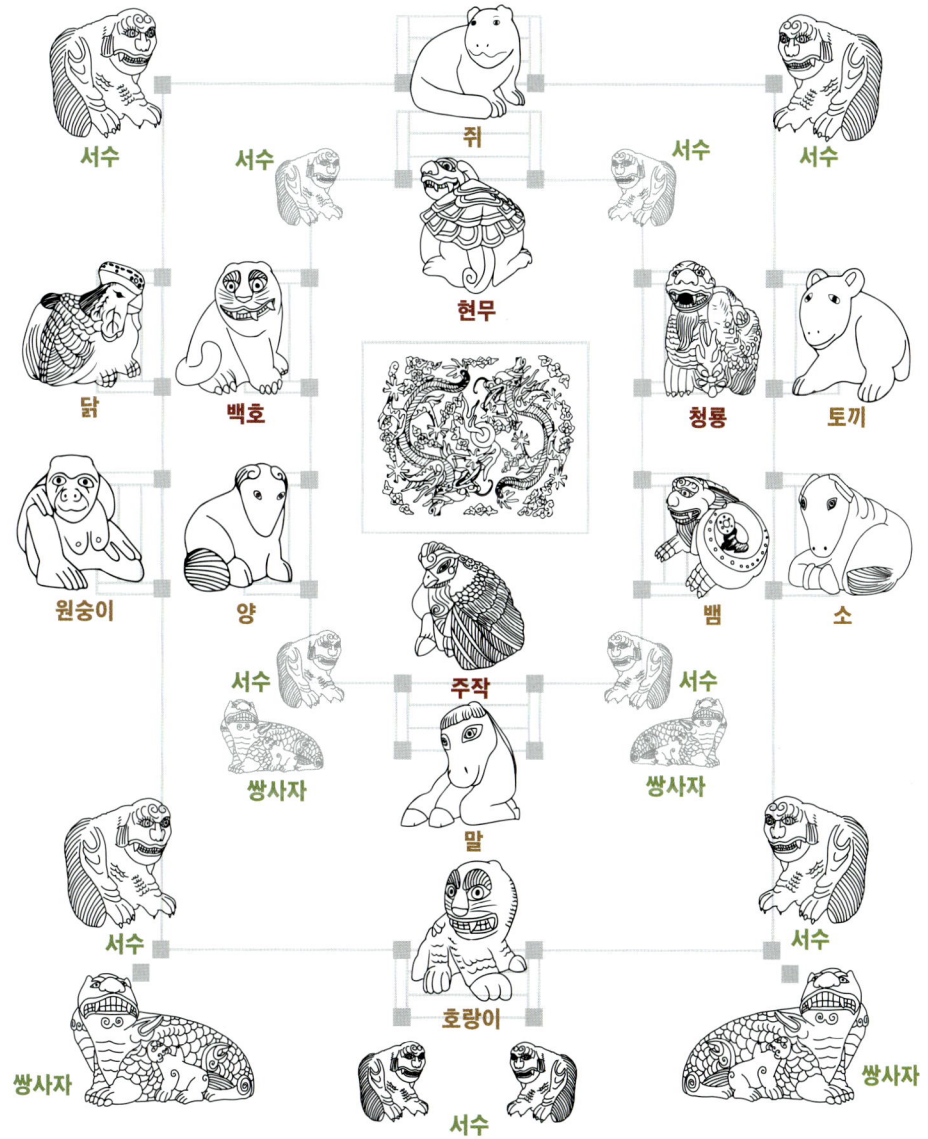

근정전 사방신 및 12지상, 서수 배치도 김예은 作

12지신

12 지신 중에 술(戌)과 해(亥)에 속하는 개와 돼지는 제외되었는데, 이는 조선이 유교, 불교, 도교 사상이 접목된 시대이기 때문이다.

[12지신의 해석과 방위표]

12지신	의미	음력	방위
쥐(자시) 23:00~01:00	바지런한 동물 풍요, 희망, 재물 운, 다산	11월	북
소(축시) 01:00~03:00	여유, 평화, 우직, 순박, 끈기	12월	북동
호랑이(인시) 03:00~05:00	용맹, 존경, 의협심, 길융화복	1월	동동북
토끼(묘시) 05:00~07:00	지혜, 민첩함, 장생불사	2월	동
용(진시) 07:00~09:00	생명력, 신통한 능력	3월	동동남
뱀(사시) 09:00~11:00	풍요, 다산, 재물, 지혜, 치유	4월	남남동
말(오시) 11:00~13:00	희망, 건강, 생동감, 강인함	5월	남
양(미시) 13:00~15:00	희생, 평화, 정의, 상서로움, 행운, 순진함	6월	남남서
원숭이(진시) 15:00~17:00	재주, 장수, 영리함, 가족애	7월	서서남
닭(유시) 17:00~19:00	벼슬, 희망, 길상, 여명, 신통력	8월	서
개(술시) 19:00~21:00	헌신, 충성, 친밀함, 총명함	9월	서서북
돼지(해시) 21:00~23:00	복, 재물, 풍요, 행운	10월	북북서

답도

왕이 근정전으로 향하는 길에 위치한 시설물로, 왕이 직접 밟고 지나가지 않고 가마를 타고 이동했다. 답도는 단폐석이라고도 불리며, 신령에게 존경과 경의를 표시하기 위해 설치되는 계단석을 의미한다. 답도 역시 그러한 의미로 해석된다.

답도는 근정전 정면 중앙에 위치하며, 중앙은 모든 방향을 포괄하는 상징을 가지고 있다. 이곳에는 태

근정전의 답도   근정전 4태극 보기 드문 희소성을 가진 태극무늬이다.

평성대를 상징하는 두 마리의 봉황이 새겨져 있다. 근정전의 중앙 천장에는 칠조룡과 월대의 봉황이 똑같이 설치되어야 하는데, 아관파천을 끝으로 보완되지 않은 상태이다.

봉황 鳳凰

봉황은 동아시아의 다양한 문화에서 중요한 상징으로 여겨지는 신비로운 새다. 용과 학 사이에서 태어났다고 전해지며 신화와 전설에서 나오는 상상의 존재로, 봉황이 나타날 때는 평화와 번영이 찾아온다는 믿음이 있었다. 봉은 수컷을, 황은 암컷을 나타내는데, 이 두 새가 함께 나타날 때 완전한 봉황이 형성된다.

봉황의 머리는 푸르고, 목이 흰색이며, 등이 붉은색으로 빛나고 가슴은 검은색, 다리는 황색으로 표현되고 있다. 이는 음양오행(陰陽五行)의 색깔이며 그 의미를 지니고 있다. 봉황의 모습에 대해 『설문해자說文解字』에서는 앞은 기러기 모습으로 이마는 황새, 턱은 제비, 부리는 닭, 목은 뱀으로 묘사된다. 뒤는 기린 모습이며 용처럼 비늘이 있고 등은 호랑이와 꼬리는 물고기로 원앙의 깃털을 지니고 있다. 봉황의 몸은 각 의미를 지니고 있는데 머리는 덕(德), 가슴은 인(仁), 배는 신(信), 날개는 의(義), 등은 예(禮)를 의미한다. 또한, 아름다운 다섯가지의 소리를 낸다고 한다.

암수의 모습을 명확하게 구분하는 큰 기준은 없지만 꼬리의 모양을 다르게 묘사하는 경우가 많다. 한 마리나 여러 마리의 봉황을 함께 표현할 때는 암수를 구분하는 '봉황'이라고 하지 않고 주로 '봉'이라 말했다. 궁궐을 '봉궐(鳳闕)', 임금이 타는 수레를 '봉련(鳳輦)'이라고 했으며 왕실 부인의 예복에 장식하던 흉배는 '봉흉배', 봉황 장식이 있는 비녀를 '봉잠(鳳簪)', 예복용 대를 '봉대(鳳帶)'라고 불렀다. 이로 보아 꼬리 모양을 다르게 한 것은 암수의 구분도 있지만 한 쌍의 조화롭고 아름다운 모습을 표현하려 한 것으로 보인다. 17세기 이후부터 조선 말기까지 왕실 여성의 예복을 봉황으로 장식하면서 봉황은 왕실 여성을 상징하는 대표 무늬가 되었다.

봉황은 오동나무에 살면서 바위에서 흐르는 차가운 샘물을 마시며 120년에 한 번 열리는 대나무의 열매만을 먹는다고 전해진다. 봉황의 알을 먹으면 불로불사가 가능하다는 이야기도 있다. 봉황은 신의, 현인, 재주, 부귀, 장수, 풍년, 다산, 고귀, 예견력과 같은 다양한 가치와 미덕을 상징하며 이러한 특성들은 봉황을 통해 길이와 번영, 영원한 행복을 의미하는 것으로 이해 할 수 있다.

봉황은 동양 예술에서 빈번하게 등장하며, 회화, 조각, 도자기 등에서 다양한 형태로 표현되었다. 한국의 궁궐에서는 봉황이 황제의 상징으로 사용되었다. 봉황은 동양 문화에서 깊은 의미를 지니며, 각 나라와 전통에서는 조금씩 다르게 해석되고 활용되어 왔다.

박석

근정전 앞마당에 사용된 울퉁불퉁한 돌이다. 옛 동화를 보면 못생긴 여자 얼굴을 빗대 박석 또는 박색이라고 부르는데 여기서 유래된 용어이다. 이 돌은 화강암으로 만들어졌으며, 해주에서 2만 장, 석모도에서 2만 장을 가져오고 나머지는 불광동 박석고개에서 캐내어 사용되었다. 이러한 박석은 세종 시대에 근정전 정전의 포장재로 사용되었으며, 임진왜란 이후에는 경복궁의 박석을 가져와 사용하기도 했다.

근정전 박석

박석은 그 특징적인 표면으로 인해 다양한 역할을 했다. 울퉁불퉁한 표면은 햇볕이 강하게 내리쬐는 날에도 햇빛을 난반사[1]하여 신하들의 눈부심을 줄여주고, 복사열을 식혀주는 역할까지 했다. 또한, 신하들이 신는 돼지가죽으로 만들어진 신발 혜화(鞋靴)에 미끄러짐을 방지하는 역할을 했다.

내정에서 왕이 말을 할 때 멀리 떨어져 있는 사람들은 잘 듣지 못하는 경우가 있었는데, 근정전 상월대에서 내시가 여창(呼唱)을 해 전달할 때, 박석은 그 특별한 표면으로 인해 소리의 공명을 유발하여 내시의 말을 확성기처럼 전달해 주었다.

근정전 내정 입구 양쪽 모서리에는 배수구가 있는데, 후면에서부터 전면 배수구까지의 경사도가 1m 정도 높이 차이가 있어 비가 오면 박석 사이로 빗물이 흘러 근정전 바닥에 물이 고이지 않도록 도와주었다. 이를 통해 근정전 내부는 비가 내려도 침수되지 않는 안전한 공간을 유지할 수 있었다.

삼도

삼도는 궁궐 내에서 신하와 임금이 사용하는 길에 대한 구분을 나타낸다. 임금이 이동하는 중앙의 길을 어도(御道)라고 하며, 좌측 길을 문관(文官)이 이용하고 우측 길을 무관(武官)이 이용한다. 이를 통해 임금과 신하 간의 차이를 분명히 하였다. 이러한 삼도 체계는 임금의 권위와 규율을 강조하며, 궁궐 내에서의 사회적 질서와 등급 구조를 나타내는 중요한 요소였다.

근정전 회랑(행각)

궁전 건축에서 중요한 부분을 둘러싸고 있는 지붕이 있는 긴 복도로, 이전에는 벽이 있는 방과 행각으로 구성되어 있었다. 회랑은 신하들이 머무르는 공간이기도 하며, 사신들이 머무르는 공간이기도 했다. 행각은 근정전의 둘레에 장방형 또는 직사각형 모양으로 배치되어 근정전을 둘러싸고 있었다. 남행각에는 일화문과 월화문이 위치하고, 북행각에는 사정문을 통해 사정전으로 이어지는 구조였다. 동쪽과 서쪽 행각에는 남쪽으로 돌출된 융문루와 융무루가 위치하였다. 과거의 기록에 따르면, 명나라 사신이 근정전에 도착할 때는 동쪽 계단을 이용하고, 근정문의 오른쪽 공간과 동편 회랑에서 수라를 마련하여 대접하였다고 전해지고 있다. 이를 통해 회랑은 왕실과 외부 사신들과의 교류와 대접의 장소로 활용되었음을 알 수 있다.

---

[1] 난반사: 빛이 표면의 모양이 불규칙한 거친 면에 입사하여 반사 될 때 여러 방향으로 퍼지는 것

주련

1. 立愛敦親 教民以睦 (입애돈친 교민이목)

    어버이 사랑을 보듯 가르침도 사랑도 화목과 친교를 통해 교화를 달리 할 수 있다.

2. 好學樂善 爲世所宗 (호학낙선 위세소종)

    학문이 중하고 좋으니 선한 낙을 즐기매 세상 사람들의 부러움이 되다.

3. 序昭六親 殷道陸盛 (서소육친 은도융성)

    부,모,형,제,처,자 육처의 밝음이 서막을 열듯 은나라에 번성함이 여기 골육친척의 화목이 있어 번성함이요.

4. 德推九睦 治堯協龢 (덕추구목 치요협화)

    덕이 아홉 족속에 미쳐 요나라 평화가 깃들어 듦이다.

5. 列卿尚書 落花低春酒 (열경상서 낙화저춘주)

    상서에 구경 구족들이 술에 취해지는 꽃잎을 바라보고 있음이 애잔함이다.

6. 王孫公子 芳樹下清歌 (왕손공자 방수하청가)

    왕손 공자께서 꽃나무 그늘 아래 청아한 목청소리로 노래를 한다.

7. 捍禦宗邦 維城維翰 (한어종방 유성유한)

    성을 지키는 간성은 날개깃과 같고

8. 夾介王室之屛之藩 (협개왕실지병지번)

    천혜의 요새를 방패 삼아 왕실의 평화로움을 이미 보며 산다.

9. 休戚與同忠愛冞篤 (휴척여동충애미독)

    족친과 함께 도타운 정을 나누며 나라를 사랑하는 마음이 곧 충성이라.

근정전 행각의 주련

10. 恬嬉是戒 文武俱全 (염희시계 문무구전)

　　삼가 즐기는 것을 경계하고 문무로서 온전한 사람됨을 겸비하여 갖추라.

11. 天漢殿高孰不欽敬 (천한전고숙불흠경)

　　오랑캐 족속 대궐은 높되 공경하고 안 하고는 각자의 마음 일러라.

12. 春秋門近地是靖要 (춘추문근지시정요)

　　춘추문 지근에 맑은 기운 보일 것 요청하네.

13. 完矣美矣公子謂善居 (완의미의공자위선거)

　　아름다움이 온전케 되는 것은 착한 심성에 이르나니.

융문루(隆文樓)와 융무루(隆武樓)

　　근정전 행각의 동쪽과 서쪽 누각이다. 융문루는 문인들의 사고¹(史庫)로 사용되었고 문인들이 문헌 자료를 보관하고 연구하는 장소로 문화와 지식을 교류하는 역할을 했다. 융무루는 무신들의 무기고로 사용되었다. 궁중에서 무기와 관련된 일들을 담당하며, 무신들의 훈련과 관리를 담당하는 장소였다. 경복궁 창건 당시 정도전은 융문루와 융무루의 이름을 지으며 '문(文)으로써 다스림을 이루고 무(武)로써 난을 안정시키니 문무를 함께 써서 오래도록 다스림을 바란다'는 뜻을 담았다. 창건 당시 근정전 행각의 동쪽과 서쪽에 위치하여 각각 3칸으로 구성되었다.

　　그러나 1434년 세종 16년에 융문루와 융무루가 고쳐지면서 크기가 조정되었으며, 고종 대에는 경복궁이 중건되면서 2칸으로 축소되었다. 그러나 여전히 행각의 남쪽에서 1/3 지점에 위치한 누각의 형태를 유지하였다.

융문루 융문루 사고, 문반의 서고

---

1 사고: 조선시대 나라의 역사기록과 중요한 서적·문서를 보관한 국가의 서적고

근정전 인정전 비교

　인정전은 창덕궁의 정전 중 하나로, 국보 225호로 등록되어 있다. 그 이름은 "어진 정치를 펼치다"라는 뜻을 담고 있으며, 현판은 서영보의 친필이 쓰였다. 인정전은 동양의 별수 28수를 대입해 설계되어, 28개의 기둥으로 구성되었다. 황제가 머무는 장소로서의 위엄을 나타내기 위해 창은 노란색으로 칠했다. 내부의 바닥은 근정전과는 다르게 부분적으로만 천연석이 깔렸고 대부분 가공석으로 깔려 있다.

　인정전은 다른 건물과 달리 문이 하나뿐인데, 황제의 정전이라면 보통 삼 문으로 구성되는데 의문을 가질 수 있다. 이는 일제강점기에 일본의 정책과 합병, 침탈을 겪은 잔재일 가능성이 있다. 이 쓸쓸한 하나의 문이 조선의 비극적인 역사를 담고 있는 것 같다.

[정전과 이궁의 차이]

비교	근정전	인정전
국보 / 형태	국보 223호 / 정궁	국보225호 / 이궁
기둥 / 문 / 12지신상	36개 / 앞문 3개 / 있음	28개 / 앞문 1개 / 없음
월대 / 난간석	있음 / 있음	있음 / 없음
시기	태조 이성계 / 1395년	태종 이방원 / 1405년
구조	390칸, 종묘사직포함 755칸	287칸

왕의 의복

구장복(九章服)

구장복은 조선 왕이 중요한 의식과 행사에서 착용하는 의상으로, 아홉 가지의 문양이 있는 특별한 의복이다. 상의와 하의로 이루어져 있으며 황제천자해달(皇帝天子海達),성신(星辰),산(山),용(龍),종이(宗彝),화충(華蟲),조(藻),화(火),분미(分米)로 상의에는 다섯 가지 문양이, 하의에는 네 가지 문양이 수놓아져 있다.

구장복의 상의는 하늘을 상징하는 검은색 바탕과 양(陽)을 상징하여 양수인 홀수 문양을 사용한다. 하의는 땅을 상징하는 금색 바탕과 음(陰)을 상징하므로 짝수 문양을 사용한다. 이러한 문양과 색상은 왕의 권위와 지위를 상징하며, 중요한 의식과 행사에서 착용되어 왕의 위엄을 빛내는 역할을 하였다. 조선시대 왕이 구장복을 착용하는데 비해 세자는 이중에서 두 가지의 문양이 빠진 칠장복(七章服)을 착용하였다.

면류관(冕旒冠)

면류관은 왕의 존엄을 상징하는 중요한 의상 중 하나로, 왕의 지위와 위엄을 나타낸다. 사각면판(冕版)과 류(旒)와 진(瑱)으로 이루어져 있으며 사각면판은 땅을 다스린다는 의미를 가지고 구슬을 늘어뜨린 형태의 류는 볼 수 있는 것과 못 볼것을 가려서 보라는 의미를 가졌다.

진은 모자에 달아 길게 늘어뜨려 놓은 귀마개로 부정한 것과 속된 말은 막는 의미를 가지고 있다. 중국에서의 면류관은 신분에 따라 면판에 늘어뜨리는 류의 수와 종류가 달랐다. 예를 들어 황제 천자는 12류, 왕은 9류의 면류관을 착용했다.

곤룡포(袞龍袍)

용포 또는 곤포라고도 하며 시무복으로 입던 정복이다. 주로 노란색 또는 붉은색 비단으로 견(絹)이 만들어지며, 황색 단이나 사(絲)에 붉은색 안을 넣었다. 가슴, 등, 어깨 부분에 보(補)라고 하는 금실로 수놓은 사조룡과 오조룡을 붙혔다. 곤룡포를 착용할 때는 옥대(玉帶)라 불리는 옥석으로 만든 허리띠를 사용하며, 신발은 흑궤자피(黑麂子皮)화나 여름에는 흑칠피를 신었다. 곤룡포 아래에는 답호와 철릭을 입었는데, 이것은 군복인 융복(戎服)도 된다.

익선관(翼善冠)

익선관은 왕의 평상복 차림 중 하나로서, 왕이 정무나 업무를 볼 때 착용하는 관(冠)이다. 중국 송대 때에는 절상건(切上巾)이라 불렸으며, 명나라 때에 익선관이라는 이름으로 불리기 시작하여 세종 때에도 사용되었다. 일습(一襲) 한벌에 끼워 보내와 쓰게 되어 있다. 형태와 모양이 특이한데, 꼭대기가 턱이 져 앞쪽 턱은 낮고 뒤쪽 턱은 높은 형태로 되어있다. 검은 색의 사(紗)나 라(羅)로 둘러싸여 있으며 뒷쪽에는 매미 날개처럼 달려 있어 익선관이라는 이름이 붙게 되었다.

근정전 정옥임作

[조선왕조 즉위년과 출생년도]

왕	출생년도	즉위년도	즉위 나이	즉위 장소	재위 기간
1대 태조	1335	1392	57세	개성 수창궁	7년
2대 정종	1357	1398	42세	경복궁 근정전	2년
3대 태종	1367	1400	34세	개성 수창궁	18년
4대 세종	1397	1418	22세	경복궁 근정전	32년
5대 문종	1414	1450	37세	동별궁 빈전	2년
6대 단종	1441	1452	12세	경복궁 근정문	3년
7대 세조	1417	1455	39세	경복궁 근정전	13년
8대 예종	1450	1468	19세	수강궁(현재 창경궁) 중문	1년
9대 성종	1457	1469	13세	경복궁 근정문	25년
10대 연산군	1476	1494	19세	창덕궁 인정전	11년
11대 중종	1488	1506	18세	경복궁 근정전	39년
12대 인종	1515	1544	30세	창경궁 명정전	8개월
13대 명종	1534	1545	12세	경복궁 근정문	22년
14대 선조	1552	1567	16세	경복궁 근정전	41년
15대 광해군	1575	1608	34세	정릉동 행궁(현재 덕수궁) 석어당청	15년
16대 인조	1595	1623	28세	경운궁(현재 즉조당)	27년
17대 효종	1619	1649	31세	창덕궁 인정문	10년
18대 현종	1641	1659	19세	창덕궁 인정문	15년
19대 숙종	1661	1674	14세	창덕궁 인정문	46년
20대 경종	1688	1720	33세	경덕궁(현재 경희궁) 숭정문	4년
21대 영조	1694	1724	31세	창덕궁 인정문	52년
22대 정조	1752	1776	25세	경희궁 숭정문	24년
23대 순조	1790	1800	11세	창덕궁 인정전	35년
24대 헌종	1827	1834	7세	경희궁 숭정문	15년
25대 철종	1831	1849	19세	창덕궁 인정문	14년
26대 고종	1852	1863	12세	창덕궁 인정문	34년
대한제국 1대 고종	1852	1897	46세	황제 즉위식 원구던, 환구단	9년
대한제국 27대 순종	1874	1907	34세	경운궁 돈덕전	3년

3부. 경복궁

9. 사정전 思政殿

사정전은 왕이 평소에 거처하며 정사(政事)를 보살피던 장소로, 근정전의 북쪽에 위치한다. 근정전과 사정전은 왕이 공식적인 업무를 처리하는 정치적인 공간으로, 통치를 위한 장소로 사용되는 치조공간에 속한다. 『태조실록』에도 사정전은 '정사를 보는 곳'이라고 정의되어 있다. 또한, 국왕이 집무를 수행하며 신하들과 소통하는 장소로 사용되기도 했다.

사정(思政)이라는 이름은 '베풂을 생각하다'라는 선정(善政)의 의미를 담고 있다. 이 이름은 정도전이 지은 것으로, 천하의 이치는 생각하면 얻을 수 있고, 생각하지 않으면 이를 잃게 되는 것이므로 왕으로서는 깊이 생각하

사정전 현판

여 정치를 수행해야 한다는 촉구를 담고 있다. 이 전각은 매일 아침 신하들이 수많은 사안을 전하에게 아뢰면 전하는 이를 지휘해야 한다는 역할을 가지고 있으니, 깊이 생각하지 않으면 안 된다고 그 의미를 설명하였다.

사정문 현판   사현문 현판

1519년 11월 19일 밤, 조광조를 배척하려는 남곤과 홍경주 일파가 일으킨 기묘사화 장소가 바로 사정전이었다. 이 사건은 나뭇잎에 꿀로 '조 씨가 왕이 되려한다.'는 글자를 적어 벌레가 파먹은 모습을 왕에게 알렸고 조광조는 유배를 당했다. 이에 광화문 앞에서 1,000여명의 유생들이 합심하여 농성을 벌였으나, 그는 유배지인 화순 남정리에서 사약을 받고 절명하였다.

사현문은 사정전의 동쪽에 위치한 문이다. '사현(思賢)'은 군주가 어진이 얻기를 생각한다는 유교적 의미로 군주가 혼자서 독단적인 결정을 내리는 것이 아니라 어진 사람들의 도움을 받아 국정을 이루어 나가야 한다는 사상을 나타낸다. 조선 초기에 세종은 오례(五禮)의 제반 제도 절차를 확립하였으며, 이 과정에서 사정전이 중요한 역할을 했다. 궁궐에서 거행되는 의례는 왕이 사정전에서 면복(冕服)을 갖추고 나와서 시작되며, 의례가 끝나면 다시 사정전으로 돌아가는 것으로 마무리되었다. 사정전은 의례가 시작되는 장소이자 끝나는 장소였다.

매일 새벽 5시에서 오전 11시까지 왕과 신하가 국사를 논하기 전에 의례를 행하는 상참(常參) 제도 또한 시행되었다. 이는 중국 당송(唐宋)의 제도를 본받아 세종 대왕이 1429년에 사정전을 넓혀서 이와 같은 의례에 적합한 공간으로 사용되도록 하였고 이후로 사정전은 상참의(常參儀), 사은례, 양로연, 온짐연(중국 사신이 왔을 때 5일째 되는 날 잔치를 베품), 다례(茶禮) 등의 다양한 의례가 이루어졌다.

세종대 이후에는 국왕 성종, 영조, 정조도 사정전에서 이루어지는 상참의 경연에 모범을 보였으며 사정전의 의례가 정비되자 강녕전 침전으로 독서와 휴식공간으로 사용되었다. 북쪽으로는 강녕전, 남쪽으로는 근정전과 천랑으로 연결되어 있다. 왕은 뒤를 보이며 돌아가지 않기 때문에 이전에는 근정전과 복도각이 연결되어 있었다.

사정전 편전 내부 사정문 근정전과 원래 복도각이 연결되어 있었다. 왕은 되돌아가지를 않는다.

사정전 운용도 4조룡 제후국의 용

　사정전과 강녕전 사이에는 행각이 생겼고, 이곳은 왕의 휴식을 담당하는 침전 구역과 업무를 진행하는 편전 구역으로 명확히 나뉘었다. 이는 세종대의 의례 정비와 편전에서의 의례 증가에 따른 것이다.
　임진왜란 이전에는 만춘전과 천추전이 사정전 행각의 바깥쪽에 위치하였으나 고종대에 중건되면서 두 전각은 행각 안쪽에서 사정전을 중심으로 동쪽에 만춘전, 서쪽에 천추전이 나란히 놓이게 되었다. 이로써 동·서 긴 공간에 행각으로 둘러싸인 형태를 가지게 되었다.

　고종시기에는 이와 같은 위치에 같은 이름의 건물이 중건되었다. 이 건물은 정면 5칸, 측면 3칸의 크기를 가지며, 외부 기둥에는 남쪽에 행각이 설치되어 강녕전과 사정전 영역을 명확히 분리하였다. 전체적으로 창호(窓戶)를 달았으며, 내부바닥에 마루를 깔았다. 내부 기둥은 협칸의 고주를 감주(減柱)하였다. 내부의 기둥 배치를 위해 충량[1](衝樑)을 어칸 내진 고주에서 측면 기둥까지 길게 연장하고, 생략된 내진 고주에 걸려야 할 툇보를 충량에 결구하여 상부 구조를 해결하였다. 어좌는 후면 쪽 고주 북쪽에 놓았다.

　사정전은 창덕궁의 선정전이나 창경궁의 문정전과는 다른 구조를 가지고 있다. 사정전의 전면에는

---
1 충량: 건물에서 한쪽은 측면 평주에 걸리고 다른 한쪽은 대들보에 걸리는 보

월대가 없으며 축소된 형태로 되어 있다. 전면 기단 중앙과 좌우에는 계단이 위치하고, 중앙 계단에는 민소맷돌이 놓여 있다. 사정전의 공포는 외2출목, 내3출목의 다포 형식을 가지고 있으며, 세부 수법은 근정전과 같다. 지붕은 팔작지붕 형태이며, 지붕 위에는 양성 바름을 하고 취두와 용두, 잡상을 올렸다. 또한, 여름철에 사용하는 공간이기 때문에 마룻바닥으로 되어 있다.

"왕의 좌측 사관은 왕이 말한 바를 기록하고 우측 사관은 왕의 행동을 기록한다.
승지 6명 당상관 정3품, 주서 2명 정7품, 서리 28명을 두었다.

시강관 (侍講官)	시독관 (試讀官)	검토관 (檢討官)
정4품	정5품	정6품

사정전과 관련해서 흥미로운 사실들이 있다.

사정전에는 임금이 사용할 매화¹틀이 준비되어 있어 편전에서 임금이 볼 일을 볼 수 있게 하였다. 복이나인이 경연에 들기 전에 미리 준비해 두었다. 또한, 승지(承旨)가 입시를 볼 때는 반드시 허리춤에 향주머니를 차게 했는데 이는 세탁이 잘 되지 않는 의복의 악취 제거용으로 사용되었다.

번외로, 중전(中殿)에는 보색소 장원이 있어 화장을 할 수 있었으며, 조선 시대에는 괄목할 만한 화장술 장업이 있었다는 기록이 있다. 조선 시대의 여성들은 화장을 통해 아름다움을 강조하고자 했으며, 화장술과 관련된 기술과 상품들이 존재했다.

이러한 사실들은 사정전과 조선 시대의 궁궐 문화와 관습에 대해 우리에게 흥미로움을 준다.

앙부일구 仰釜日晷

조선시대에 사용된 해시계로, 보물 제845호로 지정되어 있는 중요한 문화재이다. 앙부일구는 세종 16년(1434년)에 처음 만들어졌으며, 그림자가 비치는 면이 반구형으로 되어 있다. 그림자를 보고 시간과 계절을 모두 알 수 있도록 응용하여 만든 과학적인 해시계이다.

앙부일구 보물 845호

---

1 매화: 왕의 용변을 통칭하는 용어

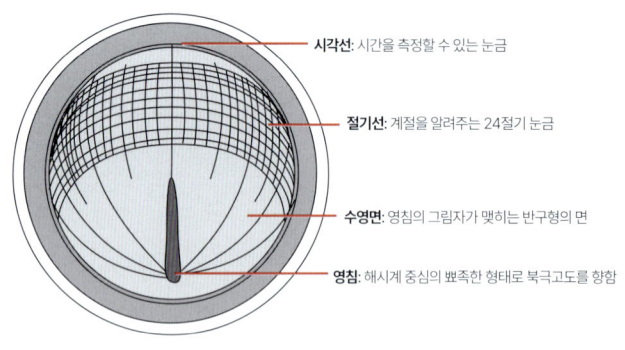
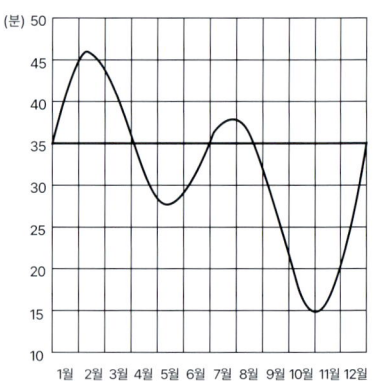

　　동지에서 하지에 이르는 24 절기를 13개의 선으로 표시하여 절기를 알려주는 기능을 가지고 있으며, 글을 모르는 백성을 위해 글자 대신 동물 그림으로 표현되었다. 수직으로 시간을 나타내는 선을 그리고, 영침은 북쪽을 향해 꽂혀 있다. 해당하는 날짜의 절기선 따라 태양의 그림자가 움직이므로 그림자 끝을 읽어 시간과 절기를 알 수 있다. 시간의 오차를 줄이기 위해 수평을 맞추는 균형 장치가 설치되어 있다. 그럼에도 불구하고 현재의 시간과 차이가 있는것을 알 수 있는데 이는 현재 우리가 기준 삼는 시간은 동경 135도를 기준으로 삼은 평균태양시이기 때문이다. 그래서 이를 보정해주기 위해 그 지방에 위치에 맞는 시차보정표가 있으니, 각 시기에 따른 시차 차이를 더해주면 현재와 동일한 시간을 알 수 있다.

사정문

만춘전 萬春殿 과 천추전 千秋殿

만춘전

만춘전

사정전 동쪽에 위치한 건물로, '만춘(萬春)'은 '만년의 봄'을 의미한다. '만'은 오래고 영원하다는 의미를 가지며, '춘'은 오행에서 동쪽을 가리킨다. 이 이름은 나라가 오랫동안 번영하기를 기원하는 마음이 담겨 있으며 만춘전의 현판에는 송희정의 글씨가 새겨져 있다. 만춘전은 6.25 전쟁 중에 화재를 당했으나, 1988년에 복원 및 수리되었다.

천추전

천추전

사정전 서쪽에 위치한 건물로, '천추(千秋)'란 '천년의 가을'을 의미한다. '천'은 오랜 시간 동안 영원하다는 뜻이며, '추'는 오행에서 서쪽을 가리킨다. 이 이름은 국가의 기틀이 오랜 시간 동안 유지되기를 바라는 마음을 담아 지어진 것으로, 만춘전과 상대적인 이름이다.

천추전에는 정범조가 쓴 현판이 걸려 있다. 1452년 5월 14일에는 천추전에서 문종이 서른아홉 살 때 승하하였다는 기록이 있다.

만춘전과 천추전 현판

천추전과 만춘전의 정확한 창건 시기는 알 수 없지만, 실록에는 1423년 세종 5년에 천추전에 대한 기록이 있어 이전에 건립된 것으로 보인다. 세종 5년 이전에는 일성정시의(日星定時儀)라는 주야로 시각을 알려주는 장치가 만춘전 동쪽의 내정에 설치되었다는 기록이 있다. 이 장치는 사정전 동서 행각의 바깥쪽에 위치했으며, 고종대에 중건하여 행각 안쪽에 사정전과 나란히 배치하였다.

[경연관]

고려·조선시대 국왕의 교육을 담당한 관리자로 학문과 덕망이 높은 문관이 겸임하였으며 보통 겸직을 시켰다.

시강원: 조선시대에 세자의 교육을 담당한 기관으로 정 4품인 시강관, 정 5품인 시독관, 정 6품인 검토관이 세자의 교육을 감독했다. 승지와 사관이 입시 경연은 사서오경을 비롯해서 근사록 역사서 자치통감(資治通鑑), 시국 현안 업무를 논하던 곳으로 정조는 자기 자신이 강학을 경연을 직접 논강을 하기도 했다.

- 법강(法講) ; 세자의 인성과 덕성을 위한 정규 강의로 조강, 주강, 석강 하루 세 번 있었다.
- 회강(會講) ; 세자의 학문을 복습 및 평가하는 공개 강의로 매월 두 차례 점검했다.
- 진강(進講) ; 사. 부에 통틀어 설키까지 10인에 맡겨 교육하다.

두 전각의 평면 구성은 거의 같지만, 천추전은 측면이 퇴칸 포함 4칸이고, 만춘전은 3칸으로 천추전의 측면 폭이 더 크다. 정면은 6칸으로, 중앙에 청 2칸이 있고 동·서에 각각 온돌방이 1칸씩 있으며, 4면에 퇴칸이 있는 평면 구성을 갖추고 있다. 천추전은 사정전의 부속 건물로서 사정전에 비해 격을 떨어뜨린 형태로 설계되었으며, 각기둥을 사용하였고, 공포는 익공으로 만들어졌다. 지붕의 장식은 양성 바름을 하지 않고 용두만을 설치했다.

용신당 用申堂

사정전 서쪽에 위치한 건물로, '용신'은 "써서 펼친다"는 의미가 있다. 경서나 기록에서 직접적으로 이 의미를 찾아볼 수는 없지만, 사정전의 성격과 함께 고려하면, 재능 있고 어진 신하들의 힘을 활용하여 선정을 이룬다는 뜻으로 보인다. 부엌을 중심으로 남쪽으로 6칸으로 이어지는 행각으로 1868년(고종 5년)에 건립되었으며, 세자의 교육기관인 강학청과 일반 사무용도로 사용되었다.

연태문 延泰門

사정전 동쪽에 위치한 행각 중 북쪽에 있는 문으로 '연태'는 '크게 맞이하다, 손님을 평안이 맞이하는 곳'이라는 의미를 가지고 있다. 이는 손님을 환영하고 평안을 기원하는 장소를 의미한다.
'태평한 시대'는 음과 양이 조화롭고 잘 맞으며, 상하 천지가 잘 교감하는 상태를 나타낸다.

내탕고 內帑庫

왕의 재물을 보관하는 창고로 토석으로 되어 있으며, 사고석에 흙 담으로 수리하고 보충한 구조를 갖추고 있다. 천자고(千字庫)부터 월자고(月字庫)까지 천자문의 글자 순서를 따라 천자고(千字庫)·지자고(地字庫)·현자고(玄字庫)·황자고(黃字庫)·우자고(宇字庫)·주자고(宙字庫)·홍자고(洪字庫)·황자고(荒字庫)·일자고(日字庫)·월자고(月字庫)로 배열되어 있다. 이곳은 왕에게 유용한 물품을 보관하는 창고로 사용되었으며, 다목적으로 이용되기도 했다. 하지만 현재는 창고의 모습은 없고, 현판만 남아있는 상태다. 일부에서는 활자 현판을 보관하던 자고(字庫)였다는 주장도 있었지만, 이는 현판 글자만 보고 사용 목적에 대해 잘못 해석한 것으로 보인다.

협선당 協善堂

사정전 서쪽에 위치한 행각으로 '협력하여 선을 이룬다'라는 뜻을 가지고 있으며 이는 협력과 협동을 통해 좋은 일을 이룬다는 의미를 담고 있다. 부엌을 중심으로 북쪽으로 이어지는 5칸의 행각을 말하며 협선당은 조선시대 세자들의 교육과 학문 활동을 지원하기 위한 장소로 사용되었다.

협선당 현판

세자들은 협선당에서 선비들과 함께 학문을 공부하고 토론하며, 선비들의 지도를 받을 수 있었다.

10. 경회루 慶會樓

경회루 전경

근정전에서 서쪽으로 향하면 네모난 모양의 연못이 있고 그 안에 우뚝 세워져 있는 웅장한 건물을 볼 수가 있는데 이것이 바로 경회루이다. 경회루는 신권지폐 발행 이전 만 원권 지폐의 배경으로도 사용되었을 만큼 그 의미가 깊다. 아마 지금도 만 원권 뒷면에 경회루가 있다고 착각하고 있는 분들도 많을 것이다.

국보 제224호인 경회루의 시초는 조선 태조 4년(1395) 경복궁 창건할 때 연못을 파고 누각을 세웠던 것이었으나 지대가 습해 건물이 기울자 태종 12년(1412년) 4월 26일에 새롭게 누각을 짓고 같은 해 5월 하륜에게 명하여 이름을 '경회루'라고 하였다. 경회의 뜻은 하륜이 태종의 명을 받들어 올린 기문에 보면 "올바른 정사를 펴는 임금은 올바른 사람을 얻는 것을 근본 삼았으니, 올바른 사람을 얻어야만 '경회'라고 할 수 있다.

경회루 현판 현판 글씨는 건립 무렵 세자였던 양녕대군이 썼으나, 지금의 현판은 고종 4년(1867년) 신관호가 썼다. 樓자는 옛 서체를 따랐기 때문에 정자체와는 차이가 난다.

경회란 임금과 신하가 덕으로써 서로 만나는 것을 말한다" 적고 있다. 태종 당시 경회루는 외국 사신을 접대하던 장소로 사용되었으나 그 외에도 과거시험, 활쏘기, 공신들에게 연회를 베푸는 등 다양한 용도로 활용되었다. 또한 가뭄이 들면 이곳에서 기우제를 지내기도 했다.

성종 5년(1475년)에는 퇴락한 경회루를 대대적으로 개축하였고 이때 경회루 돌기둥에 용과 꽃장식을 새겨 넣었다. 이 모습을 보고 유구(오키나와)의 사신이 "용이 물속에 비치어 그 모습이 장관"이라며 극찬했다는 이야기가 성현의 〈용재총화〉에 전하고 있을 정도로 경회루의 모습은 매우 화려했다고 한다. 또한 연산 12년(1506년)에는 경회루 서쪽에 만세산을 쌓고 황룡주(黃龍舟)를 타며 사치를 일삼았고 금은 비단으로 화려하게 꾸며 흥청(기생)에게 가무를 추게 했다는 기록이 있다. 당시 연산군은 미모가 뛰어난 기생들을 궁으로 출입시킬 때 '흥청'이라는 명칭을 주어 경회루로 불러 밤낮 방탕한 생활을 즐겼다. 흥청들과 함께 방탕한 생활을 한 연산군이 흥청으로 인해 망했다 하여 백성들 사이에서 생겨난 말이 바로 '흥청망청(興淸亡淸)'이다.

하지만 경회루의 이러한 모습도 임진왜란 당시 화재로 인해 석주 8개가 부러져 흥선대원군이 석공들에 의해 기둥을 찍어 없애 옛 모습은 볼 수 없게 되었다. 이후 연못과 돌기둥만 남아 있었으며 본래 경회루 연못에는 4면 모두 높은 담장이 있어 선택받은 사람만 경회루에 올라갈 수 있었지만, 일제강점기에 경회루 주변 담장을 모두 헐었고 그 모습이 현재까지 유지되고 있다. 현재는 경회루의 동쪽 담장만 복원되었으며, 경회루 1층 뿐 아니라 2층도 올라가서 관람할 수 있는 특별관람 제도를 시행하고 있다.

경회루는 정면 34.4m, 측면 28.5m, 높이 21.5m로 현존하는 한국의 단일 목조 건축 중 부피가 가장 크다. 기둥은 48개로 원주(동그란 기둥) 24개, 방주(네모난 기둥) 24개다. 24 절기를 의미하며 기둥 높이는 4m 65cm-4m 80cm이다. 경회루 둘레는 동서 50,42m 남북 38,98m 다. 네모난 형태에 연못은 동서 128m 남북 113m로 북악산에서 물이 계속 내려와 연못으로 들어오고 다시 흘러서 나간다.

『경회루전도』는 경회루의 옛터를 보고 그 설계 원리를 고증하여 주역과 명당에 대한 이해를 토대로 해석했는데 여기서 경회루의 평면, 입면, 주변 환경이 모두 주나라 주역의 원리에 입각하여 조성되었다고 풀이할 수 있다. 경복궁의 중건지시가 내려진 직후 정학순(丁學洵)에 의해 저술된 [경회루 36궁 지도]를 보면 이 내용들이 그림으로 표현되어 수록되어 있다.

경회루로 건너가는 3개의 다리는 해, 달, 별의 삼광(三光)을 상징하고, 다리를 건너 경회루 기단 양 끝에 있는 2개의 문은 음양(陰陽)을 뜻한다. 또한 경회루 1층에 바깥 돌기둥이 네모지고 안쪽 기둥이 둥근 것은 '하늘은 둥글고 땅은 네모지다'는 천원지방(天圓地方)의 우주관을 드러낸다. 경회루 2층의 마루는 3단으로 높이가 나누어져 있는데, 3단의 가장 높은 부분인 정중앙의 3칸은 중국 고대 사상에서 우주의 세 가지 근원을 뜻하는 천지인(天地人) 삼재를 의미하며, 그 공간을 만드는 8개의 기둥은 팔괘를 상징한다. 그 바깥쪽을 두른 12칸은 헌(軒)이며 1년 12개월을 상징한다. 헌을 형성하고 있는 16개의 기둥이 있고 기둥사이에는 매 칸에 4짝의 문이 있어 모두 합하면 64짝, 즉 64괘를 상징한다. 제일 바깥쪽의 20칸은 낭무¹(廊廡)이며 이곳에 있는 24개의 기둥은 24방(方)의 24 절기를 상징한다.

청동 5조룡 1997년 11월 경회루 준설 작업 시 경회루 북쪽 하향정 앞에서 발견 / 현 고궁박물관 소장

---

1 낭무 : 궁궐이나 종묘의 정전(正殿) 아래에 동서로 붙여 지은 건물

또한 동으로 만든 용 두 마리를 연못 북쪽에 넣어 두었는데 북쪽에 용을 넣은 것은 생성되는 물로 목조 건물에 취약한 불을 제압한다는 의미로 해석할 수 있다. 실제로 1997년 11월 경회루 연못의 물을 빼고 준설작업을 하던 도중 북쪽 못 바닥에서 동으로 만든 용이 출토되어 고궁박물관에 전시 중이다.

하향정 荷香亭

경회루 북쪽에 있는 육각정은 이승만 대통령 시절 대통령을 위한 휴식과 낚시를 즐기기 위해 만들어진 하향정이다. 하향정은 『북궐도형』이나 『궁궐지』에는 나타나지 않는다. '하향(荷香)'은 '연꽃 향'을 뜻하는데 실제로 예전에는 경회루 연못에 연꽃이 가득하여 지어진 이름이다. 1950년 이승만 대통령이 낚시를 하다가 6,25 전쟁을 보고를 받은 곳이기도 하다.

경회루 하향정

잡상(어처구니)

잡상은 궁궐 내에서 조각된 동상을 가리키는 용어로, '어처구니'라고도 불린다. 건물의 품격을 나타내는데 사용되며, 경회루의 경우에는 11개로 제일 많다. "어처구니 없다"는 예상치 못한 상황에 대한 놀라움을 나타내는 것으로 사용되는데, 유교국가인 우리나라에서 불교의 산물인 잡상이 올려져 있는 것과 어처구니라는 단어 자체가 몽골어이기 때문에 이 표현의 유래 중 하나가 여기서 나오게 되었다.

1. **삼장법사(대당사부)** : 잡상 맨 앞자리에 있으며 당나라 때 현장이라는 승의 법명이다. 천신만고 끝에 불경을 구하여 당나라로 돌아오는 사람의 얼굴 모습으로 삿갓을 쓰고 있는 형상이다. 불경을 구하러 가는 길에 손오공, 저팔계, 사오정을 데리고 간다.

2. **손행자** : 토우 손오공 이라고도 한다. 돌 원숭이인데 천축으로 불경을 구하러 가는 길에 삼장법사를 호위하며 길동무가 되었다. 서유기라는 소설 속에 주인공이 되는 조화의 영물이었다. 손행자는 원숭이의 얼굴 모습을 하고 있으며 삿갓을 쓰고 앞발을 버티고 앉아 있다.

3. **저팔계** : 손오공과 같이 삼장법사를 따라 천축에 갔던 멧돼지이다. 저는 돼지이고, 팔계는 부처님이 가장 싫어하는 여덟 가지 음식물을 뜻하기도 한다.

4. **사화상** : 손오공과 같이 삼장법사를 호위했던 괴물로 원래는 옥황상제를 모시고 궁전에서 수렴지기를 했다는 짐승이라고 한다.

5. **이귀박** : 우리나라의 용어에는 보이지 않는 단어로 불교의 용어를 빌려 풀이하면 '이귀'는 '이구'의 다른 음으로, 이구는 중생이 가지고 있는 두 가지 욕구인데 낙을 얻으려는 득구와 낙을 즐기려는 명구이다.

6. **이구룡** : 잡상 중에 입이 둘이어서 이구룡이라고 했을 것으로 추측된다. 머리에는 두 개의 귀가 있고 입도 두 개로 보인다.

7. **마화상** : 말의 형상을 하고 있으며 서유기에는 필마온이라 하여 '말' 자를 쓴 것과 혼세마왕이라고

하여 '마' 자를 쓴 것이 있는데 지금까지 사용된 용어에도 음은 같으나 한자가 다르게 표기되어 있다.

8. **삼살보살** : 보살은 불교에서 위로는 부처님을 따르고, 아래로는 중생을 제도하는 부처님에 버금가는 성인이다. 이 두 가지의 뜻으로 해석하면 삼살보살이란 모든 재앙을 막아 주는 잡상이라고 생각된다.

9. **천산갑** : 천산갑은 인도, 중국 등지에 분포된 포유동물의 일종이다. 머리 뒤통수에 뿔이 돋쳐 있고, 등이 다른 잡상보다 돌출되듯 울퉁불퉁 튀어 나왔다.

10. **나토두** : 나토라는 짐승은 알려져 있지 않으나 '나티'의 다른 표기라고 생각된다. 나티는 짐승같이 생긴 귀신으로 작은 용의 얼굴형상 또는 검붉은 곰의 형상이라고 한다.

어처구니 김예은作

이견문 利見門

동쪽 담장에 있는 문으로 '이견(利見)'은 '대인을 만나봄이 이롭다'는 의미로 이는 즉 큰 덕을 가진 군주와 큰 덕을 가진 신하가 만나는 것이라고 할 수 있다.

자시문 資始門

경회루로 들어가는 남쪽문으로 다리 가운데 어도(御道)가 설치되어 있으며 왕은 경회루 출입 시 자시문을 사용한다. '자시(資始)'는 '만물이 건원에 의뢰하여 시작한다'는 뜻이다. 물밑에 석주는 마름모꼴로 다리를 놓아 물의 마찰 면을 적게 하기 위한 수단이다.

경회루 천장

2층 둘째 칸 천정

2층 중간 천정 보라빛은 왕의 색상이다

경회루 공간

천지인 삼재를 나타낸다. 중앙 왕이 좌정하는 곳이다

2층은 294평 규모로 연산군 시절에 1,300명이 올라간 기록이 있다. 현재는 안전을 위해 100명 미만만 올라간다.

1층 천정 꽃으로 된 소란반자 석주 길이 4m50-4m80cm다.

함홍문 다리 왕의 종친이 들던 문이기도 하다.

경회루 정옥임作

함홍문 含弘門

세자 종친이 출입하는 문으로 1868년 고종 5년에 만들어졌다. '함홍(含弘)'은 '함홍광대(含弘光大)'에서 따온 말로 서로 포용하는 너그러움을 뜻한다.

필관문 必觀門

북쪽 담장에 난 문으로 하향정으로 연결되어 있다. '반드시 그 여울목을 살핀다'는 의미로 "해와 달이 밝음이 있으니, 빛을 용납하는 곳에는 반드시 비추는 것이 있고, 흐르는 물이란 웅덩이가 차지 않으면 흘러가지 않으니 군자가 도(道)에 뜻을 둠에도 문장(文章)을 이루지 않으면 통달하지 못한다. 즉 도(道)에 근본이 있음을 의미한다.

경회루 서수 코끼리 기둥 석주에 회색빛 칠은 6.25 때 흉탄의 흔적이다.

주희는 이 구절에 대해, "이는 도(道)에 근본이 있음을 이야기한 것이다

[출처] 이견문, 필관문|작성자 진아셀 |진광재|

만시문 萬始門

경회루 북쪽 담장의 문으로 흥복전의 서편 행각과 통하는 문이다. '만물자시(萬物資始)'에서 나온 말로 만물이 시작되는 문이라고 한다.

기우제 祈雨祭

조선 시대 비가 오지 않을 때 경회루에서 지내던 제사이다. 이 제사는 경회루 연못을 통해 이루어졌다. 경회루에서는 종 3품 무관신(제관)의 주도 아래 기우제를 지냈다. 기우제를 지내는 방법은 도롱뇽을 백자 항아리에 넣은 후, 초등학생 정도 되는 어린이, 즉 초동이가 수양버들 가지로 여러 차례 도롱뇽을 건드리며 방사해 준다.

경회루 다리 북측에 위치한 불가사리는 화마를 막아준다고 믿었다. 실제로 6.25 전쟁 때 경회루가 불타지 않은 이유도 불가사리 덕분이라고 생각되었다.

수정전 전경

수정전 修政殿

근정전 서쪽에 있는 건물로 '수정(修政)'은 '정사를 잘 수행함'을 의미한다. 『관자(管子)』「대광(大匡)」편에는 '공께서 안으로 정사를 잘 수행(修政)하여 백성들을 권면하면 제후들에게 신임을 얻을 수 있을 것입니다'라고 기록되어 있다. 이후 고종 때 개명되면서 올바른 정치를 실천하는 의미를 담게 되었다.

수정전 부채춤 행사모습

수정전은 경복궁의 중건시 사정전과 함께 제사 및 의례가 진행되는 중요한 건물이다. 수정전에서는 제사를 지낼 때 향과 축문을 내리고, 신하들이 올린 전문을 받으며, 군사방 승지의 의견과 입격한 유생의 의견을 듣고, 신하들로부터 하례를 받는 장소로 활용되었다. 이러한 역할을 통해 수정전은 사정전 외에도 다른 편전으로서의 기능을 수행하였다.

수정전은 조선 초기의 경복궁이나 조선 후기의 창덕궁에서는 볼 수 없는 특별한 전각으로, 평범한 건물과는 달리 월대가 있어 건물의 격을 높여주고 있다. 수정전 서쪽은 궐내각사들이 모여 있는 곳으로, [북궐도형]에 따르면 대궁을 수발하는 부서인 대전장방(大殿長房), 궁궐 내부의 행정기구인 내반원(內班院), 대전수라간 등이 위치하고 있다. 수정전은 남쪽에는 숭양문(崇陽門), 영화문(永化門), 수정문(修政門)까지 삼중의 행각을 가지고 있다.

경복궁 중건 시기에 내전과 외전의 전각 대부분이 준공된 후, 1867년 고종 4년 11월 16일에는 경복궁 중건공사가 거의 완료되자마자 왕은 경복궁 근정전에 나아가 하례를 받고 새로운 궁궐의 준공을 기념하며 신하들의 문안을 받았다. 그 후 수정전과 사정전에서 관원들의 축하를 받고 영건도감의 관원들을 접대했다. 이후 내각 청사로 사용하기 위해 수정전은 1894년 고종 31년 12월에 의정부로 지정되었다. 이로 인해 이전에 내각으로 불렸던 규장각은 그 명칭을 사용하지 못하게 되었다. 수정전은 고종의 즉위 초기에는 사정전과 함께 운영되다가 점차 수정전이 주요 관심사가 되었다. 1872년부터는 수정전에서 고종의 어진을 보관했으며, 1875년에 건청궁으로 어진이 옮겨진 이후 다시 편전의 용도로 사용되었다. 1895년 이후에는 내각 청사로 사용하기 위해 수정전의 구조가 확장되었으며, 군국기무처 교정청으로도 사용되었던 시기가 있었다.

집현전 集賢殿

조선시대를 대표하는 학문 연구기관인 집현전은 세종이 석학과 학문 문화 사업을 선도한 곳이다. 이곳은 조선의 두뇌들이 모여 시대정신을 설정하고 실천하기 위해 연구와 편찬, 찬집 활동을 했다. 세종은 '소통'을 가장 중요하게 생각하며, 집현전에서 나온 학자들의 연구 성과를 충분히 검토하여 정책을 계획하고 실현했다.

집현전이라는 이름은 고려 인종 때 처음으로 사용되었고, 조선 정종 때에도 집현전이 있었지만 후에 보문각(寶文閣)으로 개칭되었고, 이후에는 미비한 기능을 갖춘 기구로써 그 역할을 잃게 되었다. 세종은 그의 즉위와 함께 민본위와 시대정신을 바탕으로 집현전을 개선하고 설치하여 정신적인 가치를 구현할 수 있는 기관으로 만들었다. 집현전은 완전한 국가 기관으로 승격되어 학문의 중심기구로서의 역할을 수행하면서, 민본위 사상을 강조하여 우수한 젊은 인재들을 육성하고 독자적인 연구기관을 창설하였다. 세종 시대를 대표하는 학자들인 성삼문, 정인지, 최항 등은 집현전에 모여 활동하였다.

집현전은 1420년(세종 2년)에 설치되어 세조 2년까지 약 37년 동안 있었다. 이 짧은 기간에도 집현전은 우리 마음 깊이에 남아 있는데, 그 이유는 세종 시대의 대표적인 학문과 문화 활동이 이곳에서 이루어졌기 때문이다. 집현전은 리더의 리더십이 돋보이며 기본을 수립하고 창의적인 활동을 하는 곳이었다. 세종 대에서 단종 대까지 총 96명의 학자가 활동했다. 그중에서도 문과 합격자의 명단을 보면 으뜸 장원 급제자인 정인지를 비롯한 16명, 방안 2등인 6명, 탐화 3등인 신숙주 등 11명, 그리고 4등 7명 등 전체 학자의 절반에 해당하는 46명이 5등 안에 합격한 최고의 인재들이었다.

『국조방목國朝榜目』의 기록을 보면 집현전 학자 전원이 문과 급제자 출신임이 나타난다. 집현전 학자들은 독서와 학문 연구를 하고, 이를 기반으로 한 정책 결정과 국가 주요 간행물의 편찬 등의 임무를 맡았다. 집현전에서는 세종 시대를 대표하는 업적인 훈민정음의 창제와 관련된 편찬사업도 이루어졌다. 『사서언해』 『용비어천가주해』의 편찬과 같은 성과도 집현전에서 이루어진 것이다.

집현전은 국왕이 조회와 국정, 정사를 보는 근정전이나 사정전과 매우 가까운 위치에 있었는데 이는 세종이 집현전에 대한 큰 관심을 가졌음을 나타낸다. 집현전에서는 정치 현안과 관련된 정책 과제들을 연구하고, 국왕을 교육하는 경연관과 왕세자를 교육하는 서연관, 과거시험의 시관(試官) 등 다양한 연구와 편찬 활동이 이루어졌다. 집현전은 15세기 민족문화를 정립하는 중심 기관으로 중국 서적을 참고하면서도 현실에 맞는 사례를 수집하고 정리했다. 집현전에 학자들은 역사를 기록하는 사관의 역할도 겸하였다. 그만큼 이들은 국가의 중요한 기관으로 양성되어 조선의 입지를 키웠다.

집현전에서는 다양한 편찬사업이 활발하게 이루어졌다. 법률, 병법서, 유교경서, 의례, 역사서, 천문학 관련 서적 등 국가에 필요한 책들을 편찬하는 과제가 집현전에 부여되었고, 집현전 학자들은 과거의 법제와 학문 연구 결과를 종합하여 국왕인 세종에게 제출했다. 국방, 역사, 의례, 의학 등 다양한 분야에서 많은 책들이 편찬되어 세종 시대 문화의 중요한 부분을 이루었다. 이러한 편찬사업은 세종 시대에 완성된 것도 많았지만, 예를 들어 『고려사』와 같이 과거의 역사를 정리한 편찬사업은 세종대에 시작되어 문종대에 완성되었다.

집현전은 세종대왕의 특별한 관심과 배려 아래에서 다양한 분야의 연구 보고서와 50여 종류의 책을 편찬하였다. 그중에는 『국조오례의』, 『삼강행실도』, 『역대병요』, 『자치통감』, 『향약집성방』 등도 포함되어 있었다. 집현전의 설치는 세종대왕이 단독으로 결정한 것이 아니라 다양한 의견을 수용하고 인재들에게 학문 연구를 지원하며, 그 성과를 국가의 정책에 활용했다는 점에서 큰 의미를 갖고 있다. 세종대왕은 집현전을 수시로 방문하여 학자들을 격려하였다. 세종대왕 시대에는 집현전 학자가 임명되면 다른 관직으로 전직되지 않고 그 안에서 차례로 승진하여 직제학(정 3품)이나 부제학(종 3품)까지 이르렀다. 이러한 관직 체계는 기반을 충실히 하고 장기적인 연구 환경을 조성하는 데에는 효과적이었지만, 학자들 사이에 불만이 쌓이고 다른 부서로 옮기려는 학자들도 나타났다.

집현전에서 근무하는 연한은 조선 집현전 학자 신숙주가 10년을 박팽년이 15년, 최만리가 18년, 정창손은 22년을 일한 것 같이 다른 부서보다도 긴 기간 동안 근무하게 되었다. 세종대왕은 이러한 상황을 인식하고 집현전 학사들을 제도적으로 배려하기 위한 조치를 취했다. 또한 세종 시대의 대표적인 정신인 민본위와 실용 정신은 집현전 학사들의 업무에도 적용되었다. 세종대왕은 집현전 학자들을 위해 유급 휴가로 독서할 수 있는 시간을 주는 제도인 사가독서(賜暇讀書)와 같이 혜택을 제공하는 휴가제도를 시행하였다.

학자들이 지친 상태에서 몸과 마음을 새로 충전할 수 있는 기회를 제공한 사가독서(賜暇讀書)는 세종 8년인 1426년 12월에 학자들에게 3개월 동안 집으로 돌아가 휴가 독서를 할 수 있는 시간이 주어줌으로 처음 도입되었다. 그리고 나중에는 조용하고 학문에 적합한 절인 진관사로 이동시켜 주었으며, 성종대에는 독서당(동호당)이 설립되어 사가독서 제도가 정착되었다. 독서당은 처음에는 용산에 위치해 용호, 남호라고 불렸으며, 중종대인 1507년에는 현재의 서울 금호동 산자락으로 이전되었고 동호라 불리게 되었다. 지금 서울 성동구의 독서당길이나 한강에 있는 동호대교는 조선시대에 동호 독서당이 있던 곳을 상징하고 있다. 『동호문답(東湖問答)』이라는 책은 율곡 이이가 왕도정치의 구현을 위한 철인 정치사상과 당대의 현실 문제를 문답식으로 정리하여 국왕 선조에게 바친 작품으로, 이 책이 바로 동호에서 쓰인 것이다.

집현전은 조선 시대에 명나라 사신을 접대하고 왕실 교육, 외교 문서 작성 등 고대 제도를 연구하여 현안 정책을 해결하는 곳이었다. 또한 집현전 학사들은 경연관, 서연관, 사관의 역할을 겸하며 정치의 일선에서 실무 능력을 발휘했다. 집현전은 조선에 맞는 방법을 연구하고, 편찬된 책들은 모두 민족의 가치와 실용적인 관점이 반영되었다. 세종대왕의 후원과 배려를 받아 집현전은 창의적인 활동이 이루어지는 중요한 공간이었다.

비록 집현전은 단지 37년 간만 존속했지만, 그 기본적인 가치와 창의성, 그리고 학문 중시의 정신은 계속해서 이어져왔다. 성종대에는 홍문관이, 정조대에는 규장각이 이러한 집현전의 설치와 역할에 영향을 받아 탄생했다. 집현전에서 1443년 12월 30일 훈민정음이 창제되었으며, 1446년 9월 3일에는 훈민정음 발표식이 진행되었다. 이렇듯 집현전은 조선시대에 매우 중요한 역할을 하며, 그 영향력은 매우 크게 이어졌다.

내명부 內命婦

내명부(內命婦)와 외명부(外命婦)는 여성들을 대상으로 하는 명부이다. 이 명부는 여성들의 품계(品階)에 따라 봉작(封爵)을 부여하는 목적으로 사용된다. 내명부는 궁중 내의 여관(女官)들을 품계에 따라 분류한 것이며, 외명부는 왕족이나 종친의 아내, 어머니, 그리고 문관과 관련이 없는 사람들의 아내나 어머니를 대상으로 한다. 이들은 남편이나 자식의 품계에 따라 봉작을 받게 된다.

내명부			
	중전		품계는 무품계로 없으며, 내명부의 수장이다.
	관직	품계	업무
내관	빈(嬪)	정1품	임금의 1위 부실(副室)이며, 왕비로 책봉되면 자동적으로 품계는 없어진다. 왕비를 도와 '예'를 의논
	귀인(貴人)	종1품	궁중 내 중전 왕비를 도와 '예'를 의논
	소의(昭儀)	정2품	후궁, 빈, 귀인과 유사한 업무
	숙의(淑儀)	종2품	후궁, 빈, 귀인과 동일한 업무
	소용(昭容)	정3품	왕실제례 제사와 손 객의 일을 담당
	숙용(淑容)	종3품	왕실 의전 제사와 접객의 일을 담당
	소원(昭媛)	정4품	왕이 거처하는 전각을 관장, 명주와 모시를 길쌈하여 바침
	숙원(淑媛)	종4품	조선 1895년 상의사- 1905년 상방사
	세자비		품계는 없으며, 세자궁의 수장이며 차기 내명부의 수장
양제(良娣)	양제(良娣)	종2품	왕세자의 후궁에게 내린 작호. 세자의 후궁 중 가장 서열이 위인 자리로 세자가 보위에 오르면 귀인이나 빈에 오름
	양원(良媛)	종3품	양제보다 한 단계 아래 자리
	숙의(淑儀)	종4품	세자의 후궁 서열 중 가장 아래 서열로 승휘 아래는 모두 궁녀직
궁녀	상궁(尙宮) 상의(尙儀)	정5품	상궁의 업무 - 왕비를 인도하며, 상기와 전언을 통솔
			상의의 업무 - 궁실 일상생활의 모든 예의와 절차를 담당

궁녀	상복(尙服) 상식(尙食)	종5품	상복의 업무 - 의복과 수로 무늬놓은 채장 공급, 전의와 전식 통솔
			상식의 업무 - 궁궐, 음식과 반찬 준비, 사선과 전약
	상침(尙寢) 상공(尙功)	정6품	상침의 업무 - 왕이 옷을 입고, 먹는 일의 진행하는 순서를 통솔
			상공의 업무 - 여공의 과정을 맡았고, 사제와 전채를 통솔
	상정(尙正) 상기(尙記) 수규(守閨) 수칙(守則)	종6품	상정의 업무 - 궁녀의 품행과 직무단속 및 죄를 다스림
			상의의 업무 - 궁내의 문서와 장부의 출입을 담당
			수규의 업무 - 세자빈을 인도하고 장정, 장서를 다스림
			수칙의 업무 - 세자빈의 예의, 참현을 관장하고 장봉, 장장을 다스림
	전빈(典賓) 전의(典儀) 전선(典膳)	정7품	전빈의 업무 - 손님 접대, 신하가 왕을 뵐 때 접대, 잔치 관장, 왕이 상을 주는 일 등을 맡음
			전의의 업무 - 의복과 머리에 꽂는 장식품의 수식을 맡음
			전선의 업무 - 음식을 삶고, 졸려 간에 맞는 반찬을 만드는 일을 맡음
	전설(典說) 전제(典製) 전언(典言) 장찬(掌饌) 장정(掌正)	종7품	전설의 업무 - 장막을 치고, 돗자리를 준비하며 청소하는 일과 물건을 베풀어 놓는 일을 맡음
			전제의 업무 - 의복 제작
			전언의 업무 - 백성들에게 널리 알리고, 왕에게 아뢰는 중계구실을 맡은 중간 역할자
			장찬 - 세자빈의 음식마련, 장식, 장의를 총관
			장정 - 세자궁의 문서 출입과 자물쇠, 규찰과 추국
	전찬(典贊) 전식(典飾) 전약(典藥)	정8품	전찬의 업무 - 손님 접대, 신하가 왕을 뵐 때 접대, 잔치 관장, 왕이 상을 주는 일 등을 맡음
			전식의 업무 - 머리 감고, 화장하는 일과 세수하고, 머리 빗는 일 담당
			전약의 업무 - 처방에 따라 약을 달임
	전등(典燈) 전채(典彩) 전정(典正) 장서(掌書) 장봉(掌縫)	종8품	전등의 업무 - 등불과 촛불을 맡음
			전채의 업무 - 비단과 모시 등 직물을 맡음
			전정의 업무 - 궁관의 질서를 바르게 하는 일을 도움
			장서 - 경적, 선전, 교학
			장봉 - 재난, 직적
	주궁(奏宮)	정9품	음악에 관한 일을 맡음, 주상(奏商), 주각(奏角)
	주변치(奏變馳) 주치(奏緻) 주우(奏羽) 주변궁(奏變宮) 장장(掌藏) 장식(掌食) 장의(掌醫)	종9품	음악에 관한 일을 맡음
			장장 - 세자궁의 재화, 겸채(비단)
			장식 - 세자궁의 선차, 주예, 등촉, 신탄, 가명
			장의 - 세자궁의 방약

3부. 경복궁

11. 강녕전 康寧殿

강녕전 전경

　강녕전은 1395년 태조의 시대에 경복궁에 세워진 국왕의 침전이다. 이곳에서는 왕이 평소 생활을 하고 신하들과 회의를 하며 작은 연회를 열기도 했다. 세종대왕이 즉위한 지 29년 5월 5일, 창기(倡妓)와 재인(才人)으로 하여금 용비어천가를 연주하게 하여 왕실의 전통을 보여 주었다.

　강녕(康寧)은 『서경』에서 언급되는 다섯 가지 복 중 하나로, 군주가 덕을 쌓아 황극(皇極)을 이루고 오래도록 왕위를 이어가라는 의미를 갖고 있다. 이것은 왕이 개인적인 시간을 보내는 침전에서도 게으름을 피워서는 안 된다는 의미를 내포하고 있다.

강녕전 현판

당시에는 용이 왕을 상징하는 존재로 여겨졌으며, 왕과 관련된 건물은 모두 무량각 지붕으로 마무리 되었다. 강녕전은 사정전의 북쪽에 위치하며 처음 지을 때는 강녕전 주변에 소침으로 연생전과 경성전 이 있었다. 1433년 세종 15년에 개축을 시작하여 같은 해에 완공되었고, 1437년 세종 19년에는 강녕전의 남쪽 월랑을 수리했다. 이런 수리 과정을 통해 강녕전과 사정전은 각자 독립적인 공간을 형성하게 되었 다. 1553년 명종 8년에는 9월 14일에 대내에서 화재가 발생하여 강녕전이 소실되었으며, 다음 해에 재 건되었으나 임진왜란 당시 다시 소실되었다. 고종 시기에 경복궁을 중건하면서 강녕전 외에도 응지당 과 연길당이 좌우로 추가되었다. 강녕전과 주변의 네 건물은 복도로 연결되어 있었고, 남행각은 청(廳) 으로 구성되었다. 중앙에는 솟을삼문으로 향오문이 있고, 동서 쪽에는 행각이 있어서 장방형태의 영역 을 형성하고 있다.

『태조실록』에 따르면 창건 당시 강녕전은 7칸으로 구성되었으며, 동쪽과 서쪽에는 각각 2칸씩의 이방(耳房)이 있었다. 발굴 조사 결과, 조선 초기와 고종 중건 시기의 건물 규모는 주칸의 간격 차이만 있을 뿐 거의 동일한 것으로 나타났다. 고종 시기에 중건된 강녕전은 퇴칸을 포함하여 정면으로 11칸, 측면으로 5칸으로 총 55칸의 크기를 갖고 있었으며, 55는 주역에서 귀신의 숫자로 '귀신같이 잘하라'라 는 의미를 내포하고 있다. 동온돌과 서온돌은 퇴칸을 제외하고 각각 9칸씩 있어 궁궐의 침전 중에서 가 장 큰 규모를 갖췄다. 지붕에는 이익공이 있고 양성 바름을 하며, 취두와 용두, 잡상이 올려져 있다. 전면 에는 월대가 있고, 정문인 향오문에서 월대까지 어도(御道)가 놓여 있다. 1876년 고종 13년에 교태전에 서 화재가 발생하여 강녕전이 소실되었으나, 고종 25년(1888년)에 재건되었다. 이후 1917년 11월 10일 에 창덕궁 내전인 희정당이 화재로 소실되자 그 자리에 강녕전이 이전되었다.

임금의 수라상 12첩 반상

함실아궁이 아궁이에 불은 참숯을 이용했다.   **강녕전 어정**

연생전 延生殿 과 경성전 慶成殿

　경복궁이 창건된 당시에 강녕전의 좌우에 함께 건설된 전각이다. 동소침(東小寢)은 연생전(延生殿)으로 불리며, 서소침(西小寢)은 경성전(慶成殿)이라고 불렸다. 연생(延生)은 '생명의 기운을 받아들인다'는 의미를 갖고 있으며, 경성(慶成)은 '기쁨으로 완성함을 기뻐한다'는 의미를 담고 있다. 정도전은 연생전과 경성전의 의미에 관하여 봄에 만물이 성장하고 가을에 결실을 맺는 천지자연의 이치를 설명하면서, 임금이 천지의 낳고 이루는 데에서 그 가치를 드러내기를 바란다고 언급하였다.

연생전(위) 경성전(아래)

연길당(延吉堂)과 응지당(膺祉堂)

고종 4년 (1867년)에 흥선대원군이 경복궁을 복원할 때 건립된 건물이다. 연길당(延吉堂)은 강녕전의 동쪽에 위치하고, 연생전의 뒤쪽에 있으며, 응지당(膺祉堂)은 강녕전의 서쪽에 위치하며, 경성전의 뒤쪽에 자리하고 있다.

'연길(吉)'은 '복을 맞아들인다'라는 의미를 가지며, '응지(膺祉)'는 '복을 받는다'라는 의미를 갖고 있어서 연길당과 응지당은 짝을 이루는 건물로 설계되었다. 두 건물은 동일한 평면 구성을 갖고 있으며, 정면으로는 4칸 중 서쪽에 온돌방 1칸, 동쪽에는 대칭된 3칸이 있다. 측면은 퇴칸을 포함하여 3칸이다.

연길당과 현판

고종시기의 기록에서는 연길당과 응지당의 사용에 대한 구체적인 언급은 없지만, 강녕전이 왕의 일상생활 및 업무 공간을 지원하는 건물로 추측되고 있다. 현판은 1995년에 설치되었으며, 김훈곤이 문구를 작성하고 오옥진이 새겼다. "吉"자의 윗부분은 일반적으로 "士"라는 표준적인 서체를 사용하지만, 이 현판에서는 "吉"자의 윗부분이 "土"의 형태로 표현되었다. 이는 서법에서 흔히 볼 수 있는 속체의 한 예시이다.

연소당 延昭堂

강녕전 남쪽 행각의 향오문 서편에 위치한 건물로, 그 이름은 '광명함을 맞이한다'는 의미를 지니고 있다.

청심당 淸心堂

강녕전 남쪽 행각의 향오문 동편에 위치한 건물로, 그 이름은 '맑고 청결한 마음에 들어 살라'는 의미를 지니고 있다. 옛 선조들은 '청심(淸心)'이라는 단어를 '욕심을 줄인다'는 '과욕(寡慾)'과 함께 사용했는데, '청심과욕'은 군주나 정치가가 지녀야 할 주된 수양 방법 중 하나로 언급되었다.

건의당 建宜堂

연소당 서편에 위치한 건물로, 그 이름은 '마땅함을 바로 세운다'는 의미를 지니고 있다.

수경당 壽慶堂

강녕전 동편 행각의 아래쪽에 위치한 건물로, 그 이름은 '장수를 누리는 복'을 의미한다.

계광당 啓光堂

강녕전 동쪽 행각의 중앙에 위치한 건물로, 그 이름은 1868년 고종 5년에 만들어진 것으로 '계광(啓光)'은 '밝은 빛이 열린다'는 뜻을 가지며, 동쪽을 상징한다.

흥안당 興安堂

강녕전 동쪽 행각 위에 위치한 건물로, 그 이름은 '편안함을 일으킴'을 의미하며, 평안한 복락을 상징한다. 이는 강녕전의 의미와도 일치한다.

내시부 內侍府

조선시대 궁중 내에서 내시, 화자(내시의 별칭)가 거주한 장소이기도 하며 궁중 안에서 식사 감독, 왕의 명령 전달, 궐문 수호(守護) 및 수직(守直), 청소 등 궐내 잡무를 담당하는 관청으로 역할을 수행하였다. 1392년 태조 1년에 설치된 내시부는 이후 정조 시대에는 대전장번, 대전출입번, 왕비전출입번, 세자궁장번, 세자궁출입번, 빈궁출입번 등의 직책을 두었다. 내시부는 현재의 청와대 부속실과 유사한 역할을 수행하였으며, 궁중 내에서 중요한 업무를 담당했다.

내시부의 구성원은 140명의 환관(環官)으로만 구성되어 있었으며, 매년 4번의 인사이동을 통해 재배치되었다. 4품 이하의 관리들은 다른 문무관과 동일한 계급 체계를 따라 승진하였으며, 3품 이상의 관리들은 왕의 특권에 의해 진급되었다. 내시부의 현재 위치는 효자동으로, 화자가 살던 동네라는 뜻의 화자동(火者洞)에서 효자동(孝子洞)으로 명칭이 변경되었다. 내시가 죽게 되면 현재 노원구에 위치한 초안산, 그리고 연신내 입구인 진관동에 있는 내시 공동묘지에 묻히게 되었다.

내시부의 직책과 하는일

품계	관직	정원	담당
정1품			
종1품			
정2품			
종2품	상선(尙膳)	2명	왕실사람들 시중, 술 빚는 일 관장
정3품(당상)	상온(尙醞)	1명	임금, 비빈, 대비, 왕세자 등에게 차를 대접하는 일을 도맡음
정3품(당하)	상다(尙茶)	1명	궁중에서 쓰는 약 관장, 내의원과 연계해 보건의무를 수행
종3품	상약(尙藥)	2명	왕명전달 수령, 대전내관이라고 함
정4품	상전(尙傳)	2명	궁중에서 쓰이는 서책 보관 관리
종4품	상책(尙冊)	3명	대전 목궁 관리, 대전 응방, 궁방, 왕비전 주방, 문소전 설리
정5품	상호(尙弧)	4명	세자궁장번 관장
종5품	상탕(尙帑)	4명	궁중 재화 관리 담당
정6품	상세(尙洗)	4명	대전 그릇, 청소, 왕비전 등불, 문소전 진상, 세자궁, 빈궁 주방을 관리
종6품	상촉(尙燭)	4명	궁궐 등불 관리
정7품	상훼(尙烜)	4명	궁중 난방, 문차비, 설리 관리
종7품	상설(尙設)	6명	휘장, 인석, 장설 관장
정8품	상제(尙除)	6명	궁궐 소제를 담당하는 부서
종8품	상문(尙門)	5명	궁중 문 수직 관리
정9품	상경(尙更)	6명	임금, 비빈, 대비, 왕세자 등의 시중, 야간시각알림 관리
종9품	상원(尙苑)	5명	궁궐 정원 관장

안지문 安至門

강녕전 남쪽 행각의 향오문 동편에 위치한 문으로, 1867년 고종 중건 시에 건립되었다. '안지(安至)'는 '평안함에 이르다'는 의미를 가지고 있으며, 오랜 기간 동안 평화를 유지하고자 함을 상징하기 위해 이 이름이 지어졌다. 안지문은 경복궁 내에서 중요한 출입구 중 하나로 사용되었다.

향오문 嚮五門

강녕전으로 들어가기 위해 지나가야 하는 문으로, 강녕전 남쪽 행랑의 전각문에 해당한다. '향오(嚮五)'는 '오복을 향함'이라는 의미를 가지고 있다. 이 이름은 『서경』의 「홍범」 편에 나오는 '향용오복(嚮用五福)' 즉 '다섯 가지 복을 향해 누린다'라는 표현에서 유래되었다. 다섯 가지 복은 '수(壽: 목숨)', '부(富: 재물)', '강녕(康寧: 건강 및 편안함)', '유호덕(攸好德: 덕을 베풀기 좋아함)', '고종명(考終命: 제 명에 편히 죽음)'을 나타내는데,

향오문 현판과 강녕전

이는 임금이 오복을 누리고 백성들도 오복을 누릴 수 있도록 정치를 이루어내라는 의미를 지니고 있다.

용부문 用敷門

강녕전 남쪽 행각의 향오문 서편에 위치한 문으로, '용부(用敷)'라는 이름은 '백성들에게 오복을 펴서 준다'는 의미를 지니고 있다. 이 이름은 『서경』의 「홍범」 편에서 인용된 구절인 "다섯 번째, 황극(皇極)은 임금이 극(極)을 세우는 것이니, 이 다섯 가지 복을 거두어서 여러 백성들에게 복을 펼쳐 주면 백성들이 그대가 세운 극을 따르고 보존하여 줄 것이다"를 기반으로 하였다.

지도문 志道門

강녕전 동쪽 행각에 위치한 문으로, '지도(志道)'라는 이름은 '도에 뜻을 두다'라는 의미를 지니고 있다. 이는 마음의 중심이 가르치는 길이며, 나아갈 수 있는 길을 상징하여 큰 뜻을 품고 나아가는 문을 나타낸다. 지도문을 통해 지혜와 덕을 향해 나아가라는 의미가 함축되어 있다.

내성문 乃成門

강녕전 서편 행각에 위치한 문으로, '내성(乃成)'이라는 이름은 내(乃)는 어조사로 "이룬다"의 뜻을 가지고 있으며, '성(成)'은 "성공"을 의미하여 성공을 이룬다는 의미를 지니고 있다.

또한, 오행에서 서쪽은 결실(結實)을 나타내는 방향으로 여겨지며, 공을 이루는 곳으로 간주된다. 따라서 서쪽에 위치한 내성문은 결실과 성공을 상징하여 이루어진다는 의미를 담고 있다.

양의문 兩儀門

강녕전에서 교태전으로 이어지는 문으로, '양의(兩儀)'는 '양(陽)과 음(陰)'을 의미한다. 양과 음은 전통적인 동양 철학에서 상호 보완적인 원리로 임금과 중전이 조화를 이루어 살기를 바라는 염원을 담은 것이다. 또한 양의문은 주로 여성들이 사용하는 문이기 때문에 넌출문, 사출문의 형태로 여성들의 편의를 고려하여 문이 가벼운 구조로 설계되었다.

교태전 담벽

교태전 2개의 담벽에는 천세만세와 만수무강의 전서체가 쓰여 있다. 이는 왕조의 번영과 백성의 힘을 기원하는 내용이다. 또한, 교태전 담벽은 강녕전 굴뚝을 지하로 연결시킨 매립형 설치물로 연기의 이동을 편리하게 만들었다.

천세만세 (千歲萬歲) 천년만년 영원무궁하기를 축원하는 말   **만수무강** (萬壽無疆) 아무 탈 없이 아주 오래 삶

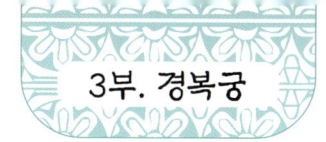

12. 교태전 交泰殿

    교태전은 내명부를 다스리던 왕비의 정치적인 공간이자 일상생활을 하던 침전(寢殿)으로 강녕전 북쪽에 있다. '교태(交泰)'란 『주역』에 나오는 천하 만물이 서로 교감한다는 뜻의 '천지교태(天地交泰)'에서 따온 것으로 임금과 왕비의 음양이 어울리기를 바라는 의미가 담겨 있다. 음양은 상생한다는 의미로 음 陰은 체 體에 해당 양 陽은 용 用에 쓰임이다. 무극 속엔 이미 이 태극이 개시되어 있다.

교태전 전경과 현판

    조선시대 처음으로 '교태전'이라는 명칭의 기록은 세종 22년(1440) 9월 '양궁(兩宮)의 처소를 동궁으로 옮겼으니, 장차 교태전을 지으려고 함이었다'라고 하여 이 무렵 교태전이 영건 되었음을 알 수 있다. 그러나 조선 초기에는 교태전이 왕비의 침전으로 사용되지는 않은 것으로 보이는데 중종실록에 '작서(灼鼠)의 변(變)'과 관련하여 수록된 시녀의 진술을 통해 확인해 보면, 당시 왕과 왕비는 각각 강녕전의 대청을 중심으로 동·서의 침실을 사용하는 동전양실형(同殿 兩室型) 생활을 한 것을 알 수 있다. 따라서 교태전은 왕비의 침전은 아니었다.

    이 당시의 교태전의 용도에 대해서는 조선왕조실록의 기사를 살펴보면 각 역대 왕들이 교태전에 납시어 가까운 신하를 인견하거나 소규모의 연회를 베푸는 등의 기록이 있는 것으로 보아 내전의 한 건물로 사용된 것으로 보인다. 또한 조선왕조실록의 기사 중 정사 41건, 연회 9건인 점으로 보아 왕비의 침전 기능보다는 왕의 일상적인 업무 공간으로 사용되었다고 볼 수 있다.

    교태전은 임진왜란 때 불에 타 전소하였는데, 고종시기 중건할 때의 교태전 상량문에는 왕비의 침전임을 밝히고 있어 임진왜란 이전과는 다른 용도로 지어졌다는 것을 알 수 있다. 교태전은 구중궁궐의 중심 중앙에 위치하며 19세기 초 창덕궁의 대조전과 같이 좌우에 익각이 있으며 행각으로 둘러싸인 독립된 중정을 가지고 있다. 정면 9칸 측면 4칸 총 36칸 건물로 36이라는 숫자는 도교사상의 신선이 사는 36궁의 영향을 받았다. 강녕전의 5채의 건물과 교태전의 3채의 건물을 합치면 총 8채의 건물인데 이 또한 8괘를 상징한다. 다른 건물들과는 다르게 강녕전과 교태전의 지붕은 용마루가 없는 무량각이다. 이곳은 또 하나의 용인 왕자를 잉태하는 곳이므로 본디 기운을 막는 역할을 하는 마루를 없앰으로 하늘의 기운을 통하게 해 주는 것도 있고, 용은 임금을 의미하기도 하며 용마루가 있지 않다고도 한다.

왕비의 생활공간답게 건물 뒤편 후원에는 아미산이라 불리는 가산을 조성하고 다양한 꽃들을 심어서 화계를 꾸몄다. 또한 아미산에는 교태전 온돌의 연기가 빠져나오도록 굴뚝을 설치하여 여러 가지의 문양으로 장식하였다. 번외로 왕실의 굴뚝은 연기가 보여서는 안 된다고 하는데 그 이유는 왕실의 굴뚝에 연기가 나면 가난에 굶는 백성들이 백성들은 이렇게 힘든데 왕은 기름진 음식을 양껏 먹는구나라고 생각하기 때문이었다 한다.

임금과 중전의 합방

임금과 중전의 합방은 서운관(書雲觀)에서 길일을 택해 날을 잡아주면 이루어졌다. 1일, 15일은 종묘에 가서 전배를 할 때 부정 탄다 하여 잠자리를 하지 않았고, 뱀이나 호랑이를 뜻하는 날이나 천둥 치는 날은 피해서 잠자리를 했다. 합방을 하기 전 중전은 난초 잎사귀와 인삼 잎을 우려낸 물을 담은 나무통에 얇은 천을 두르고 들어가 입욕을 했다. 머리카락을 씻는 물은 창포잎사귀, 메밀 잎사귀, 호도 잎, 피 皮가 우려진 물을 사용했다. 세안을 할 때는 차의 재료인 율무 재료를 포함한 기타 자재를 사용하였다고 한다. 양치질은 봄에 벚꽃을 채취하고 소금을 가미해서 하는데 칫솔 대신 수양버들 가지를 다져서 나무 칫솔로 하였다.

임금이 중전처소에 들기 전 뜰에서 '마마 오늘은 동으로 모십니다'라고 상궁이 아뢰면 합방이 이뤄지게 되는데 동편에서 합방하는 것 또한 음양의 조화의 시작이다. 합방 시 나이든 두 상궁이 입직을 서는데 젊은 상궁은 얼씬도 못하게 하였다. 또한 상궁이 합방을 지켜보다가 임금이 과하시다 싶으면 '마마, 옥체를 보존하시옵소서' 하여 옥체를 생각하게 하였다. 교태전은 중궁전으로 중전에게 모든 권한이 있었다. 후궁과의 합방에는 간섭이 없기 때문에 후궁이 자녀가 많은 이유가 여기에 있다.

원길헌 元吉軒

교태전 동쪽에 붙어있는 건물로 교태전과 연결되어 있다. '원길(元吉)'은 '크게, 으뜸으로 길하다'는 의미를 가지고 있다.

원길헌 현판

함홍각 含弘閣

교태전 서쪽에 붙어 있는 건물로 교태전과 이어져 있다. '함홍(含弘)'은 '함홍광대(含弘光大)'에서 온 말로 마음 씀이 너그럽고 포용할만하여 포용의 가치를 의미한다. 어머니 같은 중전의 너그러움을 상징하기도 한다.

함홍각 현판

승순당 承順堂

교태전 남쪽 행각의 양의문 동편에 있는 상궁의 처소 당의 이름이다. '승순(承順)'은 '받들어 순종한다'는 의미로 부인에게 곤괘의 특성인 유순함을 받든다는 덕성을 장려한다는 의미에서 이같이 작명한 것으로 보인다. 보의당(輔宜堂)과 짝을 이룬다.

보의당 輔宜堂

교태전 남쪽 행각의 양의문 서편에 있는 상궁의 처소 당의 이름이다. '보의(輔宜)'는 '천지(天地)의 마땅함을 돕는다'는 의미를 가지고 있다.

체인당 體仁堂

교태전 동쪽 행각의 아래쪽에 위치한 당의 이름이다. '체인(體仁)'은 '인을 체득한다'라는 의미를 가지고 있다.

만통문 萬通門

교태전 동쪽 행각에 있는 동문(東門)이다. '만통(萬通)'은 만사가 순조롭게 술술 잘 풀어진 덕의 의미로서 '만물이 형통하여 태평함'을 이루는 것을 뜻한다. 고종 4년(1867) 경복궁 중건 시에 지어졌다.

내순당 乃順堂

교태전 서쪽 행각 아래쪽에 위치한 당의 이름이다. '내순(乃順)'은 '내순승천(乃順承天)'에서 온 말로, 이에 순종하여 하늘을 받든다는 의미이다. 교태전 동쪽 행각의 체당과 짝을 이룬다.

재성문 財成門

교태전의 서쪽 행각에 있는 서문(西門)이다. '재성(財成)'은 '계획 한대로 이룬다'는 의미로 『주역』의 괘에 대해 「상전」에서는 '하늘과 땅이 사귀는 것이 교태(交泰)이니, 군주가 이 괘를 보고서 천지의 도(道)를 계획하여 이루고 천지의 마땅함을 돕고 살펴서 백성을 돕는다고 하였다. 재성문을 서쪽으로 낸 것은 이룸이 오행상 서쪽 방위와 연관되기 때문이기도 할 것이다.

연휘문 延暉門

교태전 뒤뜰에서 건순각으로 들어가는 동쪽 문으로 '밝은 빛을 맞이한다'는 의미를 가지고 있다.

중전의 출입문으로 대왕대비께 문안 인사를 드리러 이 문을 사용하였다.

'휘(暉)'는 '휘(輝)'와 같은 글자여서 문헌에 따라 '연휘문(延輝門)'으로 되어 있는 곳도 있다.

연휘문 중전이 드나드는 문으로 이 문으로 대비전 문안 인사를 가며 아침저녁 예를 갖췄다.

연휘문 현판

함형문 咸亨門

함원전에서 교태전 후원의 아미산으로 들어가는 서쪽 문이다. '함형(咸亨)'은 '품물함형(品物咸亨)'에서 나온 말로, '만물이 모두 형통함'을 의미한다. 중전에 내명부 식구에 형통에 무게를 둔다.

원지문 元祉門

교태전 후원에 있는 아미산(峨嵋山)으로 들어가는 문으로 '원지(元祉)'는 '큰 복'을 의미한다. 『송사(宋史)』「악지(樂志)」에서 인으로 덕을 보도하여 큰 복을 영원히 주겠다는 용례를 찾을 수 있다.

건순각 建順閣

교태전 후원에 있는 건물로 교태전과 이어져 있다. '건순(建順)'의 '건(建)'은 굳세며 강하고 '곤(坤)'은 유순함을 줄인 말로 '순(順)'은 순리 순차적 위치와도 연관된다. 건괘의 특성과 곤괘의 특성을 함축한 표현이다. 왕자를 출산하는 장소로 사용되었다.

1867년 고종 4년에 경복궁을 중건할 때 건순문(建順門)을 만들었다는 기록으로 보아 이때 함께 만들어진 것으로 보인다. 고종 13년(1876)에 교태전과 함께 불에 소실되었다가 뒤에 중건하였다.

건순문은 교태전 후원에 있는 건순각으로 들어가는 문으로 동쪽과 북쪽의 담장은 꽃담으로 장식하였다.

산실청 産室廳

조선시대 왕실 사람들의 건강을 챙기는 관청은 내의원(內醫院)이었다. 왕비와 후궁의 임신과 출산에 관한 업무도 내의원에서 담당하였다. 왕비가 임신을 하면 산실청을, 후궁이 임신을 하면 호산청을 설치하였다.

궁궐에 산청을 설치하면 길한 일이므로 국왕이 자비를 베풀기도 하였는데 실제 정조 11년(1787)에 산실청을 설치하자 죄수 형을 멈추었다는 기록을 볼 수 있다. 승지 홍인호가 한양은 형을 정지했으나 지방에서는 형을 행하기도 하고 행하지 않기도 하니 만호 노상추에 공문을 보내 알리자고 건의하였다. 이 공문은 함경도 갑산부까지 잘 전달된 듯하다.

·호산청 護産廳

호산청은 처음 숙종이 명하여 마련되었다. 후궁 희빈장 씨, 장옥정이 회임을 하고 1688년 10월 27일 원자 경종의 탄생을 위한 산 자리를 마련토록 해서 호산이라 칭해졌다. 후궁은 해산달에 호산청을 설치한다. 의관은 1망 혹은 2망으로 한다. 만약 모두 어의로 낙점해 계하하면 내의 별장무관(內醫別掌務官)을 차출한다. 권초관은 호산관이 겸한다. 해산 이전에는 의관이 문안한다. 함경도 갑산부에서 진동 만호로 근무하던 노상추의 일기에는 "중궁전의 호산청으로 9월 20일부터 형을 멈추라는 관문이 도착하였다"라는 기록을 볼 수 있다.

· **궁방** 宮房

응급 시를 대비해 의녀도 함께 산실청을 지킨다. 서원, 의녀도 대령한다. 전교가 있으면 의관 1명이 약물을 지참하고 때때로 서계한다.

산실청 중전의 산자리

부적 붙이기

먼저 산실청의 산방(産房)에 24방위에 해당하는 방위도를 붙였다. 산모가 편안히 몸을 풀 수 있는 좋은 방위를 택하기 위해서다. 다음으로 북쪽 벽 위에 산도(産圖 : 안산방위도)를 붙이고 최생부(催生符)를 그 아래에 붙였다. 최생부 아래에는 차지부(借地符)를 붙였다. 최생부는 출산할 때 바늘에 꿰어서 태운 뒤 그 재를 따뜻한 물에 타 마시면 순산한다는 속설이 있다. 차지부는 지신(地神)에게 산실을 설치하고자 하니 잠시 장소(땅)를 빌려달라는 의미의 부적이다. 최생부와 차지부는 모두 산모의 순산과 건강을 비는 부적으로 붉은색 안료를 이용해 만들었다.

산 자리 만들기

산자리는 좋은 방위를 가려 만들었고 여기에 쓰이는 물건들은 순산을 바라는 상징성이 깃든 재료로 만들었다.

급살을 피하기 위해 중전 산실에서 해산 방위 15-20도 사이로 방향을 틀어 순산을 했다.

ㄱ, 볏집을, 황초를 펴고
ㄴ, 빈가마니를 폈다.
ㄷ, 그 위에 초석(草蓆)을 펴고
ㄹ, 양털로 싼 담요(羊毛氊)를 깔았다.
ㅁ, 유둔, 기름종이 장판지를 펴고
ㅂ, 마지막에 귀가 달린 백마 가죽을 깔았다. 백마는 양기의 상징이다.

백마 가죽
유둔, 기름종이 장판지
양털로 싼 담요(羊毛氊)
초석(草蓆)
빈가마니
볏집, 황초

중전의 산자리 구조

또 세모시에 날다람쥐 가죽으로 만든 베개를 준비해 두고 산모가 출산 시 힘을 줄 때 잡는 가막쇠 사슴가죽 끈도 달았으며, 태를 받아 놓을 태의(胎衣)도 비치하였다. 한손에 연꽃씨 한손에 해마를 들고 순산하는데 용의 아들 낳아 달라는 의미이다.

현초문 꾸미기

현초문이란 출입문에 초석(草蓆)을 내건다는 의미로, 출산 직후에 산실에 깔았던 짚자리(草蓆)를 걸 문기둥을 만드는 일을 말한다. 산실 출입문 기둥에 대못 3개를 치고 붉은 명주실로 꼬은 줄을 걸어서 늘어뜨렸다. 산자리를 내거는 이유는 산모가 순산하였음을 표시하는 행위로서 민간에서 금줄을 거는 행위와 유사하다.

산청과 외부를 연결하는 방울 달기

급한 상황시에 대비 산방 안에서 방울을 당기면 의관 숙직소에 바로 종이 울릴 수 있도록 방울을 달아 의관 처소와 연결하였다.

중전은 출산하고 3일째 되는 날 목욕을 했다. 쑥탕 목욕으로 건강을 해치지 않게 하고 원자에겐 오지탕 목욕을 시켰다. 뽕나무뿌리, 매화나무뿌리, 자두나무뿌리, 괴화나무뿌리에 동물의 쓸개를 희석시켜 미지근한 물로 목욕을 하는데 무병장수를 원했기 때문이다.

아미산 峨嵋山

교태전 뒤편에 위치한 아미산은 중국과 우리나라의 여러 곳에 같은 이름을 가진 산들이 있는데 그중 중국 산동성(山東省), 신선이 사는 작고 아름다운 산인 박산현 아미산(峨眉山)에서 빌려 쓴 이름이다. 당나라 시인 이백(李白, 701~762년)의 「아미산월가(峨眉山月歌)」의 배경이 되기도 했다.

아미산에는 장대석 석축은 봄, 여름, 가을, 겨울 4단으로 쌓은 화단이 조성되어 있고 교태전과 연결된 굴뚝과 다양한 석물들이 배치되어 있다. 1단에는 기암괴석인 수석을 장식하였고, 1·2·3단에는 물을 담는 돌연지(石池), 4단에는 굴뚝 4개를 배치해 주위에 화초와 나무를 심어 독특한 후원(後苑)을 조성해 놓았다. 아미산 꼭대기에는 방풍림(防風林)을 심어두었는데 이는 큰바람이 불면 잠재워주는 역할을 함과 동시에 계절에 따라 다양한 감성을 느낄 수 있게 해 준다.

교태전 후원 전경

아미산은 1412년 4월 2일 태종 때 경복궁 서쪽에 큰 연못을 파고 경회루를 세우면서 연못에서 파낸 흙으로 교태전 뒤뜰에 토산 적산을 만들면서 조성되었다. 조선시기 흙으로 가산(假山)을 쌓는 게 일반적이었지만, 교태전 일곽은 세종 때 조성되었으므로 그 이전에 아미산이 조성되었다는 것은 추가 연구나 문헌 조사가 필요한 부분이다.

아미산 굴뚝은 교태전과 연결된 굴뚝으로 온돌방에서 나온 연기를 배출하였다. 육각형 평면 모양으로 만들어져 있으며 지대석 위에 30~31단의 붉은 벽돌로 쌓고, 그 위에 기와지붕을 얹어 두었다. 육각형의 기둥에는 덩굴무늬, 학, 박쥐, 봉황, 소나무, 매화, 국화, 불로초, 바위, 새, 사슴 등 십장생 무늬를 조화롭게 배치하여 만수무강의 의미를 담아 두었다. 무늬들은 벽돌을 구워 배열하고, 그 사이에 회를 발라 면을 구성하였다. 아래위에는 화마와 악귀를 막는 상서로운 동물들로 장식되어 있다.

아미산 굴뚝(보물 811호)

1) 당초문(唐草紋)

당초무늬는 당나라 때 인동 넝쿨을 초화로 한 것으로 길게 뻗는 성질의 성향을 지녔다. '인동무늬'라고도 한다. 당초무늬는 여러 가지 유형이 있고, 삼국시대 이래 오늘에 이르기까지 단청그림에 사용되고 있다. 당초무늬의 평균길이는 가로 530mm, 세로 130mm로써 약 4 : 1의 비례를 가지고 있다. 인동당초는 한국을 비롯한 타 지역 산악에서 흔히 볼 수 있는 겨우살이 덩굴식물이다. 이 덩굴은 겨울을 견디어 낼 뿐만 아니라 덩굴을 이루면서 끊임없이 뻗어 나가기 때문에 장수의 의미로 직결된다.

2) 상부 소상의 문양

· 나티

1면 2번 상에만 위치하고, 귀면이 있는 것으로 벽사 상징성을 지닌 무늬이다. 괴물의 얼굴이라고도 하며, 용의 정면 얼굴이라고도 한다. 흔히 귀면 도깨비의 얼굴이라고 불리는 것이 '나티, 나티두'이다. 단청에서도 많이 쓰이는데 "나리"라고도 불린다. 사천왕상의 의복 허리띠에 이 나티가 새겨져 있기도 하는데 나쁜 악귀가 내부에 스며들지 못하도록 굴뚝을 지키고 있다.

· 학(두루미)

학은 고상 절개, 지조 자태가 청초하고, 고귀하여 신성한 새로 여겨진다. 지조가 높은 새로 한 마리 수컷을 오로지 받아들인 절개가 있다. 옛 그림과 시를 보면 학은 천지간에 아름다운 것만 취하여 그 몸을 보양하고, 사기가 없는 가운데 살기에 장수를 의미하기도 한다.

· 봉황

길상의 상징성을 지닌 무늬로써 봉황을 새 중에 으뜸으로서 고귀하고 상서로움을 나타낸다. 신선이 다스리며 군왕이 정사를 잘 펼치면 태평성대를 이룰 적에 홀연히 나타나는 새다. 옛 그림과 시를 보면 공주가 시집갈 때 금박으로 봉황 무늬를 새겨 봉대라는 비단 띠를 띠었고 현재에 들어와서도 한국 대통령의 문장으로 사용한다. 그 밖에 상장이나 상패, 휘장 등에도 봉황을 새겨 넣고 있다.

· 박쥐

오복을 가져다주는 오복의 수호신으로 믿어 왔다. 다섯 마리 박쥐가 함께 있는 그림이나 문양은 보통 하늘이 주는 다섯 가지 분복을 뜻한다. 박쥐의 한자음인 편복의 '박쥐복' 자를 '복(福)'자로 해석한 데서 기인한다. 또 박쥐는 하늘나라의 쥐라고 하기도 하고, 신선의 쥐라고 하여 선서라고도 한다. 그래서 일상생활 용구, 용품이나 회화, 공예품 가구의 장식, 건축 장식 등의 문양으로 많이 사용되고 있다. 풍수지리서에는 산(山)의 모양이 박쥐 형일 때, 이곳에 산소 묏자리를 정하면 후손들이 장원급제하여 벼슬길에 오르고 부귀를 누리게 된다고 한다.

3) 하부 소상

· 불가사리

　하부 소상 문양에는 해치, 해태, 불가사리, 박쥐가 부조되어 있다. 그중 가장 많이 있는 것이 불가사리로써 그래서 불사의 동물을 상징하게 되었다.

　굴뚝은 연기를 뿜어내기 위한 것이지만 방구들과 직접 연결되어 있어 실내와 통하는 통로가 된다. 서인들은 사귀邪鬼가 이 통로를 통하여 방안으로 침입할지도 모른다고 생각하여 악몽을 물리치고 요사한 기운을 쫓는 능력을 가지고 있다고 생각한 불가사리를 굴뚝에 새기고 사귀 邪鬼를 입구에서부터 막으려 했다. 코끼리 상을 하고 있다.

· 해치(獬豸)

　해치는 옳고 그름을 판단하여 안다고 하는 전설상의 짐승이다. 광화문 해치는 뿔이 하나인데 성질이 충직하여 사람들이 싸울 때에 정직하지 못한 이를 뿔로 받고, 싸우는 소리를 내는 사람을 깨문다고 하였다. 해치는 조선 때에 송사를 맡은 관리가 정확히 판결하지 못할 어려움에 처하면 하늘에서 해치를 보내 범죄자와 선악을 구별했다고 한다. 천제가 파송한 심부름 역할 사환의 일을 보는 신성한 동물이다.

　중국 고대에는 이 짐승의 모양을 따서 법관의 관복을 만들었다고도 한다. 또한 불을 삼켜 먹는 영험한 신수라 하여 석상으로 새겨 궁전 좌우에 세워 놓기도 하였다. 나라 안팎의 난관을 극복하고 인재를 고루 등용해 사특한 것은 파하고 곧게 바른 파사현정의 정치를 펴고 나라 방위도 튼튼히 하기 위해 천제가 보낸 사환의 일을 본 그 정령이다. 또한 해치는 화재를 진압하는 상징동물로서 궁궐이나 사찰들에 놓았다. 해태는 해치의 또 다른 우리말이다.

함월지 涵月池

　낙하담과 나란히 있는 돌 연못으로 '함월지(涵月池)'는 '달을 머금은 연못'이라는 의미이다. 달이 이 돌 연못의 물속에 비치는 모습을 형용한 것인데 아미산이라는 공간과 연관시켜 보면 이백의 「아미산월가(峨眉山月歌)」에 나오는 '아미산에 떠 오른 가을밤의 반달이여, 달그림자 평강에 들고 강물은 흘러가네' 라는 구절을 응용한 듯하다.

낙하담 落霞潭

　아미산의 계단식 화단 위에 높게 설치한 석조(石造) 형식의 돌 연못으로 '낙하담(落霞潭)'은 '노을빛이 내려 앉는 연못'이라는 의미이다. '낙하(落霞)'는 '떨어지는 노을' 또는 '저녁노을'이라는 뜻이다.

연지 蓮池

　석연지는 연화형 수조로써 첫 번째 석축 위에 좌·우측으로 설치되어 있다. 이는 한 덩어리의 화강석을 조각하여 수조의 상부 외곽에는 연꽃 문양으로 조각을 하고 중심부를 파서 물을 담아두는 그릇으로, 궁궐의 화재 방재를 위한 석물의 역할을 한 것으로 추측된다.

　내부에 들기 전 두꺼비 4마리가 조각되어 있는데 이는 〈항아분월설화(姮娥奔月說話)〉와 관련되어 있다. 하늘에 어지럽게 뜬 많은 태양을 활로 쏘아 떨어뜨려 지상의 환란을 해소한 공으로 예는 서왕모(西王母)로부터 불로불사약을 하사 받았다. 집에 돌아온 예는 불사약을 아내 항아에게 주면서 잘 보관했다가 길일을 택하여 나누어 먹자고 했다. 그런데 항아는 남편이 없을 때 몰래 혼자 먹어치우기로 결심한 후 결국 혼자 불로불사약을 먹었다. 양심의 가책을 느낀 항아는 월궁(月宮)으로 가서 잠시 피신하는 것이 좋을 것 같다고 생각했다. 그러나 어찌 된 영문인지 달에 도착한 순간부터 항아의 몸에서는 기이한 변화가 일어나기 시작했다. 등의 척추가 오그라들면서 배와 허리가 튀어나왔고, 입과 눈은 커졌으며 목과 어깨가 붙었다. 너무 탐욕을 부린 나머지 추악한 두꺼비로 변하고 말았던 것이다. 이에 연유하여 두꺼비가 달의 상징이 되었다.

　또한 두꺼비는 아들을 상징하기도 하여 예로부터 아들을 떡두꺼비 같은 아들이라고 칭하였다. 교태전 후원 연지에 두꺼비를 조각한 것도 우연이 아니며 왕비가 떡두꺼비 같은 아들을 낳길 바라는 기원이 담겨 있다고 할 수 있다.

조선온돌방 고임돌 틈새에 공간을 유지시켜 불을 잘 빨아 당기게 깊이 통로를 내놓았다. 치미니 굴뚝으로 배연이 원활하도록 공사해서 오랫동안 온도를 유지하는 것이 특징이다.

교태전후원 정옥임 作

13. 함원전 含元殿

함원전 전경

함원전은 경복궁 내에 위치한 건물로서 영조대에 제작된 배치도에 보면 교태전 서쪽에 인지당과 대칭을 이루는 전각이다. '함원(含元)'은 '원기를 간직하다'라는 뜻으로 『독역술(讀易術)』에서 건괘에 관한 「단전」의 해설에서 태화(太和)를 원기와 연관하여 설명했다.

함원전은 문종 시기에 사용되었으며, 세조대에 이곳에서 간경회 등 불교행사가 자주 열렸다.

이 건물은 고종시기에 중건되었으며, 측면의 퇴칸은 방으로 구성되어 있고 사정전 일곽의 천추전과 만춘전과 같은 구성을 갖추고 있다.

함원전 현판

임진왜란 때 화재로 소실된 것을 1888년 경복궁을 중건할 때 다시 지었다. 그 후, 일제강점기에 훼손된 것을 1995년에 다시 중건하였다. 이 장소는 유교사회였던 조선시대 궁궐에 불교행사가 열렸던 전각이 있었다는 점이 다소 특이하지만, 조선 초기 불교가 차지하고 있었던 위상을 잘 보여주는 곳이다.

건물은 앞면이 6칸으로 되어 있으며 팔작지붕이다. 가운데 2칸은 대청마루로, 양쪽에 2칸씩 온돌방이 두어져 있다. 교태전과도 연결되어 있으며, 추녀마루에는 국왕의 권위를 보여주는 잡상들이 올려져 있다. 아마도 왕비나 대비가 주관하는 행사를 위해 마련된 공간으로 보이는 특징을 갖고 있다.

중전이 사용하던 우물 간밤에 승은을 입은 궁녀가 아침에 치마를 거꾸로 뒤집어 입고 우물가로 나와 궁녀들이 놀란 일이 있었다고 한다.

인지당 麟趾堂

함원전 동쪽 행각의 이름으로 세자를 거처하게 한 곳이다. '인(仁)'과 '지(智)'라는 두 가지 덕목을 나타내는 한자를 합쳐서 지은 이름으로 '인(仁)'은 '인(仁)'으로서의 양육을 의미하며, '지(智)'는 '지(智)'로서의 양육을 의미한다. 세자는 인지당에서 두 가지 덕목을 중시하는 교육을 받았으며, 세자의 덕을 기르고 양성하는 중요한 장소로서 사용되었다.

융화당 隆和堂

함원전 서쪽 행각의 이름으로 '융화(隆和)'는 융합하고 조화롭게 하는 의미를 가지고 있다. 고종 5년(1868년)에 지어진 건물로, 세자의 교육을 위한 장소로 사용되었다. 중국 동진(東晉) 시대에는 362년부터 363년까지 융화를 연호로 사용한 적도 있었다.

선장문 善長門

함원전 뒤뜰에서 북쪽의 아미산으로 들어가는 문으로, '선의 으뜸'이라는 의미를 가지고 있다. 이곳은 선한 아름다움을 상징하며, 문언전(文言典)에서는 '원형이정(元亨頤正)'을 설명하며 '원(元)'은 선(善)의 으뜸이요, '형(亨)'은 아름다움의 모임이요, '이(利)'는 의(義)에 화함이요, '정(貞)'은 일의 근간이라고 하였다.

대재문 大哉門

함원전 서쪽 행각에 있는 문으로 대재(大哉)란 '위대하다'라는 의미이다. 조선의 위대함과 대재는 큰 뜻과 큰 틀에 있음을 이야기한다.

흠경각 欽敬閣

흠경각은 1438년 세종대왕의 명에 따라 장영실이 새로 지은 건물로, 강녕전 서쪽에 위치해 있다.

흠경(欽敬)은 '하늘을 공경하여 공손히 사람에게 필요한 시간을 알려 준다'는 뜻으로 해석되는데, 이는 흠경각에 시간을 알리는 천문 기기들이 있었기 때문이다. 천체의 운행과 시간을 정확하게 측정하는 것은 왕권과도 관련이 있었기 때문에, 강녕전과 가까운 곳에 위치했다.

흠경각 현판

흠경각은 과학의 산실이자 정초, 김담, 이순지, 장영실 등 기라성들의 각축장이다. 조선시대에는 발명품을 기록하고 농민들에게 알려주는 중요한 장소로 사용되었는데, 특히 농사에 영향을 많이 미치는 강수량을 측정하는 334개의 측우기를 설치하였다. 또한 월, 일, 시간과 시각을 알리는 자격루와 같은 천문 기기들을 보관하여 시간과 천상을 알리는 역할도 했다.

흠경각에는 천문시계인 옥루를 비롯하여 여러 관측기구들이 설치되어 있었다. 옥루(玉漏)는 물의 흐름을 이용한 일종의 물시계이며 자격루 물시계와 마찬가지로 물의 흐름으로 모든 기계장치가 자동으로 돌아가면서 시간과 천상을 표시하도록 고안되었다. 옥루는 그 장치가 워낙 정교해서 성종 때에 이미 사용하지 못하여 수리하였다는 기록이 있으며, 임진왜란으로 경복궁이 불타버린 이후 복원되지 못하고 있다.

이 장소에서 조선시대 뛰어난 기술력을 입증하는 29종의 발명품들이 나왔는데, 앙부일구와 옥루기륜, 간의대 같은 관측기구들과 일성정시의, 혼천의, 규표, 강이대, 관천대, 수표, 측우기, 훈민정음 등이

흠경각 전경 현판은 1995년에 설치하였으며 동강 조수호가 쓰고 오옥진이 새겼다.

있다. 흠경각은 임진왜란 이후에는 창덕궁에 세워졌으며, 그 뒤 영조대에는 관상감으로 옮겨졌다고 한다. 그러나 화재로 여러 차례 소실되고 복원되는 과정을 거치면서 현재의 모습을 갖추게 되었다.

흠경각에서 발견된 많은 발명품이 말해주듯 조선이 과학입국이었음을 보여주는 장소이다. 동시대에 중국은 다섯 가지 발명품을 가지고 있었고 일본은 발명품이 없는 것을 보면 조선의 발명품이 진보됨을 보여준다. 강녕전 곁에 두어 임금이 직접 챙긴 이 부분이 독창적이라 본다. 고종 때에도 중요하게 여겨져서 중건되었으며, 현재도 조선시대의 놀라운 발명과 기술력을 엿볼 수 있는 곳으로 남아 있다.

장영실

　　부친은 원나라 소주 출신 항주사람이었고 어머니는 동래현의 기생으로 장영실은 어머니의 신분을 따라 관노로 태어났다. 어렸을 때부터 손재주가 뛰어나 물건을 만들고 고치기도 하였으며 동래현에 가뭄이 왔을 때, 수로를 파서 멀리 있는 물을 끌어와 해결하기도 했다. 그의 능력은 조종에까지 알려지게 되었고 태종 때 시행하였던 도천법으로 궁에 들어가게 되었다.

　　세종이 즉위한 후 관리에 등용되어 명나라로 유학 생활을 하였고 선진기술을 배워 온 장영실은 양부일구(해시계)와 자격루(물시계), 천문관측대인 간의대, 대간의, 소간의, 규표, 일성정시의 등 이 같은 발명품을 통해 백성들의 생활을 개선하려 노력했다.

　　1442년 4월 27일, 세종이 온천욕을 위해 가마에 오르는 중 장영실이 만든 가마가 파손되어 문제가 발생했다. 이 사건을 통해 장영실은 불경죄로 장 80대를 맞고 파직되었다. 그 후 장영실에 대한 기록은 없지만 그는 조선의 최고의 과학자로서 그의 명성과 업적이 지금까지도 이어지고 있다.

흠경각 입구

자안당 資安堂

흠경각 서쪽 행각이름으로 스스로 안정됨을 바탕으로 한다. '자안(資安)'이란 본바탕이 '평안함을 의지한다'는 의미로 자안당의 이곳을 자선당이라 부른 예는 1915년 이후에 출판된 『궁궐지』에서 확인할 수 있다.

이때는 일제 총독부가 동궁을 헐어버린 후로 동궁에 있던 자선당의 현판을 이곳에 걸었을 것이라 추측하고 있다. 현재 동궁 권역의 자선당이 복원되어 있으므로 이 현판은 교체되어야 할 것으로 판단된다.

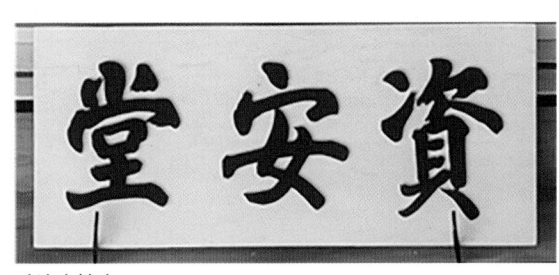

자안당 현판

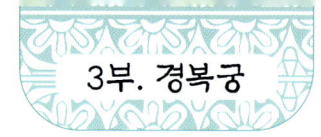

14. 자경전 慈慶殿

자경전 전경 1888년(고종 25년) 성이호가 적은 현판, 자경전 청연루 여름 휴식 공간

자경전은 1867년 고종이 경복궁을 중건할 당시, 수렴청정 중이던 대왕대비 신정왕후 조 씨를 위해 건립된 건물로, 당시 혜경궁 홍 씨의 거처였던 창덕궁에 지어진 전각과 이름을 동일하게 지었다.

'자경(慈慶)'은 '자친(慈親)이 복을 누린다'는 뜻으로, 어머니에게 경사스러운 일이 많이 있기를 감축하는 의미를 담고 있다.

자경전은 교태전과 아미산 사이 동쪽에 위치하며, 조선 시대 조대비(왕후)의 거처로 사용되었다.

경복궁 중건 이후 자경전은 두 차례의 화재로 소실되었다. 첫 번째 화재는 1873년 고종 10년, 자경전의 북상실(北上室)인 순희당에서 방화로 추정되는 불이 발생하여 자경전을 비롯하여 364칸 반이 소실되었다. 그 후 2년 뒤에 재건되었지만, 1876년 고종 13년에 교태전에서 또 다른 화재가 발생하여 830칸이 또다시 소실되었다. 현재의 자경전은 1888년 고종 25년에 다시 재건된 건물이다.

자경전 정옥임 作

자경전 꽃담

1) 매화 : 아내, 아치고절, 고상절개(우아한 풍치와 고상한 절개 또는 빙자옥질)를 뜻하기도 한다.
2) 천도 : 선계에만 존재하는 상상 속의 과일로 3,000년 되어야 꽃이 피고 3,000년 되어야 열매 맺는 천도는 신비의 영약으로 알려져 있으며 장수를 상징하는 과일이다.
3) 모란 : 모란은 꽃 중의 백화의 왕이라 할 만큼 화려하며 위엄과 품위를 갖추고 있다. 부귀, 번영, 창성의 의미를 지니고 있다.
4) 석류 : 다남, 다산의 의미로 자손을 번창시키고 성장하기를 소망하는 의미를 지니고 있다.
5) 국화 : 가을 오상고절(찬 서리에도 굴하지 않고 고고하게 피는 절개)이다. 도연명이 좋아하던 꽃이다.
6) 진달래 : 한국의 정서에 맞는 대표적인 봄꽃으로 화사한 생명력과 불로장생을 의미한다.
7) 대나무 : 세한고절(겨울 추위 속에서도 푸르름이 꿋꿋하고 고고한 절개)을 의미한다.
8) 들국화 : 장수를 상징하는 국화와 나비가 함께 표현되어 장수의 염원을 더욱 강조하고 있다.

자경전 꽃담 서쪽 담장에는 아름다운 꽃담이 새겨져 있다.

매화, 매조새, 월광   복숭아   모란

석류

국화

연산홍

대나무

야생 들국화

빙렬문(빙죽문)

빙렬문

1) 춘(春), 장(張), 만(萬), 년(年), 락(樂), 강(疆) : 봄을 맞는 기쁨을 표현한 것으로 봄은 인생의 청춘과 젊음을 상징하니 대비가 오래도록 젊음을 유지하며 만수무강하기를 기원하는 뜻을 의미한다.

2) 꽃과 나비, 석쇠문, 무시무종문 : 도자기를 구워 내구는 반반 전을 사용하여 6각형으로 만들었는데 모서리에 삼각형의 여백이 생겼다. 6각형의 의미는 화재 예방이다. 내구에는 부조된 문양이 들어가고 나머지 여백에는 문양이 융기되도록 삼화토로 매웠다. 그림문양이 반반 전을 사용하여 틀을 짜고 내부는 다시 22개의 크고 작은 내구를 나누어 구획 사이에 여러 개의 꽃과 나비무늬를 넣었다. 무늬들의 표현은 나비의 날개 모양까지 매우 섬세하고 생동감 있게 잘 표현되어 있는 것이 인상적이다. 주로 모란과 국화류의 꽃들과 나비가 어우러진 무늬인데, 예로부터 나비는 한자어인 '접(蝶)'이 중국어의 '80세 질(耋)'과 발음이 비슷하여 장수의 상징이었으며, 모란은 부귀와 영화의 상징으로 많은 사랑을 받았다. 국화는 가을 찬 서리를 이겨내는 고상절개 의연한 기상으로 선비들의 추앙을 받았을 뿐 아니라, 장생의 영약으로도 귀하게 여겨졌다. 이 세 가지 무늬가 한데 어우러져 부귀영화의 길상을 기원을 강하게 의미하고 있다.

길상문　　　　　　　태극문(卍)　　　　　석쇠문(귀갑문,육각수,화문)　　무시무종문

길상문 : 사주팔자 행운, 좋은 일이 있을 징조를 길상문이 의미하는 문양이다.

태극문 : 음양과 우주 운행의 원리를 상징하고 장수와 길상을 상징하기도 한다. 전통 문양에서 일반적으로 만(卍) 자 무늬라고 알려진 무늬도 태극무늬이다.

석쇠문 : 악귀와 재앙이 그물에 다 걸려져 상서로운 기운만 가득하기를 기원하는 의미 한다.

무시무종문 : 시작도 끝도 없음을 상징하는 기하학적인 연속무늬로 장수를 기원한다.

병아리 꽃 화문　　　　　　　　　　　　육각형 매화 꽃, 육각수 물을 의미하며 화재 예방 의미

회 문과 병아리 꽃　　　　　　　　　　기하학 문양 꽃담

십장생 굴뚝 배치도 자경전의 서측 꽃담과 뒷마당에 위치하는 십장생 굴뚝[보물810호]은 조선 후기 건축의 아름다운 조형미를 보여준다.

박쥐(복)과 당초문양(번창, 강한 생명력)

불가사리 악귀를 쫓는 의미를 가지고 있다.

만세문

만세문 萬歲門

자경전의 남쪽 문으로 정문에 해당한다. '만세(萬歲)'란 만년, 무량겁의 시간 곧 '긴 시간'을 의미하는데 이곳에 거처하는 이가 오랫동안 무병장수하기를 바라는 마음을 담고 있다.

1867년 고종 4년 경복궁 중건 시 세워졌으며 오랜 시간 만세를 잃어버린 조선이 1897년 10월 12일 대한제국을 선포하며 고종에 원구단 황제즉위식을 거치고 드디어 만세를 되찾아 온 연호 의미가 남달라 보인다(연호 광무 1897년 8월 16일 연호를 쓴 자주국임을 보여주다). 여자들이 여닫기 쉽도록 가벼운 사출문(넌출문)으로 만들어졌다.

청연루 淸讌樓

청연루는 자경전의 누각으로 '청연(淸讌)'은 '맑고 한가함' 또는 '조용하고 소박한 연회'를 의미하며, '연(讌)'은 '연(燕)'과 통하며 아늑함과 '편안함' 또는 연회 '잔치'라는 뜻으로도 사용된다.

고종이 조대비가 여름을 시원하게 보내시기를 바라며, 청연루라는 누각을 선물로 주어 은혜에 대한 답례를 했다. 고종 시기에 경복궁을 중건하면서 자경전 옆에 누각인 청연루를 지었고, 자경전 명칭을 청연루로 하였다. 청연루는 자경전 동쪽에 위치하며 전으로 2칸 돌출되었다.

협경당 協慶堂

'협경(協慶)'은 '모두 함께 경사스러움과 행운을 누린다'는 의미를 지니고 있으며, 자경전의 동쪽에 위치한 누각인 청연루와 연결되어 있다. 이 건물은 고종 시기에 새로 지은 건축물로, 고종 13년(1876년)에 교태전에서 발생한 화재로 자경전과 함께 소실되었다가 1888년 고종 25년에 다시 재건되었다.

현재는 [북궐도형]을 바탕으로 전면에 담장과 협문을 설치한 상태이다.

제수합 齊壽閣

자경전의 동북쪽에 위치한 건물로, 고종 시기에 지어져 현재도 남아있는 건물이다. 1867년 11월에 전각 명칭을 지어 올렸으며, 건복합, 다경합, 복안당 등과 함께 기록되어 있다.

건물의 정확한 용도에 대해서는 명확한 기록이 없지만, 빈객을 접대하던 대비전의 일부로 사용되었던 것으로 보인다. 경복궁에서 대비를 위한 침전인 만경전과 만화당보다는 작은 규모이며, 건복합이나 다경합, 통화당보다는 크고 주위 행각의 짜임새로 보아 상궁보다 높은 지위에 있는 후궁의 처소로 사용되었을 것으로 추측된다.

전축문

자경전 동측 담장에는 2개의 문이 함께 남아 있는데, 하나는 전축문이고 다른 하나는 일반적인 목조 협문이다. 이 중 좌측의 전축문은 궁궐의 연침을 위한 출입문으로서 양식이 어울리지 않고, 또한 가까이 협문이 있는 등 여러 가지 이유로 인해 일제강점기에 영추문루가 철거되면서 이곳으로 이전되었을 것으로 추측된다.

전축문 외부장식 무한이 그려져있다.

　『궁·능 관련 유리원판 도록』은 고종시기에 일어난 사건과 건축물들의 변천을 기록한 자료로, 이 도록에는 영추문 육 축이 붕괴된 모습과 이에 관련하여 영추문과 남면 소문이 철거되는 사진들이 포함되어 있다. 또한 이 도록에는 전축문이 평지에 이건 된 사진도 있으며, 이를 통해 자경전 동측 담장이 철거된 후의 협경당과 행각이 보이는 것을 확인할 수 있다.

　현재 전축문은 옥개 하부에 무시무종문으로 대체되어 있다. 외부에는 화강석으로 문주를 세우고, 홍예를 틀어 문 얼굴을 만든 후 전돌을 쌓아 벽체를 형성했다. 문주 상부 벽체는 주변으로 붉은색이 도는 전돌로 무시무종문을 넣었고, 내부에는 봉황문이 새겨진 소성전을 넣어 입면을 장식했다.

　반면, 내부는 문틀 주변을 아무런 장식 없이 전돌만으로 벽체를 구성했다. 이로써 전축문은 아름다운 디자인과 세련된 구조를 가지고 있다.

제3부_경복궁 _ 149

자경전 석수

자경전 앞에는 중앙 계단의 우측에 노주석(露柱石)과 비슷한 형태의 4각 받침석 위에 서수(瑞獸)라고 불리는 동물상이 있다. 이 서수는 남쪽을 향해 궤복(跪伏)하고 있으며, 전신에는 비늘이 새겨져 있으며 목 부분에는 물결 모양의 문양이 새겨져 있다.

이 서수는 형태로 봐서는 해치상으로 간주되며, 궁궐에는 보통 두 마리씩 짝으로 놓이지만 자경전 앞에는 한 마리만 있는 점이 의문이었다. 1930년대에 편찬된 『조선고적도보』 제10권의 자경전 사진을 확인해 보니, 반대편에는 다른 형태의 기물이 놓여 있고 동십자각 형태의 난간석으로 서 있었다.

대석의 형태가 약간 차이가 있기는 하지만 서수의 형태는 자경전의 것과 유사하다고 보인다.

이러한 관찰을 토대로, 일제강점기 초기에 궁궐이 헐거나 구역이 축소되면서 이러한 기물들이 다른 위치로 이전 배치된 것으로 추측되고 있다. 자경전 앞의 서수도 이와 같은 과정에서 이곳으로 이전되었을 가능성이 높다.

자경전 석수

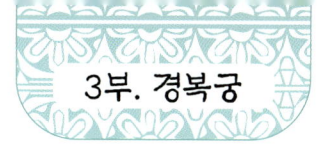

15. 수라간 水剌間

　조선의 궁궐은 아홉 겹으로 둘러싸인 깊은 공간으로 구중궁궐이라고도 불린다. 자선당 동궁의 북측과 자경전의 남측 사이에 위치한 수라간은 궁중에서 여섯 개의 부서 중 하나로, 궁궐 내에서 음식물을 보관, 조리, 제공하는 공간이었다. 이곳은 주간(廚間) 또는 주방(廚房)으로도 불렸다.
　수라간은 드라마 '대장금'과 같이 상궁들이 음식을 하던 장소로서, 궁중에서 잔치나 고사를 지낼 때 사용되는 음식을 준비하는 외소주방과 임금님의 수라를 준비하던 내소주방으로 구분되었다.

　경복궁 내에는 음식과 식생활을 관리하는 다양한 주방공간과 전속요리사들이 배속되어 있었다. 대전, 중궁전, 세자궁, 대비전은 각각 독립된 주방공간을 가지고 있었고, 궁중의 잔치와 궁궐에 공급되는 식품을 담당하는 관아도 있었다. 수라간은 궁중에서 음식물을 보관하고 조리하며 제공하는 공간으로서, 다양한 식생활과 음식 준비에 관련된 업무가 이루어졌다.

　수라간은 1395년 경복궁 창건 이후에 건립되었으며, 임진왜란 때 소실되었다가 1865년 고종 2년에 경복궁 재건 시 다시 지어졌다. 그 후 1915년 일제 강점기에 조선물산공진회가 개최되면서 많은 전각들과 함께 없어졌지만, 2015년 2월 16일에 1,100억의 비용을 투자하여 건물 세 동이 복원되었다.

　조선 후기 창덕궁과 창경궁의 모습을 보여주는 동궐도에도 궁중의 식생활을 관리했던 공간들인 주원, 소주방, 외주방, 내주방, 수라간, 생물방, 장고가 표시되어 있다. 또한 동궐도에는 나타나지 않았지만 경복궁의 평면 배치도인 북궐도형에는 경회루 근처의 복회당 내부에 임시로 설치된 주방인 숙설소(熟設所)가 기록되어 있다.

　수라간과 소주방이 흔히 동의어로 사용되지만, 동궐도와 다른 기록들을 보면 기능상 차이가 있을 수 있다. 소주방은 주로 음식의 조리가 주된 업무를 담당하는 공간으로 이해할 수 있다. 반면에 수라간은 음식의 진설(陳設)을 하는 퇴선간(退膳間)의 기능을 할 것으로 추측된다. 퇴선간은 지밀(地密)에 부속되어 있는 중간 부엌으로서, 지금의 배선실(配膳室)에 해당한다. 멀리 떨어진 내소주방에서 음식을 만들어 가자(들것)로 옮기면 받아 식은 음식은 덥히고, 상차림을 하여 수라상에 올리는 역할을 한다. 수라 시간을 제조상궁이 알리면 온돌방으로 들여간다고 상궁들이 증언하였다.

수라간 우물 발굴 시 수라간 우물이 궁궐 내에 존재한 것이 밝혀졌다.

또한 생물방은 다과상이나 차를 대접하는 공간으로, 승정원일기에 언급된 생과방(生果房)과 관련이 있다. '생것방'이라고도 불리며, 평상시의 조석 식사인 수라 이외에 후식으로 속하는 생과(과일), 숙실과(과일과 뜨거운 식품), 화채(생채소), 죽, 조과(과일과 떡), 차 등을 만드는 공간으로 이해할 수 있다. 조석 수라상을 소주방 내인이 도와서 함께 거행하며, 잔치음식의 다과류도 이곳에서 관장한다.

사옹원 司饔院

사옹원은 조선시대에 소속된 궁중의 중요한 공간으로, 옹(饔)이라는 단어의 뜻인 '음식물을 삶거나 잘 익힌다'를 담은 곳이다. 이곳은 임금의 식생활에 필요한 식료품을 구비하고, 조리하여 준비하는 전 과정과 임금님께 진상되어 올라오는 물품을 관리하는 업무를 담당하는 장소이다.

사옹원은 일상적인 식사를 제공하는 것뿐만 아니라, 궁중에서의 연회식, 제사식 등도 준비하여 올리는 역할을 맡았다. 궁중에서는 많은 인원을 대상으로 하는 다양한 행사와 음식 준비가 필요했기 때문에 사옹원은 이러한 업무를 조직적으로 담당하는 중요한 부서였다.

〈승정원일기〉에 기록된 내용을 통해 궁중의 소주방은 내소주방과 외소주방으로 나뉜다. 내소주방은 왕비의 주관하에 왕과 왕비의 일상식을 담당하는 곳이며, 외소주방은 내인의 책임하에 왕의 식사를 담당하는 곳이라고 짐작할 수 있다. 하지만 마지막 상궁들의 증언에 따르면 이러한 기록과는 내용이 다소 다르다.

실제로 내소주방은 왕·왕비의 평상시의 식사와 낮것상(다과)의 각종 찬품을 맡아 일하고, 식전의 자리조반(조식)·점심상(간식)·야참(야식) 등을 생과방과 협조하여 올린다고 하였다. 반면 외소주방은 궐내의 대소 잔치를 비롯하여 진연·진찬·진작 회례연 등의 큰 잔치와 선원전 차례·고사 등을 담당하는 곳이다. 또한 왕의 자녀의 탄생일이나 백일 등 행사에도 관여하여 음식을 준비한다고 하였다.

궁중은 왕족들과 손님들의 생활 공간이기 때문에 손님들을 위한 다양한 접대식을 준비하는 일이 많았을 것으로 추측되며, 음식 발기에도 접대식 관련 발기가 많은 것으로 나타난다. 이로 인해 소주방의 궁녀들과 숙수들은 매우 바쁜 일상을 보냈을 것으로 예상할 수 있다. 동궐도에서는 안소주방과 밖소주방이 다르게 표현 되었으며, 실제로는 지근거리에 각 주방이 위치하여 왕과 왕비를 위해 부족한 음식을 따로 보충하여 차려낸 것으로 보는 의견도 있다.

수라상궁의 발기문

상궁에 발기문은 음식의 맛, 빛깔, 특성, 독소, 심신에 좋은 점, 나쁜 점 등을 글월을 문장으로 나열하여 기록하는 일이 중요한 요소로 작용하였다. 왕의 수라는 12첩 반상이며, 명나라에 온 사신은 왕보다 1첩이 작은 11첩 반상을 받았다. 대단한 예우와 대접이었지만, 가끔 명과 청의 사신이 난폭하게 행동하기도 했다고 기록되어 있다.

조선 시대의 궁궐 음식 중 수라상궁이 발기문을 써서 기록에 남긴 신선로는 정말 탁월하다.

임금은 원래 수라를 들고 나서 후식으로 고유의 차인 숭늉차를 드셨는데, 외빈이나 사신이 오면 어떤 차를 드렸는지 궁금하기도 하다. 영조와 고종께서는 인삼차를 자주 드시고, 생강차도 주문하셨다고 한다. 이들은 건강을 생각해서 각별히 생강차를 선호하셨던 것으로 알려져 있다.

『경국대전』에 나타난 이조 소속 사옹원의 소속관원은 다음과 같다.

[실무직]: 정(正) 1인, 첨정(僉正) 1인, 판관(判官) 1인, 주부(主簿) 1인, 직장(直長) 2인, 봉사 3인, 참봉 3인

[자문직]: 도제조(都提調) 1인, 제조 4인, 부제조 5인 (제조 중 1인은 승지 겸임)

[잡직]: 숙수, 재부(宰夫) 종 6품 (왕, 왕비, 대비의 식사를 전담하는 업무), 선부(膳夫) 종 7품 (문소전 친선에 종사), 대전다인청 차 (다례를 내가는 역할), 진다(進茶) 1인, 조부(調夫) 종 8품 (왕비전 다인청에 종사) 2인, 임부 2인, 팽부 7인

[상위직급] 반감(飯監) : 어선(御膳)과 진상을 맡는 벼슬아치

별사옹(別司饔) : 음식물을 만드는 벼슬아치

상배색(床排色) : 음식상을 차리는 벼슬아치

[하위직급] 반공(飯工) : 밥 담당, 10인

적색(炙色) : 구이 담당, 4인

포장(泡匠) : 두부 담당, 4인

병공(餅工) : 떡 담당, 4인

주색(酒色) : 술 담그는 장인 담당, 10인

미모(米募) : 쌀고르기, 6인

다색(茶色) : 차 담당

증색(蒸色) : 찜 담당 등이 있다, 4인

물길이 : 10인

탕수색 : 물 데울 때 불 때기, 10인

양련공 : 과자 및 과일 쌓는 일, 20인

각 전에는 잡역에 동원되는 노비로서 궐내각차비(闕內各差備)가 있었고, 구한말에는 업무를 200명씩 2교대로 운영했다. 주방에서는 항상 일손이 부족하였는데, 노비면천과 병역 면제를 받는 경우도 있을 만큼 힘든 업무였다.

이들은 궁중식 마련의 실무를 담당하며, 궁궐 내의 문소전, 대전, 왕비전, 세자궁으로 나누어 각 전의 정원이 정해져 있다. 임금의 처소에서 직접 음식을 맡아서 올리는 것은 내시부와 내명부에서 책임진다. 왕의 음식의 진어(進御)는 내시부의 내관과 내명부의 궁녀들이 주로 책임을 맡고 있다.

내관 가운데 특히 '섬니내관'이 음식을 담당하는데, 섬니내관은 진상한 음식 재료를 검수하거나 음식을 직접 맛보는 검식 역할을 한다. 검식은 감선이라는 말로도 사용되며, 임금과 가장 가까운 왕후나 세자가 한 경우도 있다. 조선 왕조 말기에는 제대로 지켜지지 않아 지밀상궁이 그 역할을 하게 되었다.

「경국대전」 이조(吏曹)에 소속된 내시부에서 음식과 관련된 업무를 담당하는 내시들이 있었고 그 중에서도 상선(尙膳), 상온, 상차(尙茶)라는 직위가 있었다. 궁녀들은 녹봉을 받는 전문 종사자로, 왕의 여인들이며 궁궐 내의 의식, 식사, 주절 등에 동원되는 여성들을 말한다. 그들은 음식을 직접 만드는 것보다는 전반적인 업무를 주관하고 접대하는 일을 주로 담당했다. 영조 시기에는 궁녀의 수가 무려 684명으로 역대 왕 중에서 가장 많았는데, 이는 태평성대의 시기임을 보여준다. 궁녀들은 궁궐에서 왕과 왕비, 왕의 가족들의 일상생활과 행사들을 도우며, 궁중의 중요한 역할을 수행했다. 그들의 봉사와 업무는 조선 왕조의 궁궐 생활에 필수적이었다.

궁궐 내의 궁인들은 내명부(內命婦)에 속하며, 나이와 직급에 따라 다양한 지위를 갖는다. 4, 5세의 가장 어린 수습내인부터 시작하여, 가장 낮은 직급은 종 9품이다. 가장 높은 직급은 상궁으로, 정 5품의 품계를 갖고 있으며, 대왕대비전에서 후궁과 같은 귀한 분들을 모신다. 궁녀들은 연조와 직분에 따라 종 5품부터 종 9품까지의 지위를 가진다. 주방 상궁들은 보통 40세 이상의 나이에 해당하는데, 이미 이때는 30년 이상의 조리 경험이 있는 전문 조리인들이다. 궁중에서의 음식 준비와 조리는 매우 중요한 역할이었기 때문에 주방 상궁들은 높은 숙련도와 경험을 요구되었다.

승정원일기를 통해 알 수 있는 바에 따르면, 궁중의 수라간(水刺間)에서 차지를 맡는 으뜸 상궁은 주방 상궁이다. 이 주방 상궁은 수라간차지상궁(水刺間次知尙宮)으로 기록되며, 주방 나인들은 다른 궁녀들과 마찬가지로 13세 경에 입궁하여 궐 안에서 윗상궁을 스승처럼 모시며 여러 가지를 견습한다. 이때 견습 궁녀를 '견습나인'이라고 한다. 궁궐에 들어오면 관례를 거쳐야 하는데, 입궁 후 15년이 지나서 관례를 치르는 것이 원칙으로 일종의 성년식이며 결혼식과 유사하다. 관례를 마치면 정식 내인이 되며 다시 15년을 경과해야 상궁의 직분을 받게 된다. 이와 같은 절차를 거쳐 궁중의 주방 상궁들이 궁녀들을 양성하고, 궁중의 음식 문화를 지켜 나갔다.

주방내인들은 궁궐 내에서 식사를 준비하고 관리하는 업무를 담당하는 궁녀들로서, 왕과 왕비의 조석 수라상을 평상시에 준비한다. 이들의 복장은 옥색 저고리에 남색 치마로 구성되며, 작업할 때는 보라색 홑적삼을 겹쳐 입고 흰 앞치마를 둘렀다. 궁녀 중 장식(掌食)·장찬(掌饌)·전선(典膳)·상식(尙食) 등이 음식에 관련된 직종을 맡는 이들이다.

숙수(熟手)는 남성 전문조리사로서 궁중의 잔치인 진연이나 진찬 때 솜씨가 좋은 숙수들이 대부분 궁에 머물렀으며, 왕의 총애를 받기도 했다. 궁중의 음식문화를 담당하는 숙설소(熟設所)나 숙수들의 모습은 그림 선묘조제재경수연도(宣廟朝諸宰慶壽宴圖)에 나타나 있으며, 궁중의 식생활은 오랜 시간을 거쳐 체계적으로 기능직으로 훈련된 전문인들로 구성되어 있었다.

경국대전에 나타난 궁중의 식생활과 관련된 제도는 담당관아와 일 잘하는 전문인들이 참여하는 것으로 보이며, 궁은 현대의 전문직 양성소와 유사한 역할을 한 것으로 볼 수 있다. 궁중의 의례절차에 따른 상 차리기와 일상적인 수라상 차리기, 접대식 등은 정교하게 체계화되어 있었고, 궁녀들과 숙수들이 이러한 업무를 담당하여 궁궐의 식생활을 관리하고 지켜냈다.

궁중의 음식 문화와 궁궐 내의 생활에 필수적으로 기여한 궁인들은 조선 시대의 궁중에서 중요한 존재였다.

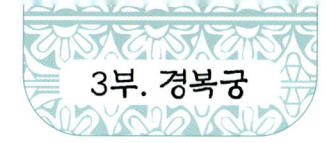

3부. 경복궁

16. 자선당 資善堂

자선당 1999년에 설치되었으며 중요무형문화재 제106호 각자장(刻字匠) 기능보유자인 철재 오옥진이 쓰고 새겼다.

왕세자와 왕세자비의 생활공간으로, 근정전의 동쪽에 위치하여 왕세자의 교육이 이루어지던 장소이다. 동궁 내에는 동쪽에 비현각이 있으며, 이는 세자의 업무공간을 담당하는 곳이었다. 또한 서쪽에는 세자 부부의 생활공간인 자선당이 자리 잡고 있다. 국왕을 위한 장소가 아니기 때문에 궁궐의 다른 건물들처럼 '전(殿)'이라는 이름이 아닌 '당(堂)'이라는 호칭을 사용했다.

자선당의 '자선(資善)'은 '착한 성품을 기른다'는 의미로 사용되었다. 북송 시대에는 황태자의 강학소를 자선당이라고 불렀는데, 이후 태자가 공부하는 곳을 모두 자선이라 하였다. 이곳은 장차 왕이 될 인물로서 좋은 품성과 본성을 가진 왕세자를 양성하기 위한 장소였다.

또한, 자선당은 세자 부부의 생활공간으로, 앞면 7칸에 팔작지붕을 갖추었다. 가운데 3칸은 넓은 대청마루가 있고, 양쪽에 2칸씩 온돌방이 두어져 있다. 세자 부부를 수행하는 인원이 많았기 때문에 동궁은 다양한 행각들로 구성되어 있다.

세종 때는 문종이 거처했고 현덕 권 씨가 익히 알듯이 단종을 순산하고 다음날 산후병으로 세상을 뜬 곳이기도 하다. 건립 이후에는 여러 차례의 화재와 중건으로 인해 훼손되었으며, 일본의 침공으로 인해 국권이 상실된 후 1916년 오쿠라 기하치에 의해 일본으로 옮겨져서 '조선관'이라는 이름으로 사설 미술관으로 사용되기도 했다. 그러나 시간이 지나서 1923년 관동대지진으로 건물은 소실되었고, 기단과 주춧돌만이 남았다.

　　이것을 70년이 지나서야 당시의 문화재전문위원 김정동(목원대학교 건축학과 명예교수)이 발견하여 2년 뒤인 1995년에 국내로 들여왔으나, 자선당의 건물은 구조 부분 안전상의 문제로 재사용되지 못하고 다른 곳에 위치하게 되었다.

　　현재 건물은 1999년에 복원되었다. 본래 자선당 건물의 계단은 하나로 크게 있었으나 현재는 세 개로 나누어져 있으며 일부 건물들만 복원되었다. 세자교육을 담당했던 세자시강원과 경호업무를 담당했던 세자익위사 건물들을 비롯한 많은 부속 행각들은 그 터만 남아 있다. 전부 복원하는 데는 천문학적 예산과 시간이 소요되는 부분이기 때문에 완전한 복원이 어려운 상태이다.

　　자선당은 궁중의 중요한 장소로서 국가적으로 보존하고 복원하는 데 많은 노력이 필요한 문화재이다.

측간, 해우소
동궁 전에 측간, 재래식 궁궐 화장실이다. 푸세식이며 두 칸 건물로 지금은 사용하지 못한다. 궁궐 화장실 유일한 고증에 건축물이 이채롭다.

경복궁은 여러 곳에 출입문이 있지만, 정문은 동쪽에 위치하고 있다. 국왕이 드나드는 문은 보통 삼문(三門)이 사용되지만, 동궁은 2개의 출입문을 두고 있다.

궁중에서는 각 장소마다 특정한 이름과 의미를 가진 출입문을 사용하여 규정된 절차를 따르는 것이 일반적이었다. 이런 출입문의 이름에는 특정한 의미와 역할이 내포되어 있었다.

이극문 貳極門

경복궁에서 춘궁 권역의 동쪽 문을 의미한다. '이극(貳極)'은 '두 번째 북극'을 뜻하며 여기서 '이(貳)'는 버금을, '극(極)'은 군주를 의미하므로 다음으로 왕위에 오를 수 있는 황태자나 세자를 지칭한다. 이 문은 1867년 고종 4년에 경복궁을 중건할 때 지어졌고, 현재의 문은 1999년에 복원된 것이다.

삼비문 三備門

자선당 앞에 있는 문으로 '삼비(三備)'는 '세 가지를 갖춘다'는 의미로 왕세자가 장차 훌륭한 정치를 하기 위해 갖추어야 할 세 가지 덕목을 이야기하는 하는 것으로 추측된다. '세 가지 덕목'이란 세 가지 훌륭한 일(三善)로서 세자가 어렸을 적 '신하의 입장에서 임금을 섬기는 것', '자식의 입장에서 부모를 섬기는 것', '어린 사람의 입장에서 어른을 섬기는 것'을 가리킨다.

왕세자가 이런 성품들을 가지고 있어야 남을 섬기고 인정받을 수 있으며, 이는 왕의 자격을 높여주고 백성들이 좋아하게 만든다. 차세대 세자는 이러한 미덕을 가지고 나라를 세우는 본보기가 되어야 한다.

중광문 重光門

자선당의 첫 번째 남쪽 문으로 '빛나는 덕을 거듭 밝힌다'라는 뜻이다.

『서경』 「고명」 편에 옛날에는 임금인 문왕이 빛나는 덕을 많이 베풀어 백성들에게 가르침을 전하고, 그 결과로 백성들이 열심히 배우고 허물을 범하지 않아서 큰 명성을 얻었다고 하였다. 중광문은 왕의 덕성과 빛이 중요하다는 의미를 갖고 있다. 왕의 덕성이 모든 백성에게 전해져야 하고, 그 빛나는 덕을 입은 백성들이 나라를 중심으로 살아가야 한다는 의미를 담고 있다.

경복궁 중건시 만들어졌으며, 『고종실록』 에는 자선당 안쪽 행랑 전각의 남쪽 문을 중광문이라고 언급되었지만, 현재의 위치와는 차이가 있다.

진화문 震化門

또 다른 자선당 출입문인 진화문(震化門)은 중광문과는 달리 1개의 출입문만 있다. 이 문의 이름은 진(震)과 화(化)라는 두 글자에서 온 것으로 '진'은 왕세자와 장자를 가리키며, '화'는 변화함을 의미한다. 이렇게 합쳐진 '진화(震化)'는 왕세자가 변화함을 뜻하는데, 사고의 발상을 의미한다.

세자는 새로운 문화에 적응하고 세상을 이해하기 위해 냉철하고 예리한 사고가 필요하다. 그래야만 고정관념을 깨고 새로운 아이디어를 받아들일 수 있으며, 더 나은 방향으로 나아갈 수 있다. 진화문은 1999년에 복원될 때 현재의 모습으로 완성되었다.

미성문 美成門

자선당 서쪽에 있는 문으로 삼비문(三備門)의 북쪽에 자리하고 있다. '미성(美成)'이란 '아름다움이 이루어진다'라는 뜻으로, 세자의 아름다운 덕을 갖추기 위해서는 오랜 시간과 노력이 필요하다는 의미를 담고 있다. 이 문의 이름은 세자의 아름다움과 덕으로서 만남이 이루어짐을 나타낸다. 아름다움은 착한 마음과 도덕적인 품성에서 비롯된 것이기 때문이다.

미성문이 언제 만들어졌는지는 알 수 없지만, 현재의 문은 1999년에 복원될 때 새롭게 세워졌다.

숭덕문 崇德門

근정전의 동쪽 담과 동궁의 서쪽 담 사이에 있으며. 이 문은 계조당(繼照堂) 터에서 자선당으로 가는 길에 처음 만나는 문이다. '숭덕(崇德)'이란 덕이 있는 사람을 높이는 의미로 이 문의 이름은 백성들에게 마음을 주며, 어진 임금이 될 수 있도록 과정에서 덕을 지닌 세자가 되기를 바라는 마음을 담고 있다. 1870년에 기록된 『일성록』에 숭덕문에 관한 기사가 나오는 것을 보면, 이 문은 경복궁을 중건하며 만들어진 것으로 추측된다.

길위문 吉爲門

자선당의 진화문과 중광문 사이에 위치한 동쪽 행각의 문이다. '길위(吉爲)'는 '선하고 복된 행동을 하다'는 뜻으로, 또한 '길(吉)'은 '선(善)'이나 '복(福)'을 의미하는 용어로도 사용된다. 이로 인해 '길위'는 좋은 징조나 조짐이 앞서 나타남을 바라는 의미를 갖고 있다.

비현각 丕顯閣

세자가 강학을 공부하던 장소로 자선당 옆에 자리하고 있다. 이 건물은 해가 뜨는 동쪽인 춘궁 쪽에 위치하여 새로운 태양으로 상징한다. 이름인 '비현'은 '비(丕)'는 '크다'라는 뜻이며, '현(顯)'은 '밝다', '드러나다'라는 뜻을 가지고 있어 이 건물은 세자의 덕이 크게 밝혀지고 두드러지는 곳을 의미한다.

비현각 세자시강원 강학 교육처이다.

이 건물은 임진왜란 이전에는 왕이 경연과 밤에 하는 야간 행사인 야대를 하는 장소였지만, 고종 시기 중건되면서 동궁의 영역에 속하는 전각으로 새롭게 지어졌다. [증보문헌 비고]라는 문헌에 따르면 비현각은 동궁의 편당¹(便堂)이라고 언급되어 있다.

시강원은 세자가 강학을 통해 지식을 익히고 자신의 위치를 구축하는 공간이다. 비현각은 세자가 일상 업무를 처리하는 장소로, 세종이 세자로서의 역할을 수행했던 문종의 업무를 수행하기 위해 만들어졌다. 이 건물은 자선당과는 다른 구조를 가지고 있으며, 앞면이 6칸으로 독립된 건물로 가운데 3칸은 대청마루이고, 동쪽 1칸과 서쪽 2칸은 온돌방으로 사용되었다. 자선당은 양성바름으로 되어 있고 비현각은 기와로 되어있으며 또 다른 차이점은 추녀마루가 없다는 점이다.

---

1 편당 : 세자가 집무하던 외전

비현각도 자선당과 같이 여러 행각들로 둘러싸여 있으며, 앞쪽에는 왕세자의 교육을 담당하는 세자시강원과 경호를 맡은 계방이 위치해 있다. 세자는 이른 아침부터 저녁까지 정해진 일정에 따라 특별한 교육을 받아야 했으며, 국왕과 다른 사람들로부터 왕위에 합당한 지에 대한 평가를 받아야 했다. 이로 인해 세자는 상당히 어려운 시기를 보냈을 것으로 생각된다.

비현각 현판

이모문 貽謨門

비현각의 남문이며 '이(貽)'는 '깨치다', '모(謨)'는 '임금의 교훈'이라는 뜻으로, '이모(貽謨)'는 선대 국왕이 자손에게 내리는 교훈을 의미한다. '모'는 원래 '모사', '계책'을 뜻하는데, 특히 '국가 경영을 위한 훌륭한 계책이나 말씀'이라는 뜻으로 자주 사용된다.

구현문 求賢門

비현각의 동쪽 문으로, '구현(求賢)'이란 현자를 용(用) 들여 쓰이기를 바라는 마음을 담고 있다. '어진이를 구한다'는 의미로 현인을 찾아서 임금의 덕을 기르고 정사를 시행하는 데 도움을 받는다는 뜻을 내포하고 있다. 양녕군에 이어 세종시기에 권역을 확충하는 건물이 들어서 문종이 세자 시절 동궁 일곽이 자리 잡았으며, 현재의 문은 1999년 복원될 때 만들어진 것이다.

세자 책봉 世子 冊封

조선시대 왕위를 계승하는 원칙은 두 가지가 있었다. 첫째는 중전(正妃)의 몸에서 태어난 첫째 아들이 왕위를 계승해야 하는 것이고, 두 번째 원칙은 왕이 될 사람은 덕이 있어야 한다는 원칙이었다. 이러한 조건을 만족시키는 왕손만이 세자(世子)로 책봉되어, 후계자로서의 준비를 해야 했다.

조선과 대한제국의 국왕과 황제 중에서 위의 원칙에 따라 세자 책봉을 받고 왕위에 오른 임금은 문종, 단종, 연산군, 인종, 현종, 숙종, 순종으로 총 7명이었다. 또한, 적장자는 아니지만 그 덕을 인정받거나 중전에게 아들이 없어 후궁의 아들이나 왕족으로서 왕위에 오른 임금은 19명이었다. 하지만 의경세자(덕종), 순회세자, 소현세자, 효명세자(문조)는 세자의 신분으로 세상을 떠났으며, 양녕대군, 연산군의 아들, 그리고 광해군의 아들은 폐세자가 되어 왕위에 오르지 못했다.

· 세자책봉례

세자를 책봉하며 임명서를 수여하는 의식을 '세자책봉례'라고 한다. 이 의식은 대궐의 정전에서 거행되었다. 세자책봉례의 의식은 다음과 같이 진행되었다.

1. 초고 일타를 치면 군사가 배치되고, 두타를 치면 문무백관이 위치로 나가며 세자는 면복을 갖추고 행사장에 들어선다.
2. 첫 번째 북이 울리면 의장을 갖추고 군사를 배치한다.
3. 두 번째 북이 울리면 문무백관과 종친들은 근정문 밖의 위(位)로 나가고, 왕세자가 면복을 갖추고 등장한다.
4. 세 번째 북이 울리면 지위에 따라 종친과 문무백관이 동서로 줄지어 서며, 종이 울리다가 그치면 악기 연주가 울려 퍼지는 가운데 왕이 가마를 타고 나선다.
5. 문무백관과 왕세자가 왕에게 차례로 국궁, 사배(四拜)를 행한다. 이는 왕의 덕을 인정하고 경의를 표하는 의식이다.
6. 세자 앞에서 왕은 전책관을 통해 죽책문(竹册文), 교명문(教命文), 세자인(世子印)을 전달한다. 죽책문은 대나무로 만든 세자의 임명장이며, 교명문은 세자에게 당부하는 훈계문이며, 세자인은 세자를 상징하는 도장이다.
7. 세자에게 책봉된 이후에는 중국 황제의 고명을 받았으며, 성균관에 행차하여 제자로서 공자에게 인사를 드렸다.

· 왕이 되기 위한 훈련

세자의 양육과 교육은 시간과 노력이 필요한 일이었다. 세자는 발걸음부터 팔자걸음으로 걷는 연습을 했다. 그리고 세자가 왕위에 오르면 궁궐의 동쪽에 거처를 갖추게 되었다. 이곳은 동궁이라고도 불리며, 봄의 아름다운 기운을 닮아 춘궁이라고도 불렸다.

일상이 시작될 때, 세자는 아침에 의관을 바르게 정돈하고 왕과 왕실 어른들에게 문안 인사를 드리는 것으로 공식적인 일과를 시작한다. 그 뒤에는 세자시강원에서 사, 부의 강의를 받으며 유교 공부에 전념한다. 또한 말 타기, 활쏘기, 붓글씨 등 육예를 연마하는 시간도 갖는다. 하루를 마무리하기 전에는 다시 왕실 어른들에게 인사를 드림으로써 세자의 하루가 마무리된다.

세자책봉 이후에는 세자익위사(世子翊衛士)의 호위를 받으며, 조선의 내로라하는 실력자들로 구성된 세자시강원의 관료들로부터 왕으로서 요구되는 식견과 능력을 기르는 서연의 교육을 받기 시작한다

· 대리청정

세자는 원칙적으로 정치에 직접적으로 관여하지 않고 후계자로서 자질을 기르는 것을 본분으로 삼아야 한다. 그러나 역사적으로는 부왕 대신 국사를 처리하는 대리청정을 수행하기도 했다.

예를 들어, 조선 세종의 아들인 문종, 영조의 아들인 사도세자(장조), 그리고 순조의 아들인 효명세자(문조) 역시 이러한 대리청정을 맡아 국사를 처리한 사례가 있다.

이러한 경우 세자는 아버지인 국왕에게서 정치적인 지혜와 지도력을 배울 수 있으며, 나아가 후대의 국가지도자로서 준비하는 과정에서 중요한 경험을 쌓을 수 있었다. 이는 후계자로서 적합성을 판단하기 위한 평가도 되었다. 세자의 이러한 역할은 국가 안정과 통치 체계의 연속성을 보장하는 데에도 큰 역할을 하였다.

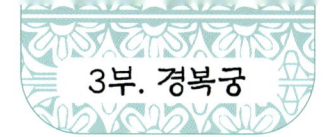

17. 흥복전 興福殿

흥복전은 경복궁 내에 위치한 빈궁(嬪宮)으로, 왕의 후궁들이 살던 공간이다. 이름인 '흥복(興福)'은 '일으킬 흥(興)과 복(福)'을 의미하여 왕실의 광영이 깃들어짐을 상징한다. 흥복전은 여성 내명부에 적정한 소임을 주고 독립된 건물 채에 후궁들을 배치하는 역할을 하였으며, 외국 사신을 만나는 편전으로도 사용되었다.

흥복전은 교태전 북쪽의 자경전을 비롯한 후침영역 중에서도 공간의 독립성이 높게 드러나는 전각이다. 또한 서쪽 방향으로 진입하는데, 이는 영추문 안쪽의 궐내각사 진입 동선과 긴밀하게 연결되어 있다. 이와 같은 흥복전의 위치와 진입 동선은 흥복전이 대비만을 위한 전각이라고 단정 짓기는 어렵게 만들기도 하지만 경복궁 중건 당시 생존해 계시던 삼전(三殿)을 위한 전(殿)호를 가진 전각은 자경전과 흥복전, 만경전뿐인 것과 신정왕후 조대비가 1890년 4월 17일에 83세에 승하한 곳이기도 하기 때문에 흥복전이 대비전의 하나로 추정된다. 그러나 역사적으로 흥복전은 후궁들의 빈궁으로 사용되는 공간이었다. 1917년 화재로 소실된 창덕궁 중건 때, 흥복전은 철거되었다. 조선총독부는 조선의 기원을 끊어 국운이 쇠하여 후계자가 아이를 못 낳게 하기 위해 그 자리에 연못과 일본식 정원을 조성하는 방안을 채택한 것으로 알려져 있다.

임진왜란 이전에는 아미산 북쪽에 소규모의 정자 정도만 있었고 큰 전각은 없었다. 흥복전(興福殿)은 고종 중건 시에 새로 생긴 전각이다. 흥복전 남쪽에는 아미산이 있어서 문이나 행각을 둘 수 없었고, 주 출입문인 수인문(壽仁門)은 흥복전의 서쪽에 위치해 경회루 동쪽을 지나서 출입할 수 있다. 또한 아미산 동쪽과 침채고[1](沈菜庫) 사이에 함원전 쪽에서 갈 수 있는 협문이 있지만, 이는 왕이나 대비가 정상적으로 드나드는 문로라고 보기 어렵다.

흥복전 동쪽도 자경전과 만경전 일곽과는 지형의 높이 차이로 인해 석축이 있으며 담장과 협문이 있어서 동쪽 자경전 일곽으로 통하는 문로도 접근이 어려운 상태이다. 이와 같은 지형적인 제약으로 인해 흥복전은 전체적으로 출입이 제한적인 구조로 설계되었다.

---

1 침채고(沈菜庫) : 딤채고라고도 불리는 김치 저장소로 경회루 동북 끝 쪽에 우물가 옆 함원전 뒤편이며 아미산 동쪽과 만시문 동쪽에 위치한다. 침채는 약 3,000년 전부터 절인 배추와 무를 소금에 염장을 한 것으로 세월을 거쳐 그 이름이 침채 - 딤채 - 짐치 - 김치로 자리 잡아 조선에 전해져 내려왔다.

함화당(咸和堂) 과 집경당(緝敬堂)

함화당(咸和堂)과 집경당(緝敬堂)은 흥복전 북쪽과 향원지 남쪽에 위치하고 있다. '함화(咸和)'는 '모두가 화합하다'는 의미로, 이 이름처럼 구조도 내부에서 함화당 동쪽에 위치한 집경당과 서로 왕래할 수 있도록 복도 삼간으로 이어져 있다. 함화당은 건립 이후 강학처나 도서관으로 사용되었으며, 이곳에서 신하들과 정사가 논의되기도 했다. 1892년부터 외국 사신들을 접대하는 장소로도 사용되었으며, 갑오개혁 이후인 1894년 6월부터는 이곳에서 외국 공사들과 집중적으로 만나기도 했다.

함화당 전경 효정성왕후 명헌왕후 거처로 이용되다.

이 전각의 또 다른 용도는 침전으로서, 당시 건청궁에 주로 거처했던 고종과 중전이 이곳과 건청궁을 번갈아 가며 머물게 되었다. 고종이 지은 명성황후 지문에 따르면 갑오개혁 직전인 일본 공사 오토리 게이스케가 지휘하는 일본 군사가 경복궁에 난입하여 경복궁을 점령할 때, 고종과 왕후는 함화당에 머물고 있었다. 이곳은 또한 고종의 배려로 헌종의 두 번째 계비인 홍 씨 효정왕후가 들어와 살던 것처럼 후궁의 침소 거처로도 사용되기도 했다.

함화당과 집경당은 경복궁에서 늦게 조성된 영역으로, 이전에는 해당 위치에 서쪽의 건물부터 춘희당(春熙堂), 보광당(寶廣堂), 영훈당(永薰堂)으로 日자형의 똑같은 건물이 나란히 3동이 있었다. 이 중에서 가장 동쪽에 있는 영훈당은 그대로 두고, 춘희당과 보광당을 허물고 그 자리에 함화당과 집경당을 새롭게 지어서 조성하였다. 1888년 고종 25년에 발생한 화재로 인해 소실된 내전 일곽을 재건하는 공사를 시작하여, 이 공사가 마무리되고 난 후에 1890년 고종 27년에 건립하였다.

함화당과 집경당은 3칸의 복도로 연결되어 있으며, 두 건물은 동·서·남쪽에 행각을 두고 있다. 함화당은 내·외행각을 갖추고 있었다. 예전에는 복도 남쪽에 샛담이 있고, 계명문이라는 일문(日門)과 영춘문이라는 월문(月門), 그리고 영지문, 창무문 등 여러 일각 대문들이 있었으나 현재는 모두 없어졌고, 현재 복원이 진행 중이다.

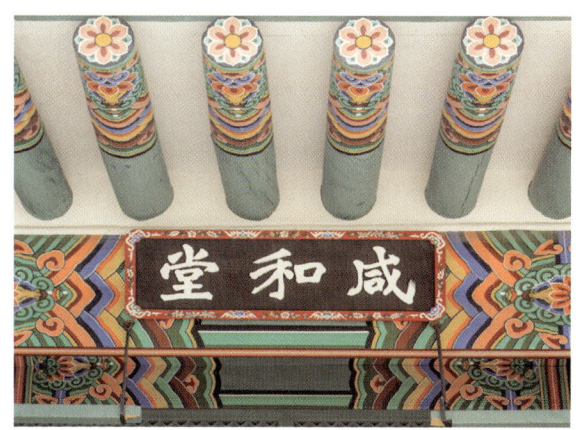

함화당의 현판 오방색 단청 불교적 용어로서 생성과 소멸을 뜻해 봄엔 소생하고 가을엔 시들어 단풍 되어 낙엽진다.

외부로부터 이곳에 진입하는 동선은 경회루의 동쪽 편을 따라 만시문(萬始門)과 진거문(辰居門)을 지나 함화당 서쪽의 옹화문(擁和門)을 통해 함화당의 서행각으로 출입하도록 되어 있다. 두 건물의 마당은 담장으로 구분되었으며, 담장에는 홍예소문을 설치하였다. 함화당의 건립 시기와 용도는 당시 병조판서였던 김영수(金永壽)가 1890년 고종 27년 10월에 쓴 상량문을 통해 알 수 있다. 최근 함화당을 해체하여 수리할 때 나온 상량문이 해당 내용과 일치한다고 한다.

함화당의 주련

함화당의 기둥에 붙어 있는데 궁궐의 모습을 도성 안 구름 속에 우뚝 솟아 있는 시 귀를 묘사하였다. 당나라 시인 왕유(王維)의 『봉화성제 종봉래향흥경각도중 유춘우중 춘망지작 응제(奉和聖製 從蓬萊向興慶閣道中 留春雨中 春望之作 應制 임금께서 지으신 「봉래궁에서 흥경궁을 가는 행각에서 봄비에 취해」 작품에 화답하여 짓다)』에서 따온 구절인데 짝이 되는 뒤의 구절은 현재 분실되었다.

1. 可釣可耕盤谷序 (가조가경반곡서): 이원이 낙향하여 계곡에서 낚시질할 만하고 밭갈이할 만하니 반곡서이고 (반곡: 계곡에 평평하고 넓다란 바위를) 당나라 한유가 은둔자 이원을 보내는 (송)送 모습을 노래한 것.

　　堪詩堪畵輞川圖 (감시감화망천도): 시 지을 만하고 그림 그릴만 하니 망천도이다.

2. 雲裏帝城雙鳳闕 운리제성쌍봉궐): 구름 속에 황제 궁에는 한 쌍의 봉궐이 가물거린다.

雨中春樹萬人家 우중춘수만인가): 봄비 속에 숲 속엔 많은 민가들 (왕유의 시귀 당대시인 699-759년)

3. 能招過客飮文字 능초과객음문자): 손님에 능사로 빈객들을 불러 시를 지어 음미한다.

山水又足供歡해 대구로서 산과 물에 기쁨이 절로 공급됨이 인자요산 지자요수에 심오함이다.

4. 閒眠東閣修花史 한면동각수화사): 한가로이 동각에서 졸기도 하고 화사를 수정하기도 하다.

5. 偶坐南池注水經 우좌남지주수경): 우연히 남지에 앉아 물에 주석 문구 경을 새긴다.

6. 平生所學爲何事 평생소학위하사): 평생에 공부 어디에 무엇에 쓰랴하는가?

7. 後世有人知此心 후세유인지차심): 후대에 누가 이 마음을 알아줄 사람 있으랴?

8. 妙書鴻戱秋江水 묘서홍희추강수): 오묘한 서체는 가을 강물에 기러기 그림을 그려놓고
　　　　　　　　　　보는듯한 인상을 준다.

9. 好句風行曉苑花 호구풍행효원화): 좋은 시 귀는 새롭게 태어나는 꽃 동리 새벽 바람길 같도다.

10. 瓦當文延年益壽 와당문연년익수): 장수라 기와 문양에 연년익수라 목숨수자라 쓰여 있고,

11. 銅盤銘富貴吉祥 동반명부귀길상): 동 쟁반에 부귀길상이라 쓰였다.

12. 誰隣畵 筆才名重 수린화명재필재): 그림을 그린 것과 글씨를 붓으로 쓰고 필작함은 누가
　　　　　　　　　　가상타 이야기 하겠나? 어여쁜 모습이다.

13. 巖前倚杖看雲起 암전의장간운기): 벽암에 단장 짚고 구름 떠도는 모습을 보면 신기가 서려있다.

14. 轉覺林泉興味長 전각임천흥미장): 숲 속 맑은 옹달샘 시원토록 오래 기억나게 흥미를 끌게 하다.

直應携去林泉好 직응휴거임천호): 직접 산속에 들어가면 숲 속의 향기를 느끼고 맑은 샘물도 마주하며 그 아름다움에 빠져든다.

15. 渭北先殷尊酒懷 위북선은준주회): 위수 북에 은나라 술잔에 회포를 그리워한다.

16. 養竹不除當路筍 양죽부제당로순): 대나무 기르길 좋아해 길가에 죽순도 베지 않아 대나무 살리고

17. 愛松留得愛門枝 애송유득애문지): 소나무를 유독 아껴 문에 뻗친 가지를 그대로 보존하였다.

18. 樂意相關禽對語 낙의상관금대어): 지저귀는 새들과 대화를 한다. 낙이 여기서 도래했다.

　　生香不斷樹交花 생향불단수교화): 생생한 향기 끊이지 않으니 나무 가지에 꽃들이 흐드러졌다.

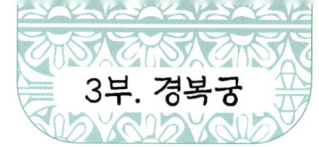

3부. 경복궁

하지 荷池

    함화당(咸和堂)의 뒤뜰에 위치한 '하지(荷池)'는 '연꽃이 있는 못'이라는 의미를 가진 장방형의 작은 돌 연못이다. 이 연못은 벽사(辟邪)에 귀신이 들어오는 것을 막기 위한 방술적인 차원에서 만들어진 것으로 알려져 있다. 또한, 함화당 뒤편에는 더 크고 규모가 큰 향원정(香遠亭)이 있는데, 예전에는 함화당이 담으로 둘러싸여 있어 향원정과 격리되어 있었기 때문에, 이런 이유로 인공 연못인 '하지'가 만들어진 것으로 추측되고 있다.

18. 향원정 香遠亭

경복궁 북쪽에는 건청궁이 있고 그 앞에는 향원지라는 아름다운 연못이 있다. 이 연못 가운데에는 작은 섬 위에 정자가 있는데 그 정자가 바로 향원정이다. 남쪽에는 함화당과 집경당이 있다. 경복궁 후원의 아름다운 풍경 속에 어우러진 대표건물로 향원정의 위치는 광화문까지 정확히 일직선 축에 놓여있어 육각형 주역의 물의 수 자 6이며 불조심. 화마를 이기게 한 비법이 내재되어 있고 조선의 측량의 진보가 명 기술이었음을 보여주는 예이기도 하다.

    향원정의 현판은 고종의 호의로 지어졌으며, 향원(香遠)은 중국 북송시대 유학자 주돈이 쓴 애련설에서 유래되었다. 그 구절은 '연꽃 향기는 멀리 갈수록 향기가 청아하다'라는 뜻을 갖고 있다. 또한 향원정은 경복궁 내에서 경회루와는 달리 왕실 가족들의 휴식처로 사용되었던 사적인 공간이며, 자연 속에 조성된 원림(苑林)으로 알려져 있다. 향원지의 북쪽에는 녹산지역의 담장에 인유문이라는 작은 문이 있으며, 남쪽에는 봉집문이 있었다. 이 두 문으로 인해 연못은 더욱 아늑한 분위기를 띠게 되었다. 또한 1970년부터 1990년까지 향원정은 미스코리아 선발대회의 장소로 사용되기도 했다.

향원정 전경

정옥임 作, 향원정 1873년 향원정으로 가는 다리인 취향교는 북단에 놓여 있었다. 하지만 1953년 남쪽으로 다리를 놓아서 2017년 5월 공사를 시작으로 현재는 원상복구 되었다.

　　1456년 세조 2년에는 경복궁 내에 향원지가 있었고, 이곳에는 취로정(翠露亭), 서현정(序賢亭), 충순당(忠順堂), 관저전(關雎殿)이라는 정자들이 있었으며, 연꽃이 심어져 있었다고 세조실록에 기록되어 있다. 향원지는 약 4,605평의 넓은 공간에 위치해 있으며, 둥글게 조성된 방형의 연못에 연꽃과 수초가 자라고, 물고기들이 살고 있었다. 이 연못의 수원은 북쪽 언덕 밑에서 솟아나는 '열상진원(洌上眞源)'이라고 불리는 샘물이었으며, 이는 한강의 근원이라는 뜻이다.

　　향원정에 들어가는 다리인 '취향교'는 원래 목교로서 조선시대에 향원지에 설치된 목교 중 가장 긴 다리였다. 이 다리의 길이는 32m이고 폭은 165cm이다. 1873년에 건청궁에서 향원정으로 들어가도록 이 다리를 향원정 북쪽에 설치하게 되었다. 하지만 6·25 전쟁 당시에 파괴되었고, 1953년에 남쪽으로 잘못 복원하여 현재는 다시 북쪽으로 복원시켰다.

향원정의 겨울

열상진원천

열상진원천 洌上眞源泉

이곳에서 솟구쳐 오르는 물줄기는 '열상'이라고 불린다. 이 열상은 서출동류 명당수의 특성을 갖추고 있다. 향원지로 흘러드는 샘물의 우물 뚜껑 측면에 새겨진 이 글은 고종시기 경복궁 중건 당시에 만들어진 것으로 추정된다. '한강의 근원'이라는 의미로 한강을 다른 말로 아리수, '열수(洌水)'라고도 불렸기 때문에 '열상(洌上)'은 한강의 북쪽을 의미하는 용어로 사용되었다. 이곳에서는 열상을 열수와 동일한 개념으로 사용된 것으로 보인다. 한강의 근원은 지리학적으로는 강원도 태백시에 있는 검룡소이지만, 이 왕궁에서 흘러나온 물이 한강으로 유입되므로 상징적으로 이곳은 진원(眞源)으로 표현되었다. 아리수 물과 백악산 두 물줄기가 중랑천, 살곶이 다리, 성수대교 아래에서 합류한다.

향원정은 고종 4년(1867)부터 고종 10년(1873) 사이에 지어진 것으로 추정된다. 이 건물은 고종이 아버지인 흥선대원군의 간섭에서 벗어나 정치적 자립을 추구하기 위해 건청궁을 지을 때 함께 건설된 것으로 알려져 있다. 건청궁 앞에 연못을 파내고 가운데 섬을 만들어 육각형의 2층 정자를 세웠다. 일층은 온돌방으로 사용되고, 이층은 마루방으로 되어 있다.

정자의 평면은 정육각형으로 아래·위층이 똑같은 크기로 조성되었으며, 낮은 기단 위에 장대석으로 마무리된 육각형 초석을 놓고, 그 위에 일층과 이층을 관통하는 육모기둥을 세웠다. 이 육각형 공간들은 섬세하고 아름답게 다듬어진 모든 구성 요소들이 완벽한 조화를 이루며, 비례감이 뛰어난 정자로 평가되고 있다. 공포는 이층 기둥 위에 짜여 지는데, 기둥 윗몸을 창방(昌枋)으로 결구하고 기둥 위에 주두(柱頭 : 대접받침)를 놓고 끝이 둥글게 초각(草刻)된 헛 첨차를 놓았다. 일층은 바닥 주위로 평난간을 두른 툇마루를 배치했으며, 이층 바닥 주위로는 계자난간을 두른 툇마루를 놓았다.

천장은 우물천장이며 사방의 모든 칸에는 완자살 창틀을 설치했다. 또한, 처마는 겹처마로 만들어져 육모지붕 형태를 이루며, 중심점에는 추녀마루들이 모이는 곳에 절병통을 올려 치장하였다.

향원정의 주련

1. 玉池龍躍舞 옥지용약무

 연못에 아름다움이 용이 비상하여 춤추듯 오르며

이 주련의 출전은 미상 한 짝이며, 대구가 되는 구절이 없어 분실된 것으로 보인다.

2. 千山華月逈 천산화월형

  무리에 산 빛나는 달이 멀리까지 비추고,

3. 萬里衆星明 만리중성명

  만리에는 뭇 별들이 밝게 빛나네.

먼 산 하늘 높이 달이 밝게 비춰 주고, 온 하늘에는 수많은 별들이 반짝이는 밤하늘을 수놓는다.

4. 崑閬雲霞積 곤랑운하적

  곤륜산 꼭대기에는 구름 노을빛에 쌓였고,

5. 蓬壺日月長 봉호일월장

  신선이 사는 봉래궁에는 세월이 길도다.

향원정이 있는 섬을 신선이 산다는 봉래산에 비유하여 선계처럼 세월이 가는 줄 모르는 곳이며 경치가 아름다움을 표현하였다.

장흥고

향원정에 동쪽 20m 지점에 위치한 장흥고는 창고 중에 하나로 왕과 신하가 사용하는 돗자리, 장판으로 사용하던 유둔(기름종이)을 보관하던 장소가 위치해 있다.

3부. 경복궁

19. 건청궁 乾淸宮

건청궁은 향원지 뒤쪽에 위치한 건물로서 장안당(長安堂), 곤녕합(坤寧閣), 복수당(福綏堂) 등의 여러 건물을 말한다. 이 궁은 관명문(觀明門), 필성문(弼成門), 청휘문(淸輝門) 등으로 둘러 싸여 독자적인 권역을 형성하고 있다. 궁궐 안에 새롭게 궁이라는 이름을 가진 공간을 만든 것은 매우 특이한데, 건물 배치에서도 국왕이 사용하는 건물과 왕비가 사용하는 건물로 나뉘어 있지만 결국은 한 울타리 안에 있는 것으로 볼 수 있다. 건청궁 이름에 '건(乾)'은 '하늘', '청(淸)'은 '맑다'라는 뜻으로 '하늘은 맑고 푸르다'라는 뜻을 의미한다. 이는 청천(淸天)과도 같은 의미를 지니고 있으며 청나라의 자금성 안에도 이와 같은 이름의 궁이 있었다. 현판은 제일 남쪽 행각에 낸 내문(內門) 위에 걸려 있다.

건천궁 현판

건청궁은 고종이 신하와 외국공사들을 만나던 장안당, 왕비의 거처였던 곤녕합, 고종의 어진과 서책을 보관했던 관문각, 그리고 건청궁(외)행각, 복수당 등의 다섯 영역으로 나누어진다. 장안당은 동행각만 있으며 곤녕합은 동·서·남·북쪽에 행각이 있고 복수당과 녹금당 등의 부속 건물이 있다.

정문은 남행각에 위치한 솟을대문으로, 문 이름이 따로 있지는 않으며 '건청궁'이라고만 적혀 있다. 대문을 지나면 좌측에는 장안당의 대문인 초양문(初陽門)이 있다. 건청궁은 1907년에서 1909년 사이에 헐린 것으로 추정되며, 이후 1939년에는 건청궁 자리에 총독부 미술관을 건립하였고, 해방 이후에는 민속박물관으로 사용되었다. 1998년에 미술관을 허물고 건청궁을 복원하였으며, 곤령합은 2007년 10월 27일에 개방했다.

상의원 곤녕합 옥호루 동쪽에 위치한 명성황후의 의상 드레스룸, 사진 오른쪽 나무아래 건물

건청궁은 경복궁 궁성 내의 북쪽 영역을 개발하여 후원과 같은 공간으로 만들어 나가기 위해 건설되었다. 창건 당시 건청궁에는 창덕궁의 낙선재나 연경당과 같은 거주용 전각과 서재 기능을 가진 전각이 포함되어 있었을 것으로 보인다. 건청궁의 조성은 고종대의 경복궁 중건계획에는 포함되어 있지 않았고, 공사도 영건도감에서 주관하지 않았으며, 내탕고를 들여 별도로 진행되었기 때문에 건축이 거의 끝나갈 무렵까지 신하들도 그 존재를 알지 못했다고 한다. 건청궁의 건립이 알려진 것은 영건도감이 해체된 다음인 1873년 고종 10년 5월 10일이었다.

창덕궁에 갑신정변이 일어나 그 이듬해에 경복궁으로 이어 하였는데, 내전 일곽에 교태전, 강녕전, 자경전 등의 전각은 1876년의 화재 이후 재건되지 않아서 궐내에 거처할 수 있는 곳은 흥복전 북쪽에 있는 전각들 뿐이었다. 건천궁은 왕의 생활을 보좌할 만한 행각이 충분히 있었고, 내·외의 건물이 명확하게 구분되어 있어 왕과 왕비가 거처하기에 적당한 장소로 여겨졌다. 이후 1885년 고종 22년부터 건청궁은 왕의 주요 거처가 되었다.

그러나 1895년 고종 32년 8월 20일 경복궁에 일본 자객들이 난입하면서 건청궁에서 곤녕합에 있던 명성황후가 무참히 살해당하는 을미사변이 발생하였고 건청궁 동쪽의 녹산(鹿山)에서 불태워진 시신은 향원정에 유기되었다. 이 사건을 계기로 고종은 경복궁에 유폐되다시피 하였으며 결국 러시아 공사관으로 피신하는 아관파천을 단행하게 되었다.

전기발상지 (원조 건천궁)

여느 때와 다름없는 경복궁의 어둠 속에서 건천궁의 작은 불빛 하나로 촛불과 비교할 수 없는 빛이 주위를 밝혔다. 건청궁은 불빛의 원조가 된 곳으로, 이 사건은 조선 시대에서 최초로 전기 불빛을 사용한 사례였으며, 1887년 3월 6일 저녁에 발생한 일이다. 건청궁에서의 전기 불빛은 에디슨이 백열전등을 발명한 지 단지 8년 뒤에 일어난 것으로, 획기적인 사건이었다. 발전설비는 향원정 연못가에 설치되었는데, 당시 동양에서 가장 성능이 뛰어났다. 촛불 16개와 16촉광 백열등 750개를 동시에 켤 수 있는 규모였다. 발전기의 조립과 설치, 전등 가설은 미국 에디슨 전기회사의 전기기사인 윌리엄 멕케이(William Mckay)가 수행했다. 향원정 연못의 물과 석탄 연료를 사용하여 작동되었으며, 기계 동작 소리는 마치 천둥이 치는 듯한 대단한 규모였다. 하지만 초기에는 발전기 성능이 완전하지 않아 연못의 수온이 높아져서 물고기들이 죽는 사고가 발생하기도 했다. 이로 인해 전등을 물고기를 끓인다는 뜻인 '증어(蒸魚)'라는 표현을 사용하기도 하였고, 전등의 불이 자주 꺼지고 비용이 많이 들어가는 게 꼭 건달 같다 하여 우스갯소리로 '건달불(乾達火)'이라 불리기도 했다.

당시 전기는 문명의 총아라 해도 과언이 아니어서, 전등 가설에는 큰돈이 들었다. 궁정에 제일 먼저 불빛이 켜진 것도 그런 이유라고 할 수 있다. 창덕궁의 인정전보다 건청궁에 먼저 전기가 밝혀진 이유가 고종이 사비를 들였다는 가설도 있다.

곤녕합 坤寧閤

장안당의 서쪽에 위치한 전각으로, 왕비가 거처하던 장소다. 이곳은 왕비의 덕성을 드러내기 위해 '곤녕(坤寧)'이라는 이름이 붙였다. 궁궐 내에서 임금은 하늘(건, 乾)을 상징하고, 왕비는 땅(곤, 坤)을 상징한다. 왕의 밝은 정치가 하늘에 상달 되어 하늘은 밝고, 왕비의 덕성으로 땅이이 평안하다는 깊은 의미를 지니고 있다. 하지만 비극적인 사건이 벌어진 장소가 되었다. 명과 청나라의 궁궐에도 왕비가 거처하는 장소인 곤녕궁이 있었기 때문에 건청궁의 곤녕합도 이를 참고하여 지어진 것으로 추측된다.

장안당(長安堂)과 마찬가지로 건청궁과 곤녕합의 어필현판은 고종 친필의 글씨를 모사하여 새긴 것으로 알려져 있다. 규장각이 소장하고 있는 [어필현판첩(御筆懸板帖)]에 고종 친필의 곤녕합 탁본이 수록되어 있어 원형을 확인할 수 있

곤녕합의 현판

다. 이 현판은 1885년경에 만들어진 것으로 추정되며, 현재의 현판은 이것을 모사하여 만든 것으로 보인다. 현판에는 임금의 글씨를 뜻하는 어필(御筆)이 전서(篆書)로 새겨져 있고, 좌측 하단에는 '주연지보(珠淵之寶)', '만기지가(晚機之暇)'라는 낙관이 새겨져 있다.

곤녕합의 주련

곤녕합과 부속 건물인 옥호루, 정시합 기둥에는 주련이 붙어 있는데, 이를 통해 현실과 이상의 괴리를 느낄 수 있다.

1. 陌上堯樽傾北斗 [맥상요준경북두] 밭두렁 위 술잔은 북두로 향한 요임금 인심에 盞(잔)인가.
2. 樓前舜樂動南薰 [루전순락동남훈] 루 앞에 다가 선 순임금, 남녁에서 불어온 훈풍으로 즐거워하다.
3. 天門日射黃金榜 [천문일사황금방] 하늘 문에 비친 햇살은 황금빛을 발한다.
4. 春殿晴曛赤羽旗 [춘전청훈적우기] 대궐에 청아한 바람 깃발은 펄럭이고 봄 햇볕에 기운일세
5. 雙闕瑞煙籠菡萏 [쌍궐서연농한담] 양 궐에 서기 어린 연기 안개 기운은 연꽃 봉우리에 이슬 맺히듯 구슬방울로 영롱하도다.
6. 九城初日照蓬萊 [구성초일조봉래] 구성에 처음 떠오르는 햇빛 봉래산을(삼신산의 하나) 훤히 비추네.

7. 壁蕭雙引鸞聲細 [벽소쌍인란성세] 벽담에 퉁소 소리 두 곳 솟구치듯 이끌려 가녀린 앵무새 소리를 듣게 하노라

8. 綵扇平分雉尾齊 [채선평분치미제] 비단결 같은 바람을 가르니 꿩의 꼬리에 이는 부채 바람이 치미다

정시합 正始閤

곤녕합의 동북쪽에 위치한 건물로, 왕비가 머무는 침방(寢房)이다. 이곳은 부부가 함께 머물며 생활하는 장소로, 정시(正始)란 '바르다', '곧다'의 뜻으로, '처음부터 바르게 한다'는 의미로 해석된다. 부부가 처음부터 바르고 올바른 관계를 유지하며 가정을 이루어가기를 바라는 뜻이 담겨져 있다.

사시향루 四時香樓

곤녕합 남루(南樓)의 동쪽에 위치한 건물로, 장안당의 추수부용루(秋水芙蓉樓)와 비교할 수 있다. '사시향(四時香)'은 '네 계절 끊어지지 않고 꽃 향기가 풍긴다'는 뜻이며 여성적 감성을 느끼게 하는 표현이다. 봄, 여름, 가을, 겨울 사시사철 향기가 난다는 의미를 담고 있다.

함광문 含光門

곤녕합으로 들어가는 남쪽 문이다. '함광(含光)'은 '함만물이화광(含萬物而化光)'에서 온 말로, '만물을 포용하여 공화(功化)가 빛나다'는 뜻을 지니고 있다. 만물을 포용하는 너그러움의 의미를 담고 있다.

복수당 福綏堂

곤녕합 뒤에 위치하며, 곤녕합과 마당이 연결되어 있다. '복수(福綏)'에 '복(福)'은 '복록(福祿)', '수(綏)'는 '편안하다'라는 뜻으로, '복록을 받아 편안하다' 다시 말해, 부귀길상하고 복덕을 누리며 평안하다는 의미를 담고 있다. 한편 '綏'를 '유'로 읽는 의견도 있지만, 일반적으로 복수당의 '수'로 읽는 것이 일반적이다.

청휘문 淸輝門

곤녕합 동쪽 행각에 있는 문이다. '청휘(淸輝)'는 '맑은 빛'이라는 의미로 주로 해와 달의 밝은 빛을 뜻하는 표현이다. 특히 밝은 달빛을 가리킬 때 자주 사용되며, 성종 때 사슴을 풀어 놓아 뛰놀던 곳으로도 알려져 있다. 명성황후가 이 문을 통해 녹산으로 옮겨져 불태워지기도 하였다.

청휘문의 현판

녹금당 綠琴堂

복수당 서행각에 위치한 건물이다. '녹금(綠琴)'이라는 이름은 '녹색의 거문고' 또는 '청아한 거문고'라는 의미로, 이는 푸른 숲이 내는 아름다운 소리를 거문고 소리에 비유한 것이다. 가락이 있고 흥이 있는 문화를 가진 우리 백성들은 누구나 예를 알고 있다.

인유문 麟遊門

건청궁 동쪽에 있는 동산으로 들어가는 문이다. '인유(麟遊)'란 '기린이 노닐다'는 의미로 여기서 '기린이 노닐다'는 것은 상서로운 조짐이 드러남을 뜻한다. 일본 낭인 패거리가 이 문을 열어 제치고 난입하여 뜰 안 곤령합에서 궁내부 대신 이경직을 살해한 사건이 있었다.

무령문 武寧門

건청궁 동쪽에 위치한 동산으로 들어가는 북쪽 문이다. '무령(武寧)'의 '무(武)'는 '굳셈'을, '녕(寧)'은 '평안함'을 뜻하며, 이를 합쳐서 '굳세고 나라가 화평하다'는 의미를 가지고 있다. 북쪽 방향으로 난 문이므로 북쪽에 있는 다른 문들과 마찬가지로 '무'라는 용어를 사용한 것으로 보인다. 무령문은 광무문 앞에 위치하며, 이름에서도 알 수 있듯이 굳건한 안녕과 굳세고 평안한 나라를 상징한다.

무청문 武淸門

계무문 앞에 위치한 문으로, 향원정에서 북쪽으로 올라가 건청궁의 왼쪽 담을 돌아가면 나온다. '무청(武淸)'은 '굳건하고 맑다'는 의미로 북쪽에 위치한 문이기에 '무(武)'자를 넣어 이름을 지었다. 무청이라는 이름은 강성한 무신을 뜻하기도 한다.

옥호루 玉壺樓

곤녕합에 부속된 건물로서, 장안당의 추수부용루와 함께 가을 물빛에 어리는 연꽃, 장안당 누각의 이름이다. '옥호(玉壺)'는 '옥으로 만든 호리병'이라는 의미를 지니고 있으며, '옥호빙(玉壺氷)'의 준말로 '옥병 안의 얼음'이라는 뜻을 갖기도 한다. 이는 '깨끗한 마음'을 비유적으로 표현하는 말로 사용된다. 호리병은 예로부터 악귀 귀신을 가둬두는 역할을 하여 사찰에서 정병으로 사용되기도 하였고 다산의 상징물로 만들어져 조화를 부리기도 했다. 또한, 현판에는 근정전, 강령전, 교태전과 같이 칠보 그림이 그려

져 있다. 옥호루는 명성황후가 일본 낭인들에게 비참하게 살해된 장소로 알려져 있다. 일제 강점기 1909년 경복궁 안의 수많은 건물과 함께 파괴되었다가 이후 2006년 건청궁 일대를 복원하면서 함께 복원되었다.

옥호루의 현판

명성황후 살해사건

　1895년 10월 8일, 경복궁 내의 옥호루에서 일어난 사건으로 명성황후 민자영이 일본인 자객과 2명의 훈련대에 의해 살해당한 비극적인 역사적 사건이다. 이들의 작전명은 '늙은 여우사냥'으로 불렸다. 일본보다 러시아와 더 가까운 관계를 형성하려 했던 명성황후의 행동은 일본의 반감과 적대심을 자아냈다. 이 사건은 이경직이 뜰 앞에서 첫 희생을 당하면서 시작되었다. 궁녀들도 옥호루에서 살해되면서 명성황후는 위기의식을 느끼게 되었고 옥호루 내에서 피신하려고 시도했지만, 마치, 미야모토, 데라쟈키 등 일본인 자객들에게 습격당해 결국 칼에 맞아 44세로 생을 마감했다.

　데라쟈키가 사용한 히젠도 칼(1m 27cm)은 현재 일본으로 반출되어 후쿠오카 쿠시다 신사에 보관되어 있으며, 칼집에는 '일순전광자노호(一瞬電光刺老狐)'라는 글씨가 새겨져 있다. 이는 '조선 국모를 일순간 전광석화처럼 해치웠다'라는 내용을 의미한다.

　이들은 명성황후를 살해한 뒤 시신을 홋이불로 덮은 후 청휘문을 나와 건청궁 동편 나무 뒤 녹산(구의산)으로 가서 시신을 장작 위에 얹고 기름을 끼얹어 불을 지른 후, 유골을 향원정 북단에 뿌리기도 했다. 장례를 치르지 못한 상태에서 고종은 2년 동안 가슴앓이를 했다고 한다. 결국, 명성황후 장례식은 1897년 11월 22일에 청량리 홍릉에 유품, 가품을 가지고 국상을 치뤘으며, 이후 수목원 내 묘를 써두다가 1919년 3월 1일에 금곡 홍유릉으로 이전되었다.

＊명성황후 자녀 내력
첫째아들 : 1871년 윤 11월 4일 경인 탄생, 항문이 없이 태어나 4일 만인 11월 8일 사망.
둘째딸 : 1873년 윤 2월 13일 신시 탄생, 8개월 만인 9월 28일 사망. 공주라 칭함을 얻지 못했다.
셋째아들(순종) : 1874년 2월 8일 신시 관물헌에서 탄생, 고종 11년 1926년 4월 26일 53세 사망.
넷째아들 : 1875년 윤 4월 5일 해시 태어난 후 13일 만인 4월 18일 사망.
다섯째아들 : 1878년 윤 2월 18일 태어나 4개월 만에 사망.

장안당 長安堂

건청궁 일곽 서쪽에 위치한 궁궐 내의 중요한 건물로, 임금의 침전이었다. 이름인 '장안'은 '장(長)'이 '오랜 시간', '안(安)'이 '평안함'을 의미하여 '긴 세월 동안 평안하게 지내다'라는 뜻을 갖는다. 1896년 2월 11일, 고종이 엄상궁의 도움을 받아 러시아 아라사 공사관으로 가마를 타고 건청궁 - 건춘문 - 청계천 - 광통교 - 무교동 - 군기시 - 군섯골다리 - 덕수궁 - 러시아 공사관까지 이동해 아관파천에 성공하였다. 이후 황귀비가 된 엄상궁은 아들인 영친왕을 낳아 입지 역량을 잘 다졌고 1897년 2월 20일 덕수궁에 입궐했다. 임금이 소대(召對)를 행하거나 외직으로 나가는 신하들을 만나는 일이 이곳에서 이루어졌으며 1885년 경복궁에서 건청궁으로 이전하면서 고종은 이곳에서 신하들을 만났다는 기록을 보아 본격적으로 거처로 쓰고 정사를 보는 전각으로 사용하기 시작한 것을 알 수 있다.

장안당 현판 고종의 친필

장안당의 중앙에는 3칸의 대청이 있고, 좌우로는 온돌방이 있으며 서쪽에는 누마루가 2칸 돌출되어 있다. 누마루 뒤쪽으로는 4칸의 침방(寢房)이 있는데, 이 침방에는 정화당(正化堂)이라는 당호가 붙어있다. 동쪽으로는 복도가 3칸 있어서 곤녕합으로 연결되도록 설계되어 있다.

정화당 正化堂

장안당의 서북쪽에 위치한 침방(寢房)으로, 이름인 '정화(正化)'는 '바르게 됨', '올바른 교화'를 의미한다. 이름의 유래로는 한나라 시인인 종리의(鍾離意)가 남긴 시(詩)인 『답부기(答府記)』에서 찾을 수 있다. 해당 구절에서는 "올바른 교화의 근본은 가까운 곳에서 시작하며 먼 곳으로 미치는 것임을 밝혔다"고 한다. 이를 통해 올곧은 정신과 바른 교화를 의미한다는 것을 알 수 있다.

추수부용루 秋水芙蓉樓

장안당에 부속되어 있는 정자로, 곤녕합의 사시향루(四時香樓)와 비교할 수 있다. '추수부용'이란 '가을 물속의 연꽃'이라는 뜻을 지니며, 이는 고종의 침전이자 거처로서 그의 많은 시간과 마음이 담겨 있는 장소였다.

초양문 初陽門

장안당과 곤녕합 사이 담장에 위치한 장안당 동쪽에 있는 문으로, '초양(初陽)'은 '처음 나타나는 빛', '춘양' 또는 '이른 봄의 햇살'을 의미한다. 이처럼 초양문은 아침 해가 떠오르는 시기를 가리키며, 봄의 시작과 새로운 기운, 새로운 성세(盛世)를 뜻하기도 한다. 현판은 청나라 옹방강의 글씨로 쓰였다.

필성문 弼成門

장안당 앞편 담에 위치한 문으로, '필성(弼成)'이란 '돕는다' 또는 '자비를 베풀다'는 의미를 가지고 있으며 '성(成)'은 '이루다'라는 뜻으로, 이 두 글자를 합쳐서 '돕는다' 또는 '이루다'라는 뜻을 지니고 있다. 뒤쪽으로 관문각(觀門閣)과 통하던 관명문(觀明門)과 취규문(聚奎門)이 있다.

관명문 觀明門

장안당 뒤편 서쪽 담에 위치한 문이다. '관명(觀明)'이란 '밝은 빛을 관조해 바라본다'는 의미를 가지며 땅속으로 해가 지는 모습에서 명(明)이 괘의 교훈을 살린 것으로 추정된다. 필성문과 취규문의 중간에 위치하며, 관문각과도 통하던 문이다. 하지만 2006년 복원 당시 서양식의 건물인 관문각은 복원하지 않았다.

취규문 聚奎門

장안당의 뒤편 서쪽 담에 위치한 문이다. '취규(聚奎)'란 '규성(奎星)으로 별들이 모여 든다'는 의미로 규성은 문(文)을 주관하는 별이다. 따라서 취규라는 이름은 규성 주위로 다른 별들이 모여드는 의미를 가지며, 이는 인재들이 모여들어 함께 일하는 의미를 상징한다. 창덕궁에는 취규정(聚奎亭)이라는 장소가 있는데 이것은 북두칠성 중 하나인 취규별을 모셨다고 전해지는 장소로, 도교에서 유래되었다.

3부. 경복궁

20. 집옥재 集玉齋

건청궁 서편에 위치한 건물 중에서 청나라 풍의 건축물인 집옥재(集玉齋)는 특별한 눈길을 끄는 곳이다. 집옥재는 다른 건물들과 다르게 벽돌로 양측 측면과 뒤를 에워 쌓았다. '집옥(集玉)'이란 '옥같이 귀한 것을 모은다' 즉 '옥처럼 귀한 서책을 모아둔 집'이라는 의미로, 수많은 도서를 모아 수집해 놓은 서재로 사용되었다.

원래는 1881년 고종 18년에 창덕궁의 함녕전 북별당(北別堂)으로 지어졌으며, 1891년 7월 13일 경복궁으로 이건 하도록 결정한 뒤, 같은 달

연화반 단청

28일로 잡아 집행하였다. 집옥재가 완공되자 고종의 어진과 왕실의 서책, 당시 중국에서 수입한 다량의 중국 도서까지 보관하는 장소로 사용되었다. 이 후 정기적으로 왕실의 어진이 이상이 없는지 점검하는 봉심을 하였으며 구한말에는 외국공사를 접견하기도 하였다. 궁궐에서 정조대 이후 주합루(宙合樓)와 문화각(文華閣), 연경당의 선향재와 함께 학문 수양과 서재의 역할을 하게 되었다. 집옥재의 외형은 벽돌로 양측면을 쌓고 중국식의 치문(飾門)을 지붕마루에 설치하여 중국식 건축물의 모습을 보이는 것이 특징이다.

집옥재의 현판은 북송 서예가 미원장(米元章)의 글씨이다. 1908년 규장각 기구가 분과제도로 개편되면서 도서과에서 황실도서관(皇室圖書館)을 설립하기 위해 왕실의 제도서(諸圖書)를 수집하여 인수하게 되었고 이

집옥재 현판

과정에서 [집옥재서적목록(集玉齋書籍目錄)]이 작성되었다. 현재 규장각에는 집옥재의 장서목록인 [집옥재서적목록]이 소장되어 있어 집옥재에 소장되었던 도서의 종류와 분량 등을 파악할 수 있다.

집옥재 주련

灑潤含膏雲氣多壽 쇄윤함고다기수.
뿌리 내린 듯 구름이 드리워졌고 서기의 징조가 장수로 이어짐이 윤택을 말해준다.
稱物納照鏡心彌光 칭물납조경심미광.
모든 물체가 거울 속을 들여다보듯 밝은 조짐이 두루 빛난다.
玉樹凌宵雲煙換系 옥수능소운연환계.
능수버들 구슬이 나뭇가지에 매달리듯 구름 또한 연기처럼 잇닿아 밝고 환하다.
寶花留硏筆墨生香 보화류연필묵생향.
보배로운 지필묵 꽃그림에 생생한 벼루 향기를 발한다,
西山朝來致有爽氣 서산조래치유상기.

서산에 낙조는 아침 햇살과 서늘한 기운의 해질녘에 느끼는 감흥일세.

太華夜碧人聞淸鐘 태화야벽인문청종.

태화 산 한 밤에 종소리 맑게 울려 퍼진 벽산에 청량감이다.

팔우정 八隅亭

궐내의 북쪽에 위치하여 건청궁의 서쪽에 있던 빈터에 세워진 건물이다. 주변에는 병정처소와 수문장청이 있었다. 집옥재 일곽에는 집옥재를 가운데에 두고 협길당과 팔우정이 복도로 연결되었다. 팔우정은 건청궁을 중심으로 함화당과 집경당 일곽과 함께 조성되어 고종 후기의 정치 무대가 된 공간이다.

팔우정

협길당 協吉堂

집옥재 동쪽에 위치하며, 이름의 의미는 '함께 복을 누린다'는 의미로, '협(協)'은 '함께', '길(吉)'은 '복'을 뜻하며, 협력하여 복을 쌓는 집을 말한다. 협길당은 집옥재와 붙어 있으며, 그 지어진 연대는 명확하지 않다. 1881년 고종 18년에 함녕전의 별당으로 집옥재를 지을 때 같이 지었거나 1891년 고종 28년에 집옥재를 보현당 뒤쪽으로 이건할 때 지었을 가능성이 높다. 현판은 청대 서예가 동기창(董其昌)의 글씨로 쓰였다. 흔히 나타나는 속체로서 '吉'자의 윗 부분이 표준 서체인 '士'이 아니라 '土'의 형태를 취한 것과 '堂'에서 '土' 위에 점을 더한 것이 특징이다.

협길당 현판

만월문 뒤 곁 홍예문

만월문 신성한 분위기를 갖추고 있다.

집옥재 서재 뒤편의 문창살과 벽돌담 청나라의 문화의 건축 기술을 도입한 것으로, 무지개문과 홍예문으로 장식하여 격조 높게 치장하였다.

집옥재 취두(鷲頭)와 치미(鴟尾)
용마루 끝에 청동 물고기가 꼬리를 치켜세우고 있는 모습으로 화재 시 꼬리로 바다를 내리쳐 파도를 일으켜 화재를 막고 악귀를 막아주는 수호신 역할을 한다.

당초문양 속의 초룡
팔우정에 당초문양의 초룡이 선명하고 큼직하게 자리 잡아 고상한 매력을 발산 시키고 있다. 받침대에 그려진 당초 사이에 용머리와 눈이 이채롭다. 풀 속에 요염한 용이 숨겨져 있어 찾는 재미를 느낄 수 있을 것이다.

갑석 축대 장대석 아래 기단석 위 연잎 문양 파초문을 장식해 두었다.

3부. 경복궁

21. 장고 醬庫

　　장고는 햇빛이 잘 들고 청정한 장소에 장독대를 설치하여 장(醬)을 보관하는 곳을 말한다. 이 장고에 보관되는 장은 궁중 연회나 제례에 쓰였다. 북궐도형에는 함화당과 집경당을 중심으로 동쪽과 서쪽에 장고가 있다. 이 중에서 서쪽 장고는 태원전과 경회루 사이에 위치한다. 큰 잔치나 행사가 있을 때는 임시주방인 숙설소가 장고 근처에 설치되었으며, 장고마마라고 불리는 관리자가 장독들을 관리했다. 현재의 장고는 2005년에 발굴조사 결과를 바탕으로 복원된 것으로, 경사지를 활용한 계단식 장독대의 모습을 볼 수 있다. 또한, 2007년에 전국에서 수집한 다양한 모양과 문양을 가진 독들이 전시되어 있어 우리나라 독의 아름다움을 감상할 수 있다. 선원전 옆에도 장고가 있어 청정지역을 나타내준다.

서쪽 장고

　　한국의 독은 지역에 따라 다양한 형태와 문양을 가지고 있으며, 지역의 기후에 따라 입지름과 몸통의 형태가 다르게 만들어졌다. 중부지방의 독은 입지름이 비교적 넓고 몸통이 날씬하며 영남지방은 입지름과 밑지름의 넓이가 거의 같고 몸통이 둥글고 풍만하다. 호남지방은 일조량이 많아 어깨 부분이 발달하였고 아래로 갈수록 홀쭉한 형태를 띤다. 독의 겉면에는 초문, 나비문, 동심원문, 띠문, 풀꽃문 등 다양한 문양이 장식되어 있다. 장, 김치, 술 등 발효에 사용되었던 항아리와 곡식, 소금, 종이, 직물 등을 보관하던 옹기 등 그 쓰임과 형태가 다양하여 오랫동안 널리 사용되었다.

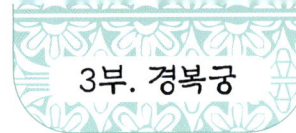

3부. 경복궁

22. 일중문 日中門

　경회루 방향으로 가는 길에 있는 문으로, '일중(日中)'은 '해가 하늘 한가운데 뜬다'는 의미를 가지고 있다. 이 문은 365일 내내 낮 12시마다 해가 문 앞으로 지나간다. 문 앞에 서서 문 너머를 바라보면 백악산이 이 문 안으로 쑥 빨려 들어온다. 멀리 있는 산은 다가갈수록 커지기 마련인데, 먼 백악산이 문안으로 들어와서 한 폭의 그림처럼 펼쳐지는 모습이 참으로 아름답고 신기하다. 문 하나도 허투루 만들지 않은 선조들의 철학이 들어있음을 보여준다. 1867년 고종 4년에 만들어졌다가 일제 강점기에 훼손되었으나, 2005년에 복원되었다. 현판은 고종 때의 것이다.

일중문 현판

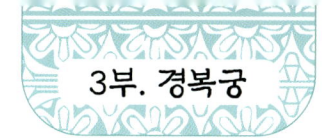

3부. 경복궁

23. 태원전 泰元殿

　조선시대에 사용되던 빈전(殯殿)으로, 조상님의 시조가 영면하는 장소다. 태원은 하늘을 의미하며, 조상의 영혼이 물려있는 그림(영자, 진, 영정, 초상화)이나 시조를 모셨던 장소로 사용되기도 했다. 태원전은 경복궁의 서북쪽 모퉁이에 위치하며, 1890년 4월 17일 이후 조대비(大妃)의 영면을 모셔두기도 했고, 명성황후의 영자를 모시기도 했다. 또한 왕이나 왕비 등의 장례를 치를 때까지 관을 모시는 빈전(殯殿)으로 사용되었다. 2009년 1월 25일 개방되었다.

태원전 복도각 영항(궁궐안에 만들어 놓은 긴 통로와 그 주변의 방 따위를 뜻함)

　태원전은 전문(殿門), 중문과 각각의 마당, 그리고 내재실인 영사재와 어재실인 공묵재를 기본 시설로 갖추고 있다. 전문은 대문으로서 태원전을 들어가기 위한 출입구이며, 중문은 전문과 내재실 사이를 연결하는 문이다. 마당은 중문을 중심으로 전문 쪽과 내재실 쪽으로 나누어져 있다. 주변의 '日'자형 행각들은 궁궐 내 빨래를 담당하는 세답방으로 사용되다가, 빈전으로 사용할 동안은 담당관의 처소와 업무 공간으로 전용되었다.

　태원전이 처음으로 사용된 것은 1872년 고종 9년에 조선 건국 480주년을 맞아 태조의 존호를 올리고, 영희전에 있던 태조와 원종의 어진모사 작업을 하기 위해 어진을 잠시 태원전에 봉안한 때이다. 어진을 모신 기간은 약 한 달 정도로, 모사를 마친 후 단오제를 치르고 다시 영희전으로 이봉하였다.

태원전 현판 하늘처럼 떠받든다. 쳐다 올려보게 하는 경건의 장소다

태원전이 빈전(殯殿)으로 처음 쓰인 것은 1890년 고종 27년에 승하한 대왕대비 신정왕후의 국상 때이다. 신정왕후가 승하하자 시신을 모시는 빈전을 태원전으로 정하였으며, 특히 1895년 고종 32년에 건청궁 곤녕합에서 살해당한 명성왕후의 빈전도 이곳에 차려졌다.

태원전의 남쪽에 있는 문경전(文慶殿)과 회안전(會安殿)은 고종 대 경복궁의 중건 시 새롭게 보이는 전각으로 혼전으로 쓰기 위한 전각이다.

혼전은 왕이나 왕비의 장사를 마치고 종묘에 입향할 때까지 신위(神位)를 모시는 곳으로, 왕의 신주는 3년 동안 모시고, 왕비의 신주는 왕이 죽어 종묘에 입향한 뒤 왕을 따라 배향(配享)할 때까지 혼전에 모셨다. 혼전은 사

태원전 복도각

용 기간이 3년 동안이나 되며, 조선 후기에는 편전을 혼전으로 사용할 전각을 별도로 지어 국상에 대비하였다.

문경전과 회안전의 평면은 정면 3칸, 측면 4칸이며 남행각과 북행각으로 복도가 설치되어 있다. 행각은 회안전의 행각과 같이 ㄷ자 형이었으나, 신정왕후의 국상을 치루면서 문경전의 행각이 증축되었다. 이 일곽의 정문은 청목문(淸穆門)이며, 청목문 안에 숙설소(熟設所)가 있고, 숙설소에서 북쪽에는 문경전, 서북쪽에는 회안전이 있다. 회안전과 문경전의 사이에 있는 정양문(正陽門)은 태원전 일곽으로 가는 문이다.

경복궁에 처음 지었던 빈전과 혼전 영역은 이후에 경운궁을 건설할 때 그대로 계승되었으며, 1904년 순종비가 승하하자 문경전과 회안전을 경운궁 북서쪽 영성문 안으로 이건하여 혼전으로 사용하였다.

영사재 永思齋

'오래 동안 연모한다'는 의미로, 선조나 선대를 사모하는 곳을 가리키는 용어다. 조상의 음덕(音德)을 기리고 추모하기 위한 장소로 사용되며, '영모당(永慕堂)'이나 '영모재(永慕齋)'와 같은 이름으로도 흔히 사용된다. 이는 오랫동안 그리워하고 기억하며, 가슴 속에 새겨두는 의미를 담고 있다.

영사재 전경

태원전을 빈전으로 사용할 때 내명부의 왕대비와 중궁, 세자빈 등이 사용하는 내재실이었으며, 태원전 내정과 별도로 담장을 쌓아서 건물이 차단되어 있었다. 태원전을 세울 때 함께 지어진 것으로 추정된다.

영사재 현판

대서문 戴瑞門

영사재로 들어가는 동쪽 문으로, '길함을 나타낸다'는 의미를 가지고 있다. 덕을 나타내고 복을 의미하기도 한다. 대서(戴瑞)'란 '상서로움을 간직한다'는 의미로 사용되며, '대(戴)'는 '머리에 이다'라는 뜻에서 파생되어 '간직하다'는 의미로 쓰이고, '서(瑞)'는 '상서로움'을 뜻한다.

2005년 태원전 복원 시 함께 지어진 문으로, 현판은 고종 중건 시에 쓰였다.

건길문 建吉門

영사재로 들어가는 남쪽 문으로, '복덕을 챙기는 일'이나 '좋은 일이 많이 일어나는 곳', 그리고 '복을 들이는 곳'을 말하며 건(建)'은 '세우다', '길(吉)'은 '복'을 의미한다. 태원전 복원 시 함께 지어진 문으로, 현판은 고종 때 중건 시에 쓰였다.

공묵재 恭默齋

국왕이 선대를 생각하며 침묵을 지은 곳으로, 여러 가지 고민에 대한 해답을 얻기 위해 사용되었다. 이곳에서는 국왕이 생각을 정리하고, 매사 일을 신중히 검토한 후에 일을 처리하였다.

공묵재

태원전 남행각에 연결되어 있으며, '공묵(恭默)'이란 '공손히 침묵한다'는 의미로, 임금의 신중하고 과묵한 품성을 나타낸다. 이곳은 어재실로 사용되었으며, 왕이 신하들을 소견하고 산릉(山陵)에 대한 문제를 논의하였다.

1895년에는 고종 32년 명성왕후의 빈전이 설치될 때에도 공묵재에서 신하들을 소견하거나 외국 공사를 접견하였다.

공묵재 현판

홍경문 弘景門

공묵재(恭默齋)로 들어가는 동쪽 문으로, 큰 틀에서 광영(弘光)을 나타내는 대문이다.

'홍경(弘景)'은 '큰 빛' 또는 '큰 광명'이라는 의미를 가지고 있으며, '홍(弘)'은 '크다', '경(景)'은 '태양' 또는 '광명'을 뜻한다.

2005년 태원전 복원 시 함께 지어졌으며, 현판은 고종 중건 시에 쓰였다..

보강문 保康門

홍경문(弘景門) 앞에 있는 문으로, 건강함을 보장 받는다는 의미를 지니고 있다. 보강(保康)'은 '건강함을 평안하게 지킨다'는 의미를 가지고 있으며 보(保)는 '지키다', 강(康)은 '평안함'을 뜻한다. 2005년 태원전 복원 시 함께 지어졌으며, 현판은 고종 중건 시에 쓰였다.

경사합 敬思閤

공묵재 북행각에 위치한 건물이다. 경사(敬思)는 '공경히 생각한다'는 의미로, 흠모하고 존경하는 마음을 가지고 머물러 돌아가신 분을 공경히 생각한다는 의미를 가지고 있다. 영사재(永思齋)와 연관하여 이와 같은 이름을 지은 것으로 보인다. 2005년 태원전 복원 시 함께 지어졌다.

경사합

유정당 維正堂

망자를 생각하는 바르고 옳은 마음으로 사유하는 장소를 뜻한다. 유정(維正)은 '바른 마음을 가짐'을 의미하며, '유(維)'는 어조사, 정(正)은 '바르게 하다'라는 의미이다. 이는 심신을 바르게 하여 돌아가신 분을 기리는 의미로 지어진 것으로 보인다. 2005년 태원전 복원 시 지어졌다.

건숙문 建肅門

태원전으로 향하는 첫 번째 남쪽 문이다. '건숙(建肅)'은 '엄숙함을 세우다'는 의미를 가지며, 엄숙함을 강조하는 문으로 지어졌다. 태원전을 세울 때 처음으로 만들어진 것으로 추측되며, 현재의 문은 2005년 복원되었다. 선왕(先王)의 시조를 모시는 곳으로서 경건함을 상징한다.

건숙문 엄숙함을 세운다.

1872년 고종 9년에는 영희전에 있던 어진(御眞)을 태원전으로 옮길 때, 보안문과 건숙문을 내외의 신문으로 삼아 사용되었다. 따라서 건숙문을 들어서면 경안문이 나온다.

경안문 景安門

태원전으로 들어가는 두 번째 문이다. '경안(景安)'은 '크게 평안함을 나타냄'이라는 의미로, '경(景)'은 '크다'를 뜻한다. 건숙문을 지나 나오는 문으로, 언제 만들어졌는지는 정확히 알 수 없지만, 현재의 문은 2005년 복원되었다. 1872년 고종 9년에 영희전의 어진을 태원전으로 옮기며 보안문과

경안문

건숙문을 내외의 신문으로 삼았던 사실로 추측해 볼 때 처음에는 보안문으로 불리다가 후에 경안문으로 바뀌었을 가능성이 있다.

인수문 仁壽門

태원전의 정문인 건숙문(建肅門) 안쪽으로 서편 행각에 위치한 문이다.

'인수(仁壽)'란 '어진 덕을 갖추고 장수한다'는 의미를 지니고 있으며 이 문은 어진자의 몫으로서, 덕을 가지고 장수하는 의미를 담고 있다. 장수는 태어날 때 정해진 운명으로서 하늘의 뜻에 의해 결정되는 것이며, 내 힘으로 결정되는 것이 아니라는 뜻을 가진다. 인수문은 태원전을 세울 때 함께 만들어졌으며, 일제 강점기에 훼손된 후 2005년에 복원되었다.

기원문 綺元門

건숙문(建肅門) 서편 세답방 남쪽 행각에 위치한 문으로, '근원을 빛낸다'는 의미를 지니고 있다. '기(綺)'는 '아름답게 빛내다', '원'은 '근원, 근본'을 가리키며, 이를 합쳐서 '근원을 빛내는' 또는 '근본이 빛나는' 문이라고 해석할 수 있다. 2005년 태원전 복원 시 함께 지어졌으며, 현판은 고종 중건 시에 쓰였다.

예성문 禮成門

태원전 동남쪽에 위치하며, '예를 이루었다'라는 의미를 지니고 있다. 이 문은 잘하든 못하든 예를 갖추어 끝마무리를 해야 한다는 뜻이다. 예성문은 1867년 고종 4년에 만들어졌으며, 일제 강점기에 훼손된 후 2005년에 복원되었다.

신거문 辰居門

경복궁의 북문인 신무문에서 경회루로 가는 길에 위치해 있다. '신거(辰居)'란 '북극성의 거처'를 의미하며, '신(辰)'은 '북신(北辰)'의 줄임 표현으로 북극성을 가리키며 북극성은 '제왕'을 상징하므로, '신거'란 제왕의 거처를 뜻한다.

신거문은 장고의 남쪽에 위치하며, 현판이 북쪽에서 남쪽으로 걸려 있다. 유형문을 지나면 나온다.

숙문당 肅聞堂

태원전 뒤쪽 서북방(西北方)에 위치하며 재궁(齋宮)을 모시는 빈소로, 사람의 시신을 안치하는 곳이다. 엄숙한 분위기 속에서 혼령의 말씀을 엄숙하게 듣는다는 의미로 해석할 수 있다. 3개월에서 6개월 동안 시신을 안치한 후 장례를 거쳐 장지로 나가게 된다. 3칸짜리 집으로 구성되어 있으며 현재의 건물은 2005년에 복원된 것으로, 태원전을 세울 때 함께 지어진 것으로 추정된다.

숙문당 전경 빈전 시신을 안장한 곳이다.

국장의 절차

국장은 조선 왕실의 장례로, 조선 위업을 달성한 표상이었다. 태원전은 국장을 치르는 중요한 장소 중 하나로 사용되었다. 1890년 4월 17일 이후 조대비의 진영을 모셔두기도 했으며, 1895년 명성황후가 살해된 후 영정과 초상화를 모셔둔 장소였다.

조선 왕실의 장례 절차는 일반 장례와는 매우 다르며, 국조오례라고 하는 공식 서례서에 따라 진행된다. 왕이 승하한 순간에 시작하여 왕의 관인(冠印)이 재궁(齋宮)으로 내리는 과정까지 총 36가지의 절차를 따른다.

	절차	내용
1	국휼고명(國恤顧命)생전 진언	왕은 보위를 물릴 수 있기 때문에 부인 앞에서 절대 죽지 않는다. 조선국왕이 승하하기 전 고명이란 왕이 죽음을 앞두고 국휼고명 유언을 하여 차세대 왕위 계승자를 정하는 단계로 왕이 위급하게 되면 내시가 왕을 부축하여 편전인 사정전으로 모신다. 왕이 대소 신료들을 부른 자리에서 유언을 하면, 전위유교로 유교를 작성한다. 이권 개입 편애 아들에게 보위를 물리는 것을 원천적으로 막는 봉쇄차원이다.
2	초종(初終) 호흡단절	내시가 햇솜을 준비하여 왕의 입과 코 위에 셋 차례 얹어 숨이 멎었는지 또 움직이는지를 살핀 연후, 숨이 끊어지면 모두 애곡(哀哭)을 한다. 왕의 숨결을 확인하는 첫 단계이다.
3	초혼 의식,복(復) 망자의 혼을 불러들임	초혼의식, 왕의 영혼을 부르는 의식으로 내시가 임금이 입던 곤용포 옷을 메고, 왕이 숨을 거둔 곳의 동편 사다리를 올라 지붕 위 용마루 중앙에 올라가 북쪽을 바라보며 혼이 돌아오란 의미로 세 번 '상위복'이라 떠 외친다. 초혼이다. 이 의식을 마치고 옷을 망자 옆으로 던져놓으면 곡읍을 하는 예가 이어져 상위복을 하던 옷은 대행왕의 위에 덮는다.
4	역복 불식(易服 不食) 세자, 대군 금식	소복절차, 관대 복을 갈아입고, 세자는 3일을 금식 하는 단계이다. 상제들에 대한 근신의 내용을 나타내는 것으로 왕의 종친 및 신하가 관과 상의를 벗고, 머리를 풀어헤치고, 소복을 입는다. 왕세자, 대군 이하의 왕자는 3일 동안 금식을 한다.
5	계령(戒令) 병조에서 궁을 에워 쌈	국상장례 일을 분담하는 절차로, 병조에서는 여러 곳을 호위하고, 예조는 상례에 관련된 일을 의정부에 보고하고, 이조에서는 빈전도감, 국장도감, 산릉도감을 설치하여 맡은 일을 하게 한다.
6	목욕(沐浴) 정결	망자의 세욕, 시신의 머리와 몸 전체를 깨끗이 씻기고, 새 의복으로 갈아입히는 절차이다. 병풍을 치고, 따뜻한 물로 머리를 씻기고 빗질해서 수건으로 모발을 싸서 묶는다. 수염을 가지런히 빗기고, 손발톱을 깎아 작은 주머니에 담은 후, 방건으로 얼굴을 덮고, 다시 이불을 덮는다
7	습(襲)습(襲) 망자에 의복을 입히는 례	망자에 수의를 입히는 절차로, 곤룡포, 바지, 첩리, 한삼 버선 등을 여러 별 준비하여 차례대로 입힌다. *정조이산의 경우 19벌을 껴 입혀 소렴례, 대렴례 90벌 모두 109벌의 가지를 넣어 관곽에 싸서 보낸다.
8	위위곡(僞位哭) 만조 백관 서열로 곡을 하는 례	차례 절차 순으로 위곡자리를 만들어 곡을 취하는 절차로 왕세자, 대군 이하의 왕자, 왕비, 왕세자빈, 내외명부 등이 자리를 정하고 질서와 차례로 자리에 나아가 곡을 한다.
9	거림(擧臨) 곡읍을 하는 례	울음 곡을 하는 절차로, 문무백관이 조정에서 종친과 함께 절을 하고 곡 뭇을 하여 예를 표 한다.
10	함(含) 저승까지 가는 양식 노잣돈	버드나무 숟 갈로 반함례 시신의 입에 쌀과 구슬을 물리는 절차로 망자가 저승까지 갈 동안에 먹을 식량을 준다는 의미이다. 버드나무 수저로 쌀을 떠 입에 채우고 진주를 물린다.
11	찬궁,설빙(設冰) 석빙고에 얼음 사용 걷집 에다 얼음을 채움	겉 관에 얼음을 챙겨 넣는 찬궁이다. 시신 아래 얼음을 넣는 절차이다. 시체 부패를 막기 부패방지 차원에서다. 국장(國葬)은 초상(初喪) 이후 몇 달이 3개월에서 5개월 소요되기 때문에 이 동안 시신이 부패하지 않도록 조치하는 동빙고, 서빙고 얼음을 사용한다. 찬궁 주변에 미역과 다시마를 넣어 습기를 온전히 제거했다.

12	영좌(靈座) 망자의 신주		우주, 뽕나무 밤나무 연주 또는 뽕나무로 신위를 만드는 절차이다. 상하가 바뀌어서는 안 됨, 대행왕의 평상 남쪽에 혼백을 만들어 영좌를 꾸며 모시고 명정을 세운다. 시신을 대신하여 생전에 입었던 옷들인 유의를 함에 담고, 영혼을 대신하여 혼백을 놓는다.
13	명정(銘旌) 망자의 직품과 시호 묘호		사자 死者(죽은 사람) 사람의 품계, 관직, 성씨를 기록한 기이다. 9척 길이의 붉은 비단에 '대행왕재궁(大行王梓宮)'이라고 금박으로 쓴다. 깃대는 대나무를 사용하고 머리에는 이무기의 머리를 새긴다.
14	고사묘(告社廟) 망자의 죽음을 종묘에 고 한다.		조선 아무아무 왕의 죽음을 고합니다. 신고식 절차 정승 중 고사묘는 종묘에 왕의 죽음을 고하는 절차로 제 3일에 사직, 영녕전, 종묘에 대신을 보내어 상례와 같이 고한다.
15	소렴(小殮) 의복과 염의를 여민다.		망자 시신을 여러 겹의 옷과 천으로 감싸는 절차이다. 이불로 감싸되, 묶어 매지는 않는다. 19벌의 염의(殮衣)로 감싸는데, 옷섶의 오른쪽을 위로 가게 여민다. 옷고름은 매지 않는다.
16	사방신 관 내부 붙여 치벽(治椑) 청룡 백호 주작 현무를 벽면에 주기		선공감에서 귀후서다. 재궁, 관곽 치벽은 관을 만드는 절차로, 공조에서 만든다. 선공감이 주도해서 만듬 왕이 즉위한 해에 소나무로 만들어 옻칠을 1년에 한 번씩 해준다. 벽 안에는 붉은 비단으로 사방을 붙이고 녹색 비단으로 사각을 붙인다.
17	대렴(大殮) 성복하고 상주 의복을 갈아입어		사후 5일 째에 수의로 시신을 감싸 묶고 관에 입관하는 절차이다. 이 때 입히는 수의는 90벌에 달한다. 왕세자, 대군, 종친, 문무관이 엎드려 곡을 한 후, 소렴과 같이 염하고 천으로 시신을 묶는다.
18	성빈(成殯) 망자의 시신을 빈소에 입관		망자 입관이 끝난 후 빈청 (혼백, 영정을 차린 장소) 빈소를 (찬궁 재궁을 안치) 차리는 절차이며 빈소를 새로 짓고, 벽 안에 주작, 백호, 현무를 그려 각각의 방향에 붙인다.
19	여차(廬次) 임시거처		여차는 세자 왕비 대왕대비 세손이 국상에 준비를 마련 임시거소로 여차를 설치 이하 왕비와 왕자, 왕세자빈, 내명부의 임시 장소를 마련하는 절차이다. 임시가설 건물이다.
20	성복(成服) 의복을 갈아입는 례 문무백관례		대렴한 다음날 상복을 갖춰 입는 최복, 절차로, 왕세자, 대군 이하의 왕자, 왕비, 왕세자빈, 내외명부, 종친과 백관 등 모두가 최복이라 불리는 상복을 입는다. 모두 상복을 입고 예를 표한 조정이다.
21	사위(嗣位) 승습 새왕을 승계 하는 례		이어 받음 왕위 계승의 의식이 행해지는데, 성복을 마치면 승습 왕세자가 왕위를 계승하는 의식이다. 이 때 왕세자는 상복을 벗고 면복을 갈아 입고 대왕대비에게서 근정문에서 옥새, 새보를 전해 받으로 정문 앞에 나아간다. 왕에게 대비께서 전달을 한다, 통인이 전해 받고 상서원에 옥새를 잘 보관해둔다.
22	반교서(頒敎書) 왕위에 오름을 공포 하는 례		즉위한 왕위에 사실을 널리 선포 새로운 왕이 왕세자가 공포하는 의식이다. 대소 신료들이 늘어선 정전에서 선교관이 전하의 교서를 선포한다. 의식이 끝나면 승정원에서는 교서를 받들어 각도에 나눠 보낸다.
23	고부 청시 청승습 (告訃 請諡 請承襲) 황제국과 나라 간의 왕을 다시 세움을 알리는 례		중국 명나라에 왕위가 계승되었음을 보고하고 승문원에서 부고를 알리고, 나라 밖에 국제적으로 인준받기 위한 절차로 시호를 청하는 표문과 전문을 올리고, 의정부에서 왕위 승습을 청하여 사위를 신청하는 의식을 갖는다.

24	조석곡전 급 상식의(朝夕哭奠 及 上食儀) 밥을 지어 상식을 올리는 례	망자 亡者에(죽은 자) 곡을 하는 것, 아침저녁으로 울면서 간단한 제사를 지내는 절차와 상식을 올리는 절차이다. 날마다 날이 밝기 전에 왕의 자리를 빈전 지게문 밖의 동쪽에 서향하여 설치하고, 왕이 곡을 하면 대군 이하의 왕자도 부복하고 곡을 한다.
25	삭망전(朔望奠) 왕의 서열로부터 초하루와 보름날 간단히 제사	문무백관 종친과 왕자, 왕세자, 왕 순으로 부복하고 곡을 한다. 초하루날과 보름날에 간단한 제사를 지내는 절차가 준행되어 오다.
26	의정부 솔백관 진향의(議政府 率百官 進香儀) 관리 집합 례 제사를 올림	조정의 만조백관, 문무백관, 감찰, 전의, 통찬, 봉례랑 등이 제사를 지낸다. 의정부에서 모든 관리들을 거느리고 제사를 지내는 절차로 제사에 참여하다.
27	치장(治葬) 예조의 장례 법 절차 준비 례	능지 산 능을 다듬는 일 매장지를 조성할 곳을 선정하고, 능의 규모, 관리 내용을 상세하게 기록한다. 장사를 지내는 절차로, 5개월 후의 장례를 치르기 위해, 만반의 준비를 했다.
28	청시종묘의 (請諡宗廟儀) 시호 시책 시보를 종묘에 청하는 례	시호를 정리하기 전 의식 회의를 의정부 육조, 집현전, 춘추관에서 2품 이상의 관원들이 모여 함께 시호를 의논하고, 시책과 시보를 만든다. 종묘에 시호를 청하는 의식 절차를 말함이다.
29	상시책보의 (上諡冊寶儀) 빈전에 만조백관에 책문 인장을 올리는 례	망자의 이력을 상시책보의 빈전에 올리는 의식절차로 영의정 이하의 관원은 평상복 차림으로, 시보책봉문과 인장을 종친과 문무백관들은 상복 차림으로 진행한다.
30	계빈의(啓殯儀) 빈전에서 출관의 례	관을 내는 의식 빈전의식 절차로 발인 전 출관, 출궁을 위해 왕과 대군 이하 왕자가 곡을 하며 슬퍼하는 의식이다. 이 후 발인 때까지는 곡소리가 끊이지 않게 한다.
31	조전의(祖奠儀) 예찬을갖는 예식	왕이 상주가 되어 술잔을 올린다. 발인하기 전날 저녁에 예찬을 올리는 의식이다. 망자에게 저승 가기 전 술잔을 채워 올리는 예식이다.
32	견전의(遣奠儀) 장지로 출발 전 문 앞에서 제사의	간단한 제사를 발인 직전 문 앞에서 지내는 절차로, 혼백, 시책, 시보 등을 실을 가마를 그 앞에 대령한다. 장지로 떠나기 앞서 의식을 치룬다.
33	발인반차(發靷班次) 능지로 출발 전의 례	여러 호위군관과 의장이 등장하며 다양한 부장품들과 시책, 시보 등이 각각의 가마에 담겨 행렬을 구성한다. 궁을 떠나 담배군과 정해진 능지로 가는 행렬이다.
34	발인의(發靷儀)빈전을 비우는 출관 례	왕의 관인 재궁이 능지를 향하여 움직이는 발인의는 빈전에서 의식이다. 담배군 2,500인이 참가 힘을 보태다. 능상각까지 산능으로 출발전이다.
35	노제의(路祭儀) 노상제 가두에서 드리는 례	망자의 혼백이 든 가마와 재궁이든 가마인 대여를 멈추도록 한 후 길에서 제사를 지내는 절차 능지로 가는 중간에 잠시 지체하여 멈춤이다.
36	천전의(遷奠儀) 재궁을 현궁에다 묻기 전 의식례	부장품을 왕의 관인 재궁과 함께 껴묻는 껴묻거리 물건인 부장품으로는 명기, 의복, 그릇, 음식물, 무기 등이 있다. 재궁을 능으로 옮길 때 간단히 제사를 지내는 절차이다.

<출처 문화재청 >

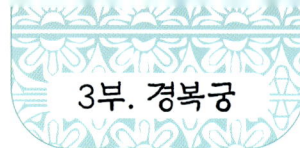

3부. 경복궁

삼도감 三都監

조선 시대 국왕의 승하에 따라 국장(國葬)이 치러질 때 그에 필요한 일들을 담당하는 임시 기관들로 빈전도감, 국장도감, 산릉도감이 설치되었다.

국장을 치를 때마다 각 기관에서 해당 일들을 담당하고, 준비 과정과 진행 상황을 기록하여 '조선 의궤'를 편찬하였다. 이 기록은 조선 시대의 국장 절차와 의례에 대한 중요한 자료이며 또한 조선 시대 기록 문화의 높은 수준을 보여 준다.

빈전도감 殯殿都監

빈전은 빈소의 높임말로서, 국장(國葬)이 치러질 때 왕의 용신, 용체에 관한 업무를 담당하는 기관이다. 빈전도감은 여러 종류의 옷으로 용체를 감싸는 소렴과 대렴 절차에서 필요한 수의(수건, 수베 등), 홑이불 등의 각종 물품을 준비하고, 왕세자, 대군 이하의 왕자, 왕비, 왕세자빈, 내외명부, 종친과 백관에 대한 상복 준비를 담당한다. 또한, 빈전을 차리는 전체적인 절차를 총괄하는 역할을 하며 조직적으로는 제조(提調) 3명, 도청(都廳) 1명, 낭청(郎廳) 6명 등의 관리들이 있었다. 제조 중 1명은 예조판서가 맡았고, 낭청 중 1명은 예조 낭청으로 임명되어 업무를 처리했다.

국장도감 國葬都監

국왕이 승하하는 당일에 조직되며, 장례가 끝날 때까지 약 5개월 동안 활동한다. 국장 진행에 필요한 다양한 물품과 문서들을 총괄하여 제작하는 역할을 수행한다. 일방, 이방, 삼방으로 구성되며 일방은 왕의 용체와 부장품 등을 운반하는 가마와 그에 따른 부속품, 제구류를 주로 제작하고, 이방은 왕의 의복과 명기, 장신구 등을 제작한다. 삼방은 만장, 시보, 시책, 애책 등과 제기를 제작했다.

조직적으로는 총호사(摠護使) 1명, 제조 3명, 도청 2명, 낭청 6명, 감조관 6명 등의 관리들로 구성된다. 제조 3명은 호조판서, 예조판서, 선공감제조로 이루어지고, 낭청은 예조낭청, 공조낭청, 선공감, 제용감의 관원으로 임명하였다.

산릉도감 山陵都監

왕릉을 조성하고 조영하는 일을 담당하는 기관이다. 왕의 승하한 날로부터 보통 5개월 후에 있는 장례 의식 이전까지 왕릉의 조성과 조영을 완료했다. 산릉도감이 설치되면 지관(地官)인 서운관이 능을 조영할 지역을 가리킨다. 왕릉이 위치할 곳은 당시에 매우 중요한 사안이었으며, 이를 둘 곳에 대한 정치적인 대립도 발생하기도 했다. 능지를 결정하기 위해 당상관, 관상감의 영사, 제조, 예조 등이 신중하게 회의를 거쳐 공사 일정과 필요한 인력을 확정하고 공사를 시작한다. 왕릉 조성과 조영에는 석물을 제작하는 일부터 시작하여, 흙을 다지고 풀을 뽑는 일, 정자각 등의 건물을 만드는 일 등 다양한 작업이 포함되며, 이를 위해서 많은 인력이 필요했다. 초기에는 백성들에게 의무적으로 부역을 지워 인력을 조달했지만, 17세기 초부터는 인력을 모집하여 고용하는 형태로 바뀌었다.

곤룡포 袞龍袍

숙종은 아버지인 현종의 곤포와 자신이 입었던 곤룡포 총 두 벌과 함께 관속에 들어갔다. 이산 정조 경우에도 할아버지인 영조의 곤포와 아버지인 사도세자의 청단 곤포, 그리고 자신이 입은 곤룡포 의상까지 총 세 벌의 의상이 관속 재궁에 함께 들어갔다. 현재까지 남아있는 왕실 의상은 영친왕의 곤룡포가 유일하다.

영친왕 곤룡포 국립고궁박물관 출처

종묘 영녕전 宗廟 永寧殿

종묘 영녕전 보물 821호다.

신실	신위(묘호)	능호	신실	신위(묘호)	능호
1실	추존 목조	덕릉(德陵)	10실	인종	효릉(孝陵)
	효공왕후			인성왕후	
2실	추존 익조	지릉(智陵)	11실	명종	강릉(康陵)
	정숙왕후	숙릉(淑陵)		인순왕후	
3실	추존 도조	의릉(義陵)	12실	추존 원종	장릉(章陵)
	경순왕후	순릉(純陵)		인헌왕후	
4실	추존 환조	정릉(定陵)	13실	경종	의릉(懿陵)
	의혜왕후	화릉(和陵)		단의왕후	혜릉(惠陵)
5실	정종	후릉(厚陵)		선의왕후	의릉(懿陵)
	정안왕후		14실	추존 진종소황제	영릉(永陵)
6실	문종	현릉(顯陵)		효순소황후	융릉(隆陵)
	현덕왕후		15실	추존 장조의황제	
7실	단종	장릉(莊陵)		헌경의황후	
	정순왕후	사릉(思陵)	16실	의민황태자	
8실	추존 덕종	경릉(敬陵)		의민황태자비	
	소혜왕후				
9실	예종	창릉(昌陵)			
	장순왕후	공릉(恭陵)			
	인순왕후	창릉(昌陵)			

4부
조선왕조

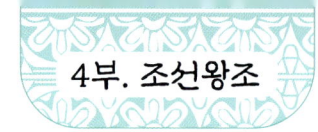

4부. 조선왕조

태조 장수에서 왕이 되기까지, 이성계 물음과, 역성혁명은 조선을 낳았고
그 역사는 600년 이어졌다. 입지가 좁은 한양 땅을 만약에 북천을 했었더라면
어떤 결과를 가져왔을까? 북천은 옳았을까? 북천이 터전을 확고히 했음이 사실일 것이다.
좁은 땅덩어리 이곳에 백성이 소유하는 토지는 각자 얼마이던가?
부익부(富益富) 빈익빈(貧益貧) 오늘날의 실체이기도 하다.
광개토대왕이 오늘날 생각난다.

제 1대. 태조 이성계

성계(1335. 10,11- 1408,5,24) 창덕궁 동별전 74세 승하

재위기간 : 1392. 07,17 - 1398. 09(6년 2개월)

신의왕후 한씨 6남 2녀	신덕왕후 강씨 2남 1녀	성빈원씨 -
정경궁주 유씨 -	화의옹주 김씨 1녀	미상 1녀

태조 이성계는 고려 말기의 무신으로, 조선의 건국자이다. 이성계의 아버지는 이차준이며 어머니는 의혜왕후 최씨로, 1335년 11월 4일 지금의 함경남도 금야군에서 태어났다. 본관은 전주, 휘는 성계(成桂), 자는 군진(君晉), 호는 송헌(松軒)이다. 어려서부터 무예에 뛰어났으며, 1356년에는 왜구를 토벌한 공으로 벼슬을 받았다. 이후 공민왕, 우왕, 창왕, 공양왕 등 고려의 왕조가 바뀌는 과정에서 권력의 중심에 서게 된다. 1388년 위화도 회군으로 우왕을 몰아내고 정권을 장악하였다. 힘을 키운 이성계는 급진파 신진 사대부들과 함께 공양왕을 몰아내고 1392년 조선을 건국했다. 조선의 첫 번째 왕으로 즉위한 이성계는 태조라는 칭호를 사용했다. 태조는 조선의 정치, 경제, 사회, 문화 등 각 분야에 걸쳐 많은 업적을 남겼다. 정치적으로는 왕권을 강화하고, 경제적으로는 농업과 상업을 진흥했으며, 사회적으로는 양반과 상민의 신분을 구분하고, 문화적으로는 유교를 국가의 통치 이념으로 삼았다.

태조는 왕자의 난으로 인해 6년간의 재위 기간을 마치고 1408년 72세의 나이로 승하했으며 그의 능호는 건원릉(健元陵)이며 경기도 구리시에 위치해 있다. 태조 이성계는 조선의 건국을 이끌고, 조선의 기틀을 마련한 위대한 인물로 그의 업적은 오늘날까지도 한국의 역사와 문화에 큰 영향을 미치고 있다.

제 2대. 정종

차남 : 방과, 영안대군(1357. 7.18 - 1419.10.15) 백룡산 기슭 정종의 릉

재위기간 : 1398. 09 - 1400. 11(2년 2개월)

정종은 품성이 완연하고 용기와 지략이 뛰어나서 고려시기 부친을 따라 많은 전공을 세웠다. 이성계(李成桂)를 따라 1377년 5월 지리산에서 왜구를 토벌 하는 황산 전투에 참여하였다. 조선 개국 뒤 영안군에 책립되었고, 1389년 7월 절제사(節制使) 유만수와 함께 해주에 침입한 왜구를 막는데 큰 역할을 하였다. 태조의 세자 책봉과 동시에 터진 왕자들의 불만은 결국 1398년 8월 27일 왕자의 난이 되고, 이는 송현에서 삼봉 정도전의 목숨을 앗아갔다. 제1차 왕자의 난은 어쩌면 당연한 결과이다. 건강이 악화되어 판단력이 흐려진 태조 이성계는 총기가 없어졌고 이복형제들의 형제의 우애를 다툼에 장으로 이끈 주변 인물들도 문제였다. 신덕왕후 강씨의 아들을 세자로 책봉 하려다 이 모든 불행이 시작되었다. 욕심이 잉태되고 죄악은 장성해 더 커지고 결국은 죽음에 내몰려 파탄났다.

태조 6년(1398년) 8월 27일 1차 왕자의 난으로 태조 이성계의 둘째 아들인 정종이 보위에 올랐다. 2차 왕자의 난 이후에는 당시 세제였던 동생 이방원에게 보위를 물려주고 상왕으로 물러났는데 아마 이것은 이방원의 괴팍한 성격을 형제로서 잘 파악하기도 하였고 삶에 질이 먼저였던 이유일 것이다. 욕심을 내면 조급함이 뒤따를 수밖에 없고 정종 자신이 왕위를 물려주고 살육전이 될뻔한 왕자의 난은 잠재웠다. 어쨌든 덕분에 정안왕후 김씨 덕성(덕비)과 후덕이 모년에 마음 조리지 않고 자유로이 살 수 있었다.
자(字)는 광원(光遠). 초명 방과(芳果), 휘(諱), 경(曔)이다 비(妃)는 김천서(金天瑞)의 딸 정안왕후(定安王后)와 슬하에 15군, 8옹주를 두었다.

재위 기간에도 무신(武臣)의 영향을 받아 정사보다는 격구(擊毬) 등의 오락에 취향 호신책을 삼았고 보위(寶位)에서 물러난 뒤에는 정종은 귀소 본능을 작용시켜 인문공예상왕(仁文恭睿上王)으로 고즈넉

한 인덕궁(仁德宮)에 거주하면서 온천·연회 격구·사냥·등으로 생활을 하였으며 유유자적(悠悠自適) 태종의 우애를 받으면서 왕으로 재위 1398년 -1400년 수는 1419년 천수를 63세로 다하였다. 정종은 백룡산 기슭의 후릉에 안장되었다. 정안왕후는 소생이 없이 1412년 6월25일 58세로 승하하였다.

정종은 한양에서의 골육상쟁, 피비린내 나는 즉 제1차 왕자의 난을 상기하여 개성, 개경(開京)으로 구도(舊都) 송도로 돌아갔다. 같은 해 8월 분경금지법(奔競禁止法) 즉, 하급자가 상급자 집을 방문 못하도록 하는 법을 제정하여 관인(官人)이 권리와 권한을 권문귀족에게 의존하는 것을 금지하여 권귀를 약화시켰으며, 1400년 2월 이른바 제2차 왕자의 난을 계기로 방원이 정안군을 세제로 책봉(册封) 하였다.

1399년 3월 조선 집현전을 최초로 설치하여 장서(藏書)와 경적(經籍)의 사서, 오경을 강론 담당하게 하였다. 그해 5월 태조 때 완성된 《향약제생집성방 鄕藥濟生集成方》을 찬집하였고, 11월 조례상정도감(條例詳定都監)을 설치하고, 1400년 6월 노비변정도감(奴婢辨正都監)을 설치하여 노비변정을 시책(試策)하였다.

제 3대. 태종

5남 : 방원, 정안대군(1367 - 1422.5.10.) 창경궁 동별전 56세 승하

재위기간 : 1400.11 - 1418.08(17년 10개월)

원경왕후 민씨 4남 4녀	효빈 김씨 1남	신빈 신씨 3남 7녀	선빈 안씨 1남 2녀
의빈 권씨 1녀	소빈 노씨 1녀	숙의 최씨 1남	안씨 1남 2녀
최씨 1남	김씨 1녀	이씨 1녀	후궁 1녀

　　태종은 자(字) 유덕(遺德). 휘 방원(芳遠). 휘 (諱 ;임금의 본명) 자; 호 별명, 별칭이다. 태조의 5남으로. 어머니는 신의왕후(神懿王后) 한씨(韓氏). 비는 민제(閔霽)의 딸 원경왕후(元敬王后) 처갓집 처남 문제로 금슬이 아주 나빴다. 태종은 슬하에 12남 17녀를 두었는데, 제1자는 양녕대군 (讓寧君大)이고, 제3자가 충녕군 세종이다. 1382년(우왕 8) 문과에 급제하여 밀직사대언(密直司代言)이 되고, 후에 아버지 이성계(李成桂) 휘하에서 새로운 정치 희망을 꿈꾸던 신진정객(新進政客)을 포섭하여 권모술수에 능한 이숙번과 구세력의 제거에 정치적 큰 역할을 하였다.

　　조선 1392년 같은 해 이성계가 조선의 태조로서 등극(登極)하자 정안군(靖安君)에 봉해졌다.
　　태조가 이모제(異母弟) 방석(芳碩)을 세자로 책봉하자 방원이 이에 불만을 품는데다 1398년(태조 7) 중신(重臣) 정도전(鄭道傳) 남은(南誾) 심효생 등을 송현에서 살해하고, 이어 강씨 소생의 방석, 방번(芳蕃)을 귀양 보내기로 하고, 중도에 죽여 버렸다.

　　이것을 제1차 1398년 8월 27일 왕자의 난이라 하며 방원은 이때 세제로 추대되었으나 이를 동복형(同腹兄)인 방과(芳果 : 정종 定宗)에게 사양하였다.

　　1398년 정도전 일파에 의하여 요동정벌 계획이 적극 추진되면서 자신의 마지막 세력기반인 군사를 지닌 사병마저 혁파당할 단계에 이르자, 위기의식을 느낀 후 거사를 서둘러 진행하였다. 선수에 능한 이방원에 기습에 속수무책이었다.
　　1400년(정종 2) 넷째 형인 방간(芳幹)이 지중추부사(知中樞府事) 박포(朴苞)와 공모하여 방원 일당

과 여러 왕자(王子)들을 해치려 꾀하다가, 이를 즉시 평정하고 세제(世弟)에 책봉되었다. 방간 박포의 난을 제2차 왕자의 난이라 한다. 그리고 성공하지 못한이들은 그 죄상을 물어 형벌에 참수형(斬首刑)을 당하였다. 제2차 왕자의 난이 평정된 후 정종이 양위(讓位)함으로 조선의 제3대 왕으로 즉위하였다.

방원에게 공을 돌려야할 왕이 총기가 흐려져 방석을 세제로 세운 것이 초유의 사태를 가져와 녹녹하지 않은 대결국면으로 치달아 원수를 맺은 듯 구신(舊臣)들이 불귀의 객이 되었다. 세자가 왕이 되면서 자기법식대로 쥐락펴락을 할 수 있어 세상을 만만케 본거다. 이방원의 지략이 한수 높아 실제 현장을 급파 세력파를 급습 살해하는 한편 적을 만든 적당이 일시에 평정되었다. 심효생의 여식을 세자빈으로 넣어주고 이용을 할 가치를 찾아 권세를 누릴 요령으로 일이 매사 순조로울 것 같은 예단에서 발생했다. 편당을 만들어 자기편에 유리하도록 흥인군 이제 방번과의 자부(姉夫)관계로 김사행을 끌어들여 자기편에 세워 김사행이 정치적으로 이용당한 이유에 결국 결과는 이방원에 승리로 매듭짓는데 삼군부에서 참수를 받고 세상을 뜬것이였다. 이방원은 이숙번과 눈치 전에 간당의 무리를 쳐 없애 버리기로 해 신속히 거사를 성사 할 수 있었다. 정도전 일파를 몰아내고 이어서 방번, 방석을 유배 보낼 생각에 마음이 무거웠다. 김사행을 처단은 내시부 수장을 쳐 낸 것이다.

방원이 하는 말이 '너는 부왕 때 잘 먹고 호강호식을 했으니 죽어야한다. 죄명이다.' 한편으로 줄 잘못 선 탓이기에 그 명인을 건축 귀재(鬼才)를 조선은 잃은 터이다.

방원 위에 오르자 사병을 혁파(革罷) 했다. 1402년(태종 2) 문하부(門下府)를 폐지하고 의정부(議政府)를 설치하였다. 태종은 242개 사찰을 제외한 불교를 폐쇄한 한편 억불숭유(抑佛崇儒) 정책을 강화하였다. 전국의 많은 불교 사찰에 소속되었던 토지, 노비를 몰수하였으며, 또 비기(秘記) 도참(圖讖)의 사상을 엄금하여 미신타파에 힘썼다.

한편 호패법(號牌法)을 실시하여 양반 관리에서 농민에 이르기까지 백성 모두가 이를 소지하게 함으로써 인적 자원(人的資源)을 정확하게 파악하였으며, 개가(改嫁)한 〈다시 시집가는 것〉자의 자손은 등용을 금지하여 적서(嫡庶)의 차별을 강요하였다. 서자는 과거를 보는데 문과 고시를 못 보게 법으로 막아두는 극단에 선택을 장치로 마련해 두었다. 차별화 된 법이다. 불편부당한 개가금지법이다. 누구를 위한 누구의 법인가? 본인은 후처를 열둘이나 거느리면서 정작 짝을 못 만나게 한 것은 평등원칙에 위배된 법이다. 태종 방원의 후손은 무려 스물아홉 명이다.

야인(野人 : 여진족)들을 회유하여 변방의 안정에도 노략질이 심한 오랑캐 변죽에 힘을 기울였다.

1402년(태종 2) 상하 민의 (남발하는 소송)·남,월소(濫, 越訴)를 엄금하여 백성들의 억울한 사정을 풀어주기 위하여 궁궐 안에다 신문고(申聞鼓)를 창덕궁 진선문 앞에 설치하였는데, 그 뜻은 매우 좋은 것이었으나 뚜렷한 실효는 거두지 못했다.

1404년 송도(松都)에서 한성(漢城) 한양으로 개성 송악은 푸른 솔이 있어 송악이라 불려졌다. 태조 이성계가 송도 수창궁에서 즉위를 하였고 1392년 7월17일 개성에서 태조 보위에 올랐다. 서울로 한양에 천도하였으며, 1418년 8월 8일 충녕군 세자(世宗)에게 선위(禪位)하고 상왕(上王)으로서 국정 현안을 관리 감독하였다. 방원이 세제에 접해 1400년 정종의 보위를 물려받아 왕으로서 소임을 다하고 1418년 8월 8일 보평청에서 세자 충녕대군에게 보위를 양위했다. 태종 1405년 창덕궁 이궁을 287칸 건립하였고 수즙 태종 이방원이 박자청을 위시하여 공사를 진행하게 하였다. 인정전은 본래 3칸 2칸으로 지어졌고, 훗날에 세종시기에 5칸 4칸으로 20칸을 세웠다. 태종 이방원은 이궁 창덕궁을 62,000평으로 시작했다.

이성계(李成桂)가 황해도 해주에서 사냥하다가 말에서 떨어져 낙마하여 중상을 입은 것을 계기로, 수문하시중 정몽주(鄭夢周)는 1392년(공양왕 4년) 3월 김진양(金震陽)이라는 간관(諫官)으로 하여금 공양왕에게 상소를 올리게 하여, 이성계와 정도전(鄭道傳) 등 핵심 인물을 유배 보내고 나아가 이성계를 제거하려는 계획을 세웠다. 그러나 정몽주는 1392년 개성 선죽교에서 판전객시사(判典客寺事)였던 가신 조영규(趙英珪) 등의 손에 의해 철퇴를 맞고 격살되었고, 이로써 대세는 단번에 뒤집어졌다.

선죽교에서의 민첩한 대응은 가신들의 결단력 덕분이었다. 그러나 이 사건 이후 이방원의 행보는 부왕 이성계의 눈에 탐탁지 않게 보였다. 아들의 경거망동이 자기 뜻을 무리하게 관철하려는 철부지 같은 행동으로 여겨져 더는 말을 붙이지 않았고, 그로 인해 이성계는 사람들 앞에 나서는 것이 민망하게 느껴졌다. "이놈이 결국 큰일을 낼 놈이다"라는 생각에 언짢은 기색을 감추지 못했으며, 고려의 충신을 아들이 죽였다는 소문에 비웃음을 살 것이 분명해 마음이 더욱 복잡해졌다.

성균관에서 수학하고 길재(吉再)와 같은 마을에 살면서 학문을 강론하기도 하였으며, 한때 횡성에서 스승인 원천석(元天錫)에게 그의 제자로서 가르침을 받았다. 태종대는 횡성 치악산에 있다. 1383년(우왕 9)에 문과에 급제하고, 1388년(창왕 즉위년)부터 이듬해까지 고려 왕실을 보호할 의도에서 감국(監國)요청의 사명을 띠고 명나라에 파견된 정사 문하시중 이색(李穡)의 서장관(書狀官)이 되어 남경(南京)에 중국 북경에 다녀왔다.

제 4대. 세종

3남 : 충령대군(1397.5.15-1450. 2월17) 영응대군사저 동별궁 53세 승하

재위기간 : 1418.08-1450.02 32년

세종은 성군이다. 세종대왕의 문치. 치적과 업적 이것이 그냥 된 것이 아니다. 대가가 주어진 큰 선물일 것이다. 태평성대를 이루고 과학 문물이 한층 돋보인 세계를 엿보는 계기다. 신바람 나는 왕실의 처세술이 백성과 문화 공감이 형성되었다.

세종은 태종의 셋째 아들로 원경왕후(元敬王后) 민씨(閔氏) 소생이다. 본디 태종의 첫째 아들인 양녕대군이 보위에 올라야 마땅하나 우연치 않게 자신이 아닌 세종이 왕이 되어야한다는 부왕과 왕비의 대화를 듣게 되었고 이에 상심하여 정치에 관심을 버리고, 술과 기생과 어우러지기를 좋아해 결국 민심을 잃었다. 만약 양녕대군이 보위에 올랐다면 훈민정음은 없었을지 모른다.

1408년(태종 8) 충녕군(忠寧君)에 봉군, 1413년(태종 13)에 대군이 되고 1418년에 8월 8일 왕세자에 책봉, 동년 8월에 22세의 나이로 태종의 양위를 받아 경복궁 근정전에서 즉위하였다. 세종은 즉위 후 정치 경제 문화면에 훌륭한 치적을 쌓고 민족문화의 창달과 조선 왕조의 틀을 공고히 하였으므로 나라를 빛낸 인물 조선의 얼굴이다. 세종의 리더십은 강인함이었다. 또한 지성인으로 지식에 풍부를 빼놓을 수 없다. 지혜의 맞춤형에 완성이다. 애민사상 노비에게도 출산 휴가를 준 군왕 노비도 인격적으로 대한 세종 압권으로 다가옴을 느낄 수 있다.

세종은 건강상 안 좋은 부분은 다 지녀서 고통을 받았으나 의연히 대처하는 모습을 보여주었고 흔들림이 없는 군왕의 모습을 보이고자 노력하였다. 당뇨병, 성인병, 안질, 치주염, 두통. 척추 측만증, 스트레스 선조의 역대 왕들 제사를 참여하며 많은 건강상의 문제점을 노출했다. 일찍 세자에게 보위를 물려주려했으나 여의치 못해 건강을 많이 잃고서야 위(位)를 내어주었다.

세자 문종은 부왕께서 치아의 부실함에 함원전 뒷곁에 앵두가 익을 무렵 이것을 부왕께 따서 올리

면 세자가 따다준 앵두 맛이 세상에 제일 맛있다며 입에 침이 마르도록 칭송을 하였다. 부자의 정이 있는 곳이였다.

능은 경기도 여주군 능서면(陵西面) 왕대리(旺垈里)에 있는 영릉(英陵)인데 처음에는 광주(廣州)에 있었으나, 1469년(예종 1)에 이곳으로 옮겼다.

집현전

1420년에 집현전(集賢殿)을 설치하고 20명 정원에서 30명을 뽑아 일꾼 삼아 사가독서의 휴가를 주어 독서를 하도록 권유하기도 했다. 장년층의 학자를 등용하여 정치 자문 왕실 교육 서적, 간행, 편찬, 찬집 등을 했다. 변계량(卞季良) 성삼문(成三問) 신숙주(申叔舟) 정인지(鄭麟趾) 최항(崔恒) 등이 집현전 소속이다. 원래 집현전은 중국과 고려시대에도 있었던 제도였고, 조선 초 정종 대에 시도 된 일이 있으나 조선시대의 집현전이라고 하면 1420년 세종 2년 3월에 설치한 것을 의미한다.

1425년 박연(朴堧)으로 하여금 아악(雅樂)을 정리하게 하여 음악(音樂)에도 관심을 기울여 장려하였다.

1443년 12월 30일 훈민정음이 창제되고 1446년 9월 3일에 훈민정음 한글이 반포되었다. 자기 나라 글을 갖은 나라가 몇 개국이 될까? 세종은 위대한 업적을 낳은 최고의 성인이라 본다. 그 누구가 흉내 낼 수 있을까? 세종만이 해낼 수 있던 일이였다.

남에 불행이 나에 행복과 직결 된다면 조금은 불행하다고 볼 것인데. 훈민정음에 반대론자도 있었다. 하지만 세종 그의 영특함과 영리함이 혜지(慧智)로 최만리(당시 집현전 부제학 직분) ,김문 ,정창손 등 반대론자를 포용의 너그러움으로 감싸준다.

더불어 문화의 꽃을 활짝 피운 시기의 절정, 독서의 정독이 가져다준 참 지식, 그의 인내심의 한계를 뛰어넘어 지도자의 역량을 보인 것과 인품을 다해 인격을 높은 경지에 수준까지 오르게 한 리더 자의 자질이 충분한 대도무문이다. 양녕대군이 보위에 올라 있었다면 한글은 우리에게 없다고 본다. 아주 다행스런 행복감이다. 역사가 극명이 뒤바뀐 세자 자리였음을 인식시키는 부분이다. 금자탑을 쌓은 퇴계로의 자리한 지금의 극동빌딩이 인쇄소였던 주자소 현장이었다. 주자소(鑄字所)를 궁내부로 끌어들인것은 조선의 인쇄 문화를 한층 앞당긴 일 중 하나였다. 교서관과 인쇄술의 발전에 상관관계 그 중에서 갑인자는 정교하기로 유명한 활자이다. 경복궁 내의 파격이다.

시대와 세월을 초월한 세종은 초연했다. 한글은 세종의 둘째 딸인 정의공주의 시가 댁에서 읽히게 되었다. 안맹담 집인데 양주에 보금자리를 틀고 살아가는 공주는 보배로운 인물이다. 세종이 고심하던 숙제를 풀어 준 귀염둥이였다. 토속 음과 변음을 가림토 문자를 38자 정리하여 한숨을 덜게 한 효녀였다. 훈민정음은 세계 어디 내놓아도 꿀릴게 없는 이상적인 문자 문화 인 것이다. 훈민정음은 세종대왕의 위대한 자아의 발견을 하였고, 문자 언어의 장벽을 허문 우리의 정서와 문화의 결정체에 세종대왕을 이야기 하지 않을 수 없다.

궁내에 언문청 =정음청(正音廳)을 세종25, 26년 설치 중종 원년에 폐지했다. 성삼문 신숙주 최항 등으로 하여금 1443년(세종 25) 한글을 12월 30일 창제하게 하고, 1446년 9월 3일 이를 반포하였다. 또한 이천(李蕆)에게 명하여 경인자(庚寅字) 갑인자(甲寅字) 병진자(丙辰字) 등을 제작하게 하였는데, 조선 초기에는 숭유억불정책(抑佛策)을 써서 5교(五教) 교종을 선종(禪宗)과 교종(教宗)의 2종으로 통합하여 각 18개 사찰만 인정하고 경행(經行)을 금지했으나, 말년에는 궁중에 내불당(內佛堂)을 짓고 승과제도(僧科制度), 경행을 인정하는 등 왕실 불교를 장려하여 불교 발달에도 도움을 주었다. 승과제에 승과 시험을 치르도록 했다.

조선왕조실록(實錄) 보관을 위하여 춘추관(春秋館) 충주(忠州) 전주(全州) 성주(星州)에 4대 사고(史庫)를 설치했는데, 임진왜란 때 호남에 전주 사고만 남고 모두 불타버렸다.

조선 과학기술에 대한 업적은 1442년 이천 장영실(蔣英實)로 하여금 측우기 우량(雨量) 분포 측정기인 측우기를 제작하게 했는데 농정에 크게 한 부분의 일익을 담당 했다. 문종이 앞서 진행을 한 장본인이다. 전국에 측우기 334개를 제작 하였다.

세종은 금부삼복법(禁府三覆法)을 억울한 법을 막기 위한 삼심을 제정했고, 의창(義倉) 의료제도를 개선하였다. 노비(奴婢)에 대한 지위 등을 개선, 무분별한 사형(死刑)을 금지하도록 했다. 대외정책면에서는 국가의 주권 확립과 영토 확장에 진력한 치적을 들 수 있다. 명나라와의 관계를 보면, 공납, 조공마, 공녀를 보냈다. 궁녀출신으로 후궁에 자릴 주로 많이 해, 처녀진헌(處女進獻)을 폐지하는 한편, 명나라에 보내던 조공, 금(金) 은(銀)의 조공물(朝貢物)을 폐지하고 마(馬) 포(布)로 대신하도록 했다.

수도서인(受圖書人) 세사미(歲賜米)를 200섬으로 제한하는 한편, 반드시 (일본 무역 거래 증)에 한하여 왕래하도록 무역과 출입을 통제하였다.

일본과는 1419년(세종 1) 쓰시마섬[對馬島]을 대마도정벌 이종무(李從茂)로 하여금 왜구의 소굴을 소탕하게 했다. 소 사다모리[宗貞盛] 도주(島主)가 사죄하고 통상을 요청해오다, 1426년 삼포(三浦)를 개항하고 이후 왜인의 출입이 급격히 증가하였다.

그리고 여진(女眞)과의 관계는 무력으로 강공책을 써서 그들을 포기하려는 차원과 회유하는 화전(和戰) 양면책을 썼는데 무리수도 검토했었다.

김종서(金宗瑞)로 하여금 두만강 유역의 여진은 방어를 방비하도록 하고 6진(六鎭)을 개척하여 국토를 확장하였다(1432). 압록강 유역의 여진은 오랑캐는 최윤덕(崔潤德) 이천 등으로 하여금 구축하게 하고, 4군(四郡)을 설치하였다. 이때의 국경선이 압록강으로부터 두만강까지 확보되어 이곳에 사민정책(徙民政策)을 실시하는 등 국토의 균 형 된 발전에 노력하였다. (사민정책 ;남쪽의 백성을 북쪽으로 이주시켜 살게 하는 정책)이다.

1443년 왜인의 출입을 통제하기 위하여 체결하게 하여 1년 동안에 입항할 수 있는 세견선(歲遣船)을 50척으로 제한했다. 신숙주의 교섭으로 변효문(卞孝文)과 소 사다모리 사이에 계해조약(癸亥條約)을 체결하였다.

제 5대. 문종

장남 : 문종(1414-1452.5.14.) 경복궁 천추전에서 39세 승하

재위기간 : 1450.2-1452.5(2년3개월)

현덕왕후 권씨 1남 1녀	귀인 홍씨 -	사칙 양씨 1녀

　세종의 맏아들로 학문을 좋아하고 인품이 관후하였으며, 1421년(세종 3) 세자로 책봉되었다. 20년 간 세자로 있으면서 문무 관리를 고르게 등용하도록 하고, 언로(言路)를 자유롭게 열어 민정파악에 힘쓰는 등 세종을 보필한 공이 컸다. 1445년 세종이 병들자 그를 대신하여 국사를 처리하였으며, 1450년 왕에 올랐다.

　어머니는 소헌왕후(昭憲王后) 심씨(沈氏), 비(妃)는 권전(權專)의 맏딸 현덕왕후(顯德王后)이다. 첫 번째 세자빈은 김오문의 여식이다. 압승술로 말썽을 빚어 궁궐에서 퇴출되었다. 잠자리를 가까이 못한 문종 세자 학문에 치중한 탓이라 학문을 좋아하고, 학자 (집현전 학사)들을 아끼고 사랑하였다.
　둘째 부인은 봉려의 여식을 맞이 대식을 하는 바람에 쫓겨나 퇴출되는 안타까운 집안내력이 숨어있다. (동성연애 대식)

　문종의 학문은 유학(儒學-性理學)뿐 아니라 천문(天文)과 역수(曆數) 및 산술(算術)에도 정통하였고, 육예 예 초·해서(隷 草 楷書) 등 서도에도 능하였다. 그러나 문종은 몸이 허약하여 재위 2년 4개월 만에 39세로 경복궁 천추전(千秋殿)에서 종기로 등창이 나서 병사하고, 나이 어린 세자 단종이 즉위하였다. 능은 경기 양주의 동구릉 현릉(顯陵)이다. 그의 곁에는 현덕왕후가 잠들어 있다.

　부왕인 세종은 일찍부터 신체상의 각종 질환으로 1437년 벌써 세자(문종)에게 집무(集務)를 결재하게 하려 하였으나 신하들의 반대로 이루지 못하였다. 28년 오랜 세월 세자의 생활은 무던했다.
　세종은 1442년 신하(臣下)의 반대를 무릅쓰고 세자가 섭정(攝政)을 하는 데 필요한 기능을 갖춰주고 세자에 남면에 어안이 벙벙한 신료들 그들은 처음부터 탐탁하게 여기지를 않았다.
　세자로 하여금 왕처럼 남면 하도록 정무 업무를 남쪽을 향하여 앉아서 조회(朝會)를 받게 하였고(南面受朝),첨사원(詹事院)을 설치하였고, 첨사(詹事) 동첨사(同詹事) 등의 관원을 두었다. 또한, 모든 관원은 뜰아래에서 신하로 칭하도록 하였으며, 국가의 중대사를 제외한 서무는 모두 세자의 결재를 받으

라는 명을 내리기도 하였다. 궁내 [수조당(受朝堂)]을 짓고 세자가 섭정을 하는 데 필요한 체제를 마련하였으며, 1445년부터는 세자의 섭정이 시작되었다. 세자 업무는 세종이 죽기까지 계속되었으며 이로 인하여 문종은 즉위하기 전에 실제 정치의 경험을 풍부히 쌓을 수 있었다. 문종시대의 정치의 방법과 분위기는 세종 후반기와 크게 변함이 없었다. 문종은 군정(軍政), 진법(陣法) 군제의 개혁안을 스스로 마련하여 대안을 제시하였고, 재위 2년여에 걸쳐 이루어진 군제상의 여러 개혁은 매우 중요한 내용을 가진 것들 이었다. 조선왕조의 정치 제도 문화의 진보 정리를 위하여도 필요한 의미를 가진 일환 사업이었다.

문종이 즉위하면서 왕권은 세종대에 비하여 약간 위축되었다. 수양대군(首陽大君), 안평대군(安平大君) 등 종친(宗親) 세력의 심상치 않은 움직임도 이미 이때부터 나타나고 있었으며, 이를 견제하기 위한 언관(言官-臺諫)의 종친에 대한 탄핵언론으로 상호 긴장된 분위기가 조성되기도 하였다. 이 시대의 언관의 언론은 정치 전반에 걸쳐 활발히 전개되었으나, 당시 언관의 언론은 왕권이나 그 밖의 세력에 구애되지 않고 활발하였음에도 불구하고 문종은 자주 구언(求言)하였고, 언로(言路)가 넓지 못하다고 생각하여 조신(朝臣) 6품 이상에 대하여는 모두 윤대[1](輪對)를 허락하였으며, 비록 벼슬이 낮은 신하에 대하여도 부드럽게 대하면서 그들의 말을 경청하였다.

세조 시절, 내불당(內佛堂)이 설치되었는데 이는 불교적 경향을 유지하려는 의도에서 비롯되었다. 세종 말기에는 세종과 왕실의 주도로 다양한 불교 행사와 집회가 열렸으며, 내불당의 간경회 또한 함원전에서 규모적으로 조직화되었다. 이 과정에서 내수사에서 불상 4기를 제작하여 함원전에 들였다는 기록이 남아 있다. 그러나 이러한 불교적 경향은 척불언론(斥佛言論)의 반발을 불러일으켰고, 실패한 유가적(儒家的) 대응의 모습을 보였다.

문종이 즉위하면서 왕실의 불교적 경향을 불식시키고 유교적 분위기를 강조하여 숭유(崇儒)를 중점화하는 방향으로 정책이 전환되었다. 문종 조에 편찬된 주요 서적으로는 《고려사》, 《대학연의주석(大學衍義註釋)》, 《동국병감(東國兵鑑)》, 《고려사절요》 등이 있다.

---

[1] 윤대; 조선시대 왕에게 정치 상황을 백관이 아뢴 일을 윤대라 한다.

《고려사》는 1449년(세종 31년)에 김종서(金宗瑞)와 정인지(鄭麟趾) 등에게 개찬(改撰)을 명하여, 1451년(문종 1년)에 기전체 형식으로 완성되었다. 이후 《고려사》 편찬 직후, 새로운 편년체 형식의 편찬 작업이 시작되어 1452년에 《고려사절요》가 완성되었다.

《고려사》와 《고려사절요》의 편찬은 단순히 전 왕조의 역사를 정리하는 것에 그치지 않았다. 당시 모순된 군사제도를 개선하는 데에도 영향을 미쳤는데, 1445년에 10사(司) 체제에서 12사로 개편되었던 것을 1451년에 5사로 재정비하였다. 이러한 역사적 편찬과 개편 작업은 문종 조의 통치가 역사성을 강조하는 데 기여했음을 보여준다.

제 6대. 단종

장남 : 단종(1441-1457,10,21일) 영월 관풍헌 17세 사사되다.

재위기간 : 1452.05-1455. 윤06(3년2개월)

정순왕후 송씨
-

자규루 시
천만리 머나먼 곳 고운님 여의옵고
이 마음 둘 데 없어 냇가에 앉았으니
저 물도 내 안 같아야 울어 밤길 예놋다

1448년(세종 30) 왕세손(王世孫)에 책봉되고, 1450년 문종이 즉위하자 신하들에게 세자를 도와주라는 청을 넣었다. 그리고선 단종이 세자(世子)에 책봉되었다. 1452년 문종의 뒤를 이어 왕위(王位)에 올랐는데, 그 전에 문종은 자신이 병약하고 세자가 나이 어린 것을 염려하여 영의정 황보인(皇甫仁), 좌의정 남지(南智), 우의정 김종서(金宗瑞) 등에게 세자가 즉위 하여 왕이 되었을 때의 보필을 당부하고 부탁하였다. 한편 집현전(集賢殿)의 학사인 성삼문(成三問) 좌우협찬(左右協贊)박팽년(朴彭年) 신숙주(申叔舟) 등에게도 도움을 부탁하는 유언을 내렸다. 이미 기울어진 세력은 백약이 무약이 되었다.

1453년(단종 1)4월 경회루에 나가서 유생들을 친시를 치르고, 또 모화관에 가서 무과를 베풀었는데 권언 등 40명이 뽑혔다. 왕이 대신 황보인, 김종서, 정분 등을 불러 그들에게 자문하여 박중림(朴仲林)을 대사헌에 임명하였다. 단종이 보위에 오르고 복잡 미묘한 정국이 소용돌이쳐 갈피를 못 잡던 한때였으니 이를 간파한 수양대군(首陽大君)이 정권을 빼앗고자 자기 측근인 권람(權擥), 한명회(韓明澮)의 계책에 따라 무사를 거느리고 가서 좌의정 김종서는 그의 집에서 죽이고, 영의정 황보인, 병조판서 조극관(趙克寬), 이조판서 민신(閔伸), 우찬성 이양(李穰) 등은 대궐에 불러와서 죽였다.

단종은 단지 이름뿐인 왕이였다. 수양대군이 군국(軍國)과 국정의 모든 권력을 장악하였으며, 1453년 즉, 계유정난을 당하자 10월 작은아버지 모신들이 단종을 업신여겼다. 그 중심은 수양대군 이였다.

1454년 단종 13세에 정월 송현수(宋玹壽)의 여식과 가례를 치르니 바로 비운의 왕비 정순왕후 송씨다. 오랜 세월도 아닌 짧은 세월에 반강제로 아버지 문종의 국상 기간에 망령이 나듯 국혼을 서둘러 치루니 이는 정희왕후에 얄팍한 계산에 의해 앞에 놓여진 덫이라고 비칠 수 있어 보이나 그것은 진실이 아니다. 보위에서 물러나고 명색이 상왕이지 불안한 감정은 떨칠 수가 없었다. 창경궁의 수강재로 들어와서 살던 두 사람은 허수아비나 다를 바 없었다. 이에 가례를 치른 것에 후회 했던 정순왕후 송씨다.

1455년 윤유월 11일 경회루에서 세조에게 보위를 선위하고 1455년 단종을 중신(重臣)들이 제거하는데 앞장섰던 한명회(韓明澮) 권람(權擥) 등이 강요하여 단종은 수양대군에게 왕위를 물려주고 상왕(上王)이 되어 창경궁 수강궁(壽康宮)으로 옮겨 살았다.

창덕궁 광연정에서 별운검을 세울 때 1456년 6월 8일 명나라 사신이 떠나는 날 환송연에서 성삼문·박팽년 하위지(河緯地)·이개(李塏) 유응부(俞應孚) 유성원(柳誠源) 등이 단종의 복위(復位)를 도모하기위해 별운검을 통해 세조를 제거 하려고 하였다. 그러나 이는 역모에 가담한 김질이 자신의 장인 정창손에게 밀고함으로 탄로 났다

사육신의 거사 실패로 단종의 복위 문제에 가담한 성삼문, 박팽년, 하위지, 유성원, 유응부, 이개 등이 1456년 6월 8일 군기시 터에서 성삼문, 박팽년, 김문기는 작형(灼刑)을 받고 단근질 후에 거열형을 받았고 유성원과 부인은 자택에서 자결하였으며 하위지는 참살을 당했다. 그 밖에 성승을 비롯한 70여명이 모반으로 인하여 화를 당하였다. 사육신은 국문 현장에서 세조에게 조선의 해는 하나이며 임금도 한분이라고 천명하였고 그로인해 현재 시청 앞 프레스센터 자리에 있었던 군기시에서 1456년 6월 8일 능지처사를 당하고 노량진 사육신묘에 잠들게 되었다.

모두 처형된 후 단종은1457년 상왕에서 노산군(魯山君)으로 강봉(降封)되어 강원도 영월(寧越)에 6월초 유배되었다. 6월 28일 청령포에 당도 장마 통에 유배처가 물에 잠기고 휩쓸려 떠내려가는 일이 벌어져 청령포는 세조가 출입을 엄금하는 금표를 적용 세조 패거리가 아니면 청룡포에서 출입을 할 수 없었다. 청령포는 사람이 접근 할 수 없고 수재로 피해를 입어 살 곳이 마땅치 않아 관풍헌에 이사 하게 되었다. 그런데 수양대군의 동생이며 노산군의 숙부인 금성대군(錦城大君)이 경상도의 순흥(順興)에서 복위를 도모하다가 발각되어 사사(賜死)되자 노산군은 다시 강등이 되어 서인(庶人)이 되었으며, 끈질기게 자살을 강요당하여 1457년(세조 3) 10월 21일에 영월에서 훙서 하다. 세조의 패거리 하수 아래 복득이 통인의 한사람 이 사람이 활시위로 방안에든 단종에 목을 옭아 잡아 당겨 숨이 멎었다. 그러나 비

밀이 탄로 날까 봐 입막음을 하는 차원에서 벼락을 맞고 통인이 즉사한 것으로 하였다. 이 오욕을 씻을 수 있을지 유감이다.

영월로 유배가기 전 까지 부인 정순왕후 송씨와 살다가 청계천 영도교(영미교)에서 아쉬움을 뒤로 하고 부인과 이별을 해 다시는 돌아 올 수 없는 길로 떠나니 이 길이 마지막이 될 줄 서로 몰랐다. 그렇게 단종은 생을 마감했다. 17세 나이 영월 청령포로 유배 가서 1457년 10월21일 영월관아 관풍헌에서 사사를 받고 돌아가니 능은 단종이 목숨을 끊은 강원도 영월의 장릉(莊陵)이다. 강가에 방치된 단종의 유해를 영월의 호장 엄흥도가 밤중에 허겁지겁 수습하고 삼족을 멸한다고 한 그곳에서 묘를 써 주었으니 충절이다, 그의 사당을 지어 충렬사를 세웠다. 호장 엄흥도의 충렬사당이 오늘날에 우리에게도 교훈을 잘 말해주고 있는 것 같다.

단종의 소식을 매우 슬퍼한이가 한명 더 있다.
세종 때 지신사를 지낸 박이창이 세종의 명을 받아 당시 5살이던 김시습의 시를 테스트 하였고 어린 김시습의 시는 테스트에서 당당히 합격하였다. 나이가 어린 시습은 3살에는 신동 이였고 5살에는 문장과 시 그리고 소학을 통달하였으며 우리나라 최초의 한문소설인 금오신화의 저자이다. 김시습의 시는 당시에 많은 이들이 도용해 쓴 것으로 알려져 있다. 그러나 그의 시 다작이 대다수 도둑맞았다. 세종은 어린 시습을 조용히 큰 인물에 이르게 하기 위해 그를 잘 가르치고 지도하라고 함구령까지 내렸다.

세종의 명으로 경지에 이르기 위해 삼각산의 중흥사라는 유명한곳에서 학습을 하던 김시습은 수양대군(세조)이 단종의 보위를 찬탈했다는 소식을 듣고 분노와 두문불출하며 방랑생활하다 광기가 어리듯 미친 신세가 되었다. 수양대군의 보위 찬탈이 도저히 용납이 안 되는 그는 공부하던 모든 서책들을 불태우고 찢어버리는 등 허망에 절규를 하며 전율 하고 있었다. 그러던 그는 효령대군에게 불사참여를 요청받고 중이 되었다. 승려가 되어 미친 짓을 하던 김시습은 분노 간에 빠져 이상한 행동을 표출하고 보통 사람으로는 할 수 없는 행동들을 서슴없이 자행하였다. 그의 독특한 행동은 보위찬탈을 당한 단종을 보고 상실의 시대, 불만족의 세계 속에서 신음하고 절망하던 풍운아처럼 유리방황하고 있음을 그대로 보여주었다. 그의 은둔지는 노원의 수락산자락 폭천정사에서다.

그 후 숙종 때 신하들의 강력한 복위 요청으로, 1698년(숙종 24) 임금으로 복위되어 묘호(廟號)를 단종이라 하였다. 단종복위 운동을 꾀하다가 죽음을 당한 성삼문 등의 6명을 사육신(死六臣)이라 한다. 수양대군의 왕위찬탈(王位簒奪)을 분개하여 한평생을 죄인으로 자처(自處)한 김시습(金時習) 원호, 성담수, 이맹전, 조려, 남효온 등 6명을 생육신(生六臣)이라 한다. 단종의 억울한 죽음이 몰 고온 이질적 괴리감과 수양대군의 비윤리성 비도덕성의 차원을 넘어 단종의 복위가 되기까지 오랜 세월의 명에를 떠안고 시간이 지난 뒤 신원되기에 충분했다. 너무 오랜 세월이 지내고서다. 강봉(降封)은 200여 년 후인 1681년(숙종 7) 신원(伸寃)되어서 대군(大君)에 추봉(追封)되었다. 종묘에 이름을 되찾은 묘호 단종 복위는 시간의 문제였다.

집집현전의 양성지(梁誠之)는 3월에 춘추관에서 《세종실록》을 편찬하고, 《황극치평도(皇極治平圖)》를 찬집하였다. 또한 양성지로 하여금 《조선도도(朝鮮都圖)》와 《팔도각도(八道各圖)》를 편찬하도록 하였다.

악학 제조 박연(朴堧)이 세종의 《어제악보(御製樂譜)》를 인쇄하여 반포하기를 청하였고, 왕은 이를 좋게 여겨 허락하였다. 이는 세종이 대궐 안에서 국궁 활쏘기를 자주 구경하며 경연을 여러 차례 정지시킨 상황과 관련이 있었다.

5월에는 좌승지 박팽년이 경연에서 왕에게 안일과 태만을 경계하도록 진언하였고, 8월에는 각 도의 관찰사들에게 효자(孝子), 순손(順孫), 의부(義夫), 절부(節婦)와 공평하고 청렴하며 공적이 현저한 수령을 상세히 기록해 보고하도록 유시하였다. 이는 이러한 인물들을 발탁하고 권장하기 위한 목적이었다.

《고려사》는 세종 31년(1449년)에 찬집을 시작하여 문종 원년(1451년)에 완성되었다. 같은 시기 보루각(報漏閣)이 수리되었는데, 이후 세조 시기에는 혼란이 많았다.

1455년 윤6월, 수양대군(세조)은 조정의 제신들과 의논하여 왕의 측근인 금성대군(錦城大君)을 비롯한 여러 종친과 궁인 및 신하들을 모두 죄인으로 몰아 각 지방에 유배시키기를 청하였다. 이에 따라 왕은 이를 허락할 수밖에 없었다.

정순왕후는 이러한 상황 속에서도 의연하고 꼿꼿한 태도를 보이며 세조의 얄팍한 계책에 응하지 않았다. 또한 송현수의 딸은 절개를 지키고 협조하지 않아 저항의 본보기가 된 열부로 평가받았다.

제 7대. 세조

차남 : 수양대군 (1417-1468.9월8일) 창경궁 수강재

재위기간 : 1455.윤06-1468.09 8일 (13년 3개월)

| 정희왕후 윤씨 2남 1녀 | 근빈 박씨 2남 |

    세종의 뒤를 이어 문종이 재위 중에 1452년 5월 14일 2년 3개월 만에 39세에 승하하고, 12세의 어린 나이로 단종이 즉위하였다. 흑심을 품은 수양이 나이 어린 조카의 보위를 넘볼 생각을 갖다가

    결국 계유정란을 일으켜 1455년 윤5월 13일 세조에 경회루에서 양위, 선위(禪位)하게 하고, 단종 왕은 허수아비가 되었다.

    권력을 잡은 수양대군은 좌상에 좌의정 정인지(鄭麟趾), 우상 우의정에 한확(韓確)을 임명하고 집현전으로 수양대군의 허세에 뻔지르한 찬양 의 교서를 찬집하게 하였다. 조선 세조를 도와 보위에 오르도록 한 학자들의 무리. 세조를 도운 공으로 높은 공신전을 받아 노비와 큰 농토를 받고 관직에 올랐다. 정인지·신숙주·최항·양성지 등 문필에 능한 학자들로서 편찬 사업에 참여 하는 등, 민족 문화의 발전에 이바지하였다. 훈구파의 자리 매김이다. 그러나 사림의 등장 이후 토지 문제로 서로 대립각 함으로써 조선 붕당과 사화가 일어나게 되었다.

    집현전 학사들이 단종복위 운동에 가담하자 집현전을 폐지하였다. 문화면에도 진력하여 제도를 재정비하고 많은 서적을 편찬하였다. 아우 안평대군을 강화도로 유배시킨 후 사사(賜死)하였다. 그러나 그의 치적에는 많은 업적이 있다. 왕권을 확립한 뒤 지방의 수신(帥臣 - 병마절도사)은 그 지방출신의 등용을 막고 북방개척에도 힘써 1460년(세조 6) 북정(北征) 정벌을 단행, 신숙주(申叔舟)로 하여금 두만강 건너 오랑캐 야인(野人)을 소탕하게 하였다. 세조가 운명하기 이듬해 세조13년(1467) 중앙의 문신으로 이를 대체시키고 호패법과 세금을 위시해 불만이 쌓여 이에 반감을 품은 함길도 회령출신 이시애(李施愛)가 5월-8월에 지방민을 선동하여 길주에서 반란을 일으켰는데, 조선 난 중의 가장 큰 난인 이시애의 난이다.

    토반 호족; (지방의 토착세력) 출신 이시애(李施愛)가 일으킨 반란은 관군이 주력부대의 장수를 제거함으로 힘의 균형을 깨트려 평정을 되찾았다. 이시애가 사임한 회령부사를 세조의 중앙집권 강화정책

에 크게 반발하여 민의를 야기 시켜, 이시애 아우 시합 (施合), 매형 이명효 (이강순(康純) 어유소(魚有沼)와 계책, 계간 음모한 사건이다. 남이(南怡) 허종 등의 3만 관군이 이원(利原)의 만령(蔓嶺)에서 반란군 주력부대를 섬멸하였다. 여진으로 도망치려 하던 이시애는 허유례(許惟禮)의 모사와 계교로 잡혀 막판 참형되었다. 세조는 이 반란을 무난히 평정하고 중앙집권체제를 더욱 공고히 수립하였다.

중앙집권체제를 강화를 위해 6조(六曹)의 직계제(直啓制)를 부활시켜 왕권을 강화했으며, 의정부의 정책결정권을 폐지했다, 이시애(李施愛)의 난(1467)을 계기로 유향소(留鄕所)〈유향소; 향소, 향사당, 풍헌당으로 불려졌으나 분경재소향청이란 명칭으로 불려지기도 했다〉. 마저 폐지하고, 중앙집권체제로 토착 세력 토호 세력을 약화시키는 등 그리고 승정원의 기구 강화 이러한 추세 하에서 1468년에는 원상제(院相制)의 설치를 보게 된 것이다. 이 원상은 왕명의 출납기관인 승정원에 세조 자신이 임명한 구치관, 신숙주, 한명회, 삼중신(三重臣)을 항시 입궁시켜 세자와 함께 모든 국정을 상의, 결정하도록 한 것이니, 이는 세조가 말년에 와서 정치업무의 결재에 한계를 느끼게 되고, 후사의 장래도 부탁하려는 의도에서 설치한 것이라 볼 수 있다.

중앙군(中央軍)을 군제 개편하다. 5위(五衛) 제도 방위체제 단행 하였다. 호적(戶籍) 호패제(戶牌制) 도를 강화했고 진관체제(鎭管體制)를 (진관체제; 세조 이후 지역단위 방위체계 병영을 설치 거진, 주진, 제진 (강원도) 지휘관인 지방관이 지휘 통솔을 했다). 실시하여 전국을 5위 방위체제로 전환하였다.
이시애의 난 1467년(세조 13) 서정(西征)을 단행, 사민정책(徙民政策)을 (사민정책; 북방 변방지역 방어목적으로 세종시절 시작 세조 때 경상도 전라도 충청도 사람을 이주했다.) 써서 하삼도(下三道) 백성을 평안, 강원, 황해도에 이주시켜 주민을 정착하여 살게 하다. 각도에 둔전제(屯田制)를 실시하였다. 〈둔전제 ;토지를 분급해 나눠주고 일정량의 세금을 거둬들여 생산물을 수취했다〉.
직전법(職田法)을 실시하였다. 과전법(科田法)의 폐단을 막기 위하여 현직자에게만 토지를 지급하여 국가 재정을 늘렸다. 또한 농서를 간행하여 농업을 특별히 장려 하였다. 궁중에 권민친잠 잠실(蠶室)을 두어 왕비(妃)와 세자빈으로 하여금 권잠 양잠을 하도록 친잠의식, 친잠례를 하는 한편, 《《四時纂要(사시찬요)》》《양우법초(養牛法抄)》〈蠶書註解(잠서주해)〉》 등을 찬집 하였다.

그는 불교를 숭상하여 1461년(세조 7) 간경도감(刊經都監)을 궁궐 내에서 불자를 모아 함원전에서 간경회¹를 열기도 했다. 1464 년 4월 8일 4월 15일에 내불당에 기도하게 하였다. 간경회를 세조가 실행에 옮긴것이다.

세조 즉위 해 8월에 집현전 직제학(集賢殿 直提學) 양성지(梁誠之)에게 명하여 우리나라의 지리지(地理誌)와 지도를 찬수(撰修)하게 하였으며 11월에는 춘추관(春秋館)에서 《문종실록》을 찬집하였다.

그가 대군으로 있을 때는 세종의 부왕 명령을 받들어 궁내에 내불당을 설치하는데 함께 동조했다.

수양대군은 무예 능하고 병서(兵書)에 밝았다. 1428년(세종 10) 수양대군(首陽大君)에 봉해졌다.

국조보감(國朝寶鑑)》·《동국통감(東國通鑑)》《병서대지(兵書大旨)》《역학계몽요해(易學啓蒙要解)《훈사십장(訓辭十章) 등 왕의 친서를 저술하고 저서 등의 사서(史書)를 편찬하도록 했다.

세조의 보위찬탈은 정당한것인지 생각해 볼 필요가 있다. 무력만 있으면 권력을 잡을 수 있다. 그래서 역사는 강자의 서곡이자 서막이다. 조선 왕의 피는 붉다. 권좌에 앉기 위해선 혈통도 혈족도 무시한다.

세조 그가 단종 조카를 유배 보낸 곳이 수강궁(창경궁)이다. 어처구니 없게도 이곳에서 1468년 9월 8일 운명을 달리했다.

---

1 간경회 ; 눈으로 읽는 독경, 불경을 암묵으로 읽는 행사

제8대. 예종

차남 : 해양대군 (1450-1469.11.28.) 경복궁 자미당 족질 20세 승하

재위기간 : 1468.09.8 -1469.11(1년 2개월)

| 장순왕후 한씨 | 안순황후 한씨 |
| 1남 | 1남 1녀 |

세조의 제2왕자인 예종은 자는 명조(明照: 初字 平南)이고 어머니는 파평부원군 윤번의 딸 정희왕후(貞熹王后)이다. 비(妃)는 영의정 한명회(韓明澮)의 딸 장순왕후(章順王后)이고, 계비는 우의정 한백륜(韓伯倫)의 딸 안순왕후(安順王后)이다.

처음에 해양대군(海陽大君)에 봉해졌다가 1457년(세조 3) 세자에 책봉되었고, 1468년 창경궁 중문에서 왕에 보위에 올랐으나, 13개월 치세에 머물렀다. 부왕 세조가 승하한지 14개월 여 만에 아들이 세상을 뜨는 고약 한 일이 벌어져 명색이 왕가에 사후 세계가 풍전등화에 가까워 곤혹스런 모습을 비추어 진 내용이다.

운 좋게 왕은 되었지만 가족의 흉사가 겹친 불운은 세조 가에 집 안 내력이다. 족질로 병을 앓던 그는 결국 1469년 11월 28일 경복궁 자미당에서 20살 나이에 숨을 거두었다.

예종이 숨져간 자미당 터는 단종의 비련사가 있었다. 할바마마 세종께서 이곳에 들러 위로와 위안을 하던 그런 곳이다. 홍위를 예뻐 해주었고 자상하던 할바마마께서 돈독한 정을 베푼 곳이라 눈시울이 붉어진다.

재위 중 둔전제(屯田制)의 민경(民耕)을 허락하였고, 직전수조법(職田收租法)을 제정하여 세조 때부터 시작한 《경국대전》을 완성하였다. 남이(南怡) 강순(康純) 등의 옥사(獄事)와 민수(閔粹)의 사옥(史獄) 등이 있다. 1469년 3월 삼포(三浦)에서의 왜(倭)와의 사무역을 금하였다. 6월에 천하도 天下圖가 이루어졌고, 7월에 《무정보감 武定寶鑑》이 이룩되었다. 9월에 상정소제조(詳定所提調) 최항(崔恒) 등이 《경국대전》을 찬집하였으나 반포를 보지 못하고 세조는 수강재에서 승하 1468년 9월8일이다. 예종은 18세에 즉위하였으나 세조 비 윤씨가 수렴청정 하였으며, 신숙주 구치관(具致寬) 등이 원상으로서 업무 서정을 의결하였으므로 왕권이 약화된 시기였다. 능은 경기 고양군의 창릉(昌陵)이다.

제 9대. 성종

차남 : 자을산군(1457-1494.12.24) 창덕궁 대조전 38세 승하

재위기간 : 1469.01-1494.12(25년 1개월)

공혜왕후 한씨 -	정현왕후 윤씨 1남 1녀	폐비 윤씨 1남	명빈 김씨 1남
귀인 정씨 2남 1녀	귀인 권씨 1남	귀인 엄씨 1녀	숙의 하씨 1남
숙의 홍씨 7남 3녀	숙의 김씨 3녀	숙용 심씨 2남 2녀	숙용 권씨 1녀

　세조(世祖)의 손자, 추존왕(追尊王)인 덕종(德宗)의 아들인 성종은 야간 잠행에 익숙한 왕이였는데 세상사를 읽는 혜안이 있는 왕의 입지가 보인 측면이다.

　성종의 뱃보는 대단하여 낙뢰가 떨어질 때 낙뢰는 성종을 벗어나 시자가 그 자리에서 벼락을 맞고 사망했고 시자(侍者)가 성종 바로 옆에 있었으나 눈 하나 깜박임 없이 의연하여 세조에 눈에 들었다.

　성종이 세자로 있을 무렵 궁궐 함원전에서 생활하다가 밖으로 내몰린 인수대비가 잃어버렸던 경운궁에 10년만에 다시 돌아왔다. 야심이 대단했는 그녀는 조선을 좌지우지 하였다. 그녀와 사돈지간인 한명회가 자리 매김 질을 하도록 인수대비가 그와 상생하는 계략을 펼쳤음이 이를 잘 대변 해주고 있다. 인수대비는 능부터가 대접이 월등히 다르다.

　세조비(世祖妃) 정희대비(貞熹大妃)가 7년간 수렴청정(垂簾聽政)을 행사하였다. 수렴청정의 유발, 시발점(始發點)이 되었다. 1469년(예종 1) 13세로 왕위에 올랐고, 1476년(성종 7)부터 친정(親政)을 시작하였는데, 세종(世宗) 세조(世祖)가 이룩한 치적을 기반으로 하여 빛나는 문화정책을 펴나갔다. 숭유억불정책을 철저히 시행하였으며, 1474년(성종 5)에는 《경국대전(經國大典)》을 완성하여 이를 반포하였다. 《경국대전》을 더욱 보충하여 1492년(성종 23)에는 《대전속록(大典續錄)》을 출간을 행하였다.

　《오례의(五禮儀)》 서적의 간행에 힘을 써서 《동문선(東文選)》, 《여지승람(輿地勝覽)》, 《동국통감(東國通鑑)》, 《악학궤범(樂學軌範)》, 등을 찬집 또 출판을 간행하였다. 한편 윤필상(尹弼商) 허

종(許琮) 등을 도원수로 삼아 두만강 방면의 여진족 올적합(兀狄合)의 소굴을 소탕하였으며, 압록강 방면의 야인(野人) 오랑캐를 몰아냈다. 또한 세종 때의 집현전(集賢殿)에 해당하는 홍문관'(弘文館)을 설치하고, 유가(문신 동량지재 중의 재목을 골라 사가독서(賜暇讀書)하게 하는 호당(湖堂) 제도)를 두어 문사, 문인들로 하여금 문화에 이바지하게 하였다.

성종은 1457년 9월 3일 경복궁 함원전에서 의경세자 20살 나이에 사망하였다. 어머니는 한확(韓確)의 딸 소혜왕후(昭惠王后), 비(妃)는 한명회(韓明澮)의 딸 공혜왕후(恭惠王后). 1461년(세조 7)에 자산군(者山君)으로 봉해졌으며, 1468년에 잘산군(乽山君)으로 개봉되었다.

세조의 찬역(簒逆)을 도와준 훈구파(勳舊派) 학자들과 대립 관계에 있는 이른바 사림파(士林派)에 속한 사람들을 과감하게 발탁하는 등 인재 등용에도 천거에 힘을 기울였다. 그 결과 조선 전기의 문물제도는 성종 때에 거의 결정 완성되었다고 말 할 수 있다. 학문을 좋아하였고 사예(射藝)와 서화(書畵)에도 능하였다. 능은 삼성동 선릉(宣陵)이다. 1484년 (성종 15년)에는 창경궁에 수강재를 지어 이후 대왕대비들의 거처가 되었다.

성종의 유명일화 중 또 하나가 어우동의 성문란 관련 일화이다. 태강수 이동(李仝)의 아내이며 효령대군의 손자며느리인 어우동은 그릇을 만드는 사람과 바람을 피웠다. 여성의 정절을 중요하게 여긴 왕실은 이 사건을 성리학의 정서에 위배된다는 이유에서 일벌백계의 형벌을 내렸다. 왕실 체통을 구긴 이유 극형을 받고 이승을 떠났다. 가문에서도 호적을 지워 그 이름이 남아있지 않았다. 왕실의 걸림돌을 제거한것이다. 성종의 단호함을 엿볼 수 있다.

청기와 지붕 창덕궁 선정전 편전 조선에 마지막 남은 오직 하나뿐인 청기와 집이다.

---

1 홍문관; 옥당 같은 의미 왕의 자문기구 도서, 문서, 출판, 학술, 등을 정리 보좌 하는 곳이다

제 10대. 연산군

장남 : 연산군(1476-1506.11.6) 강화도 교동 유배지 31세 학질로 죽다.

재위기간 : 1494.12-1506.09

| 폐비 신씨 2남 1녀 | 숙의 이씨 1남 | 장녹수 1녀 | 미상 1남 |

諱(휘) 융(㦕). 성종의 맏아들. 어머니는 우의정 윤호(尹壕)의 딸로 정현왕후(貞顯王后)이다. 즉위 3년 동안은 별 탈 없이 보냈으나, 1498년 훈구파(勳舊派) 이극돈(李克墩)·유자광(柳子光) 등의 계략에 빠져, 사초(史草)를 〈초고를 쓴 원고; 사관〉 문제 삼아 김종직(金宗直) 등 많은 신진 사류(士類)를 죽이는 최초의 사화인 무오사화(戊午士禍)를 일으키게 하였다. 《성종실록》 편찬 때 그 사초 중 김종직(金宗直)의 조의제문 (弔義帝文) 항우가 진(秦)나라를 멸망시켜 서초(西楚)의 패왕이 되었다. 왕유가 조카 보위를 빼앗은 것처럼 세조가 조카 보위를 찬탈한 것을 비유했다. 조의제문이 발견됨으로써, 이에 관련 되었던 사림학자들이 많이 참화를 당하였던 사건이다.

1504년에는 생모인 폐비윤씨가 성종의 후궁인 정귀인 정씨(鄭氏) 엄씨(嚴氏) 엄귀인의 모함으로 내쫓겨 사사(賜死)되었다고 해서 자기 손으로 두 후궁을 죽여 산야에 버리는 포악한 성질 머리를 드러내기 시작하였다. 인과응보(因果應報) 또한 조모 인수대비(仁粹大妃)를 머리를 들어 받게 하여 죽게 하고, 윤씨의 폐비에 찬성하였다 하여 윤필상(尹弼商) 김굉필(金宏弼) 등 수십 명을 살해하고, 이미 죽은 한명회(韓明澮) 등을 부관참시(剖棺斬屍)하였다. 갑자사화(甲子士禍) 또 그의 난행을 비방한 투서가 언문으로 쓰여 지자, 한글 교습을 중단시키고 언문구결(諺文口訣)을 모조리 거두어 불태웠다. 심지어 경복궁 내 녹산에 사슴도 화살로 쏘아 잡아 구워 먹었다고한다. 이는 부왕 성종의 후원에 방목된 순록이다.

1506(중종 1) 성희안(成希顔), 박원종(朴元宗), 유순정(柳順汀) 등의 3대장의 중종반정에 의해 폐왕이 되어 교동(喬桐 : 江華)으로 쫓겨나고, 연산군으로 강봉(降封)되어 그해에 1506년 병으로 11월 7일 강화도에서 학질로 31세에 세상을 떴다. 거창신씨도 내쳐져 사가로 좇아내고 아들 세자 황을 위리안치 하도록 하였다. 연산군의 능은 지금의 서울시 도봉구 방학동에 있는데, 연산군지묘[燕山君之墓]라는 석물 이외는 아무런 장식이 없다. 권력무상 폭군의 말로는 포말에 지나지 않는다.

이 나이에 종국을 맞이한 연산군, 여자 욕심에 눈이 멀었고 주색잡기에 빠져 헤어나지 못해 꽃밭에서

놀다 결국 꽃밭으로 갔다. 지옥에 꽃밭인지 나락에 꽃밭인지 내려가긴 내려갔으니 망정이다.

전권을 휘두른 군주 그의 치세는 개국 100년의 조선조에 한 시대의 획을 긋게 하여, 이후 50년은 사화(士禍)라는 유혈극이 잇따라 일어나 그것은 선조 이후 다시 붕당(朋黨) 및 붕당정치로 확대일로 악화되고, 한편으로는 임진, 병자 등 국난으로 국운은 쇠퇴의 길을 밟게 되었다.

7(院) 원 연산군이 즐기던 궁녀

채청사, 속홍, 부화, 흠려 3閣 각 7院 원을 두어 관리 운평, 계평, 채홍사, 급사 수종 방비 시종 드는 자가 헤아릴 수 없을 정도다. 왕께 굄을 받은 자 작호를 내려 숙화, 여원, 한아 명칭을 얻었다.

각도에 채홍사(採紅使) 채청사(採靑使) 등을 파견해서 미녀와 양마(良馬)를 구해오게 하고, 성균관의 유생인 학생들을 몰아내고 그곳을 유흥장으로 사용하고 황음(荒淫)에 푹 빠졌다. 경연(經筵)을 없애 학문을 마다하였고, 사헌부, 사간원(司諫院)을 폐지해서 언로(言路)를 막는 등 그 비정(秕政)은 극에 달하였다. 급기야 왜인과 야인의 입구(入寇)를 의식한 끝에 비융사(備戎司)를 두어 병기를 만들게 하였다든가, 또는 변경 지방에로의 사민(徙民)의 독려, 기타 《국조보감 國朝寶鑑》, 《여지승람 輿地勝覽》 등의 수정 등 치적이 있었다.

궁중잔치 때 정재를 추는 기생을 '여기' 라고하는데 연산군 시절 팔도에서 선발하여 서울로 보낸 여기를 운평이라고 했다. 운평 중에서 다시 뽑혀서 궁중에 들어온 여기를 흥청(興淸)이라고 불렀다

연산군일기에 보면 '충성이란 사모요 거둥은 교동이라, 일만 흥청 어디 두고 석양 하늘에 뉘를 쫓아가는고, 두어라 이 또한 탱자나무 가시울타리 집이니 날 새우기 더 고요하거라,' 라는 말이 있다.

흥청을 두고 기녀를 둔 운평 기생들이 섭렵함으로 조선 나라가 연산군의 비웃음거리가 되었다.

여기서 '흥청 망청'이라는 용어가 신출어(新出語)로 탄생되었다.

천과 흥청; 성적으로 만족감을 준 여인이다.

지과 흥청; 임금과 잠자리를 흡족히 한 흥청이다.

반천과 흥청; 성적행위에 절반에 미치지 못함이다.

채청사 ; 전국 기녀를 차출해 선발했다.

채홍사 ; 임사홍이 모종에 역할을 한 2인자 지방에 7,000명에 기녀를 뽑아 올려 보내다.

흥청, 가흥청, 계평, 속홍이라 불러 장악원을 고쳐 연방원 계평을 연방원으로 두었다. 진향원 (가흥청)

을 두던 곳, 취홍원 (운평을 취홍원에 당악을 한 훈련된 악사)을 두게 하였다. 취춘원, 뇌영원에 이름으로 불려져 列邑 (열읍)에 운평을 뽑아 두게 해 호화고(護花庫) 흥청의 음식 공급을 하게하고 의상을 마련 하면서까지 두었다. 연산군은 미색이 아름다운 기녀 흥청을 경회루에 속홍, 채청을 두고 음탕한 짓을 일삼았는데 심지어는 박숭질의 처를 궁 안으로 불러들여 간음을 하고 돌려보내 숭질만 모르고 이웃에 사람은 다 알더라,라는 얘기가 있다.

전숙원 전비 등 왕이 좋아한 여자를 애첩이라 불려졌다. 임술 계해년 왕은 장소원 장녹수에 빠져 날로 방탕해져갔다. 장녹수는 금화, 은화가 보경당과 창고에 산더미처럼 쌓여 고혈에 혈세를 낭비한 여인이다. 이는 백성들의 분노를 유발한 터, 장녹수 전비가 민심의 의해 돌멩이로 처형을 당하게되는데 기와 파편 돌멩이가 육신과 전신에 날아들어 순식간에 돌멩이가 무덤을 이뤄 산더미가 되었다

이러한 연산군에게도 곁에서 그나마 바로 잡아주는 이가 있었으니, 바로 중전 폐비 신씨이다.
폐비 신씨는 어질고 현명하여 후중하고 온순해서 아랫사람에 타이르기를 지혜롭게 한 여성이다. 왕비의 덕목 중 최고의 덕목이라고 본다. 자애로운 중전에 후광이 왕실에 체통을 세웠다. 연산군 부인 거창신씨가 이런 것에 말려들지 않아 현명이 대처한게 그나마 다행이다. .

부왕 성종이 살아생전에 손순효와 연산군에 대해 주고받은 말마디가 '용상자리, 이 자리가 참으로 아깝습니다' 하고 말을 건네자 '어찌 할 수 없는 바다. 순전히 내 탓이 아니겠는가?' 라고 하며 성종은 자기 탓으로 낮춰 이야기한것을 보면 겸손이 배여 있다.

제 11대. 중종

차남 : 진성대군(1488-1544, 11,15) 창경궁 환경전 56세 승하

재위기간 : 1506.09-1544.11(38년 2개월)

단경왕후 신씨 -	장경왕후 윤씨 1남 1녀	문정왕후 윤씨 1남 4녀	경빈 박씨 1남 2녀
희빈 홍씨 2남	창빈 안씨 2남 1녀	귀인 한씨 -	숙의 홍씨 1남
숙의 이씨 1남	숙의 나씨 -	숙원 이씨 2녀	숙원 김씨 1녀

성종의 2남으로 자 낙천(樂天)이며 연산군(燕山君)의 이복동생이다. 어머니는 정현왕후(貞顯王后) 윤씨(尹氏)이고 비는 신수근(愼守勤)의 딸 단경왕후(端敬王后), 제1계비(繼妃)는 윤여필(尹汝弼)의 딸 장경왕후(章敬王后), 제2계비는 윤지임(尹之任)의 딸 문정왕후(文定王后)이다.

갑자기 찾아온 행운이 오감을 사게 하였다. 그가 왕이 되기 전 세자시절을 겪지 않자 여러 곳에서 삐걱거림을 알 수 있다. 왕은 그냥 주어지는 것은 아니다. 차별화된 군왕 군주의 모습이 오늘날을 있게 해준다. 연산군 시대의 폐정(弊政)을 개혁하였으며, 1515년(중종 10) 이래 조광조(趙光祖) 등의 신진사류(新進士類)를 중용하여 그들이 원하는 왕도정치를 실현하려 하였다. 조광조 등의 개혁방법이 급진개혁 성향 지나치게 이상주의적이고, 또 개혁을 너무 조급하게 서둘렀기 때문에 훈구파(勳舊派), 반정공신(反正功臣)들의 반발을 한꺼번에 초래하였다. 중종 초기에는 미신타파를 위하여 소격서(昭格署)를 철폐하고, 인재 등용 문제점 도교 사상을 삼청동에서 태청, 상청, 옥청, 소격서가 혁파 당하다. 과거제도의 모순을 시정하기 위해 현량과(賢良科)를 실시하여 인재를 등용하였으며, 향약(鄕約)을 권장하여 백성들의 상조(相助)정신을 고취시켰다. 1519년 남곤(南袞)·심정(沈貞)·홍경주(洪景舟) 등의 훈구파의 모함에 따라 사정전의 11월 17일 기묘사화를 계기로 변화의 중종 자신도 조광조 등의 왕에 대한 지나친 도학적(道學的) 요구에 염증을 느끼고 있던 차에 신하들과 마음에 응어리를 풀어 놓았다.

기묘사화(己卯士禍)를 일으켜 조광조 등의 신진사류를 불식간에 숙청하였다. 그를 벌하게 하고 그 뒤 훈구파의 전횡(專橫)이 자행되었으며, 1521년에는 송사련(宋祀連)의 무고로 신사무옥(辛巳誣獄)이 일어나 안처겸(安處謙) 일당이 처형되었다. 악포금단절목(惡布禁斷節目)을 1522년 2월에는 반포하여 악

포의 유통을 막고, 두승(斗升) 말과 되를 새로 만들어 도량형의 일원화를 꾀하였다. 1524년 압록강 여진족 야인을 축출하였다. 또한 왜구의 침입이 있을 때 이를 방어하기 위해 의논을 하던 비변사를 임시 합좌회의기관으로 설치 운영하였다. 1525년 유세창(柳世昌)의 역모사건, 1527년 김안로의 아들 희(禧)가 심정 유자광(柳子光)을 제거하고자 일으킨 동궁의 작서(灼鼠)의 변이 일어나 애매한 경빈 박씨(敬嬪朴氏)와 복성군(福城君)이 쫓겨나 원사(怨死)하는 등 훈구파 상호 간의 정권쟁탈전이 극심하게 벌어져 정국은 더욱 혼미하고 혼란해졌다. 1531년 김안로의 재등장으로 정국은 들끓어 혼미를 거듭하였는데, 문정왕후를 배경으로 한 윤원로(尹元老)·윤원형(尹元衡) 형제가 등장하여 1537년(중종 32) 김안로를 숙청하였으나, 이번에는 윤원형 일당의 횡포가 시작되었다.

1534년 2월 명나라에 기술자를 파견하여 이두석(泥豆錫)·정청(汀靑)의 조작법과 훈금술(燻金術)을 습득해오게 하였으며, 중종 왕께선 1536년 창덕궁 안에 보루각(報漏閣)을 설치하여 누각(漏刻)에 관한 일을 보게 하였다. 1540년(중종 35) 역대 조선왕조실록(實錄)을 인쇄하여 이를 사고(史庫)에 보관하게 하였다. 농업과 관계된 과학기술도 발달하였다. 외침에 대비하는 등 국방력강화에 노력하였으나, 정치적 불안과 함께 국내의 국방질서가 허물어져 포 베 두필을 내면 군역을 면제해주는 방군수포제(放軍收布) 등이 행하여지는 등 후기사회로 이행하는 과정의 모순들이 노출되었다.

중종 치세 말기에 군적(軍籍)의 개편과 전라도·강원도·평안도에 대한 양전(量田)을 실시하였으며, 진(鎭)을 설치하고 성벽城壁과 성곽城郭을 보수하는 한편, 평안도 여연(閭延)·무창(茂昌) 등지의 야인을 추방하는 등 국방정책을 수립하였다. 경제면에 있어서는 저화(楮貨)와 동전의 사용을 적극 장려하였으며, 한편, 주자도감(鑄字都監)을 설치하여 활자를 개조하고, 지방의 사실(史實)을 기록하기 위하여 외사관(外史官)을 임명하였으며, 즉 관천기목륜(觀天器目輪)·간의혼상(簡儀渾象)을 새로 만들어 비치하고, 천체기 기술 접목은 국가 차원에서다. 관상감을 둔 이유다. 기상 기후를 관측 하는 예부 소속에 속해있었다.

1544년 11월 14일 세자인 인종에게 양위하고, 15일 창경궁의 환경전(歡慶殿)에서 재위 39년 만에 승하 하였다. 중종의 치세에서 처음에는 어진 정치를 펴는 데 상당히 의욕적이었으나, 기묘사화 이후 간신(奸臣)들이 판을 치는 통에 정국은 혼미를 거듭하여 볼만한 치적을 남기지 못하였다. 능은 경기 고양(高陽)으로 하였다가 1562년(명종 17) 광주(廣州)로 이장하고 정릉(靖陵)이라 하였다.

중종과 책문, 策問

나라에 기강이 서지 않고 법도가 서지 않음은 민심을 천심으로 여겨 천심조차 민심을 거스르게 하겠는가? 공자시대 이상 정치를 구현하고자 했던 중종은 조광조를 천거하는데 그가 원하는 이상 정치 코드가 맞는 인물로 부각되어 한때 중종과 한배를 탔다. 그러나 4년 뒤 기묘사화의 이유에서 전남 화순 남정리로 유배를 보낸 뒤 사사하고 만다. 영원한 결별인 셈이다.

조광조 훈구파의 사이에서 중종은 갈등하고 고뇌 해야만 했다. 그의 개혁이 너무 급진적 이였고 사림파의 영수로서 외골수로 대처에 융통성이 없어 그의 명철함이 일시에 끝나 아쉬움이 남는 대목이다. 1년이면 능력과 실력이 검증되고 3년이면 모든 성과가 드러나 일에 성취가 완성 될 것이다. 사정전의 비극 경연과도 무관하지 않고 중종의 책문에 밝은 도를 임금이 천명 할 것을 논 하였다. 공자에 말씀에 군자는 和 화하되 同 동하지는 않고 소인은 동하되 화하지는 않는다는 같은 편끼리만 부화뇌동 한다는 말 서로 다른 의견을 조화하여 다 같이 나라를 살리는 길, 그 길이 대도라는것 아니겠는가?

중종반정이 왕비를 갈아치우다. 이현령 비현령 耳懸鈴鼻懸鈴

신수근의 딸은 중종의 첫째 부인은 단경왕후이고 8일 만에 반정공신들로 하여금 어리둥절 궁 밖으로 내쫓겨났다. 거창신씨 딸은 신수근의 여식이다. 아버지 신수근이 중종반정에 가담을 하지 않은 이유에서 부친신씨는 죽임을 당했다. 후일에 왕비로부터 어떤 보복이 있을까? 왕비가 된 8일 만에 궁궐에서 쫓겨 나 궁지에 몰려 오래도록 왕비에 대접을 못 받고 오랜 세월 동안 사가에서 기막힌 세월을 살다가 죽음을 맞이한 기구한 여인은 인왕산에 치마바위에 전설을 남겼고 그곳은 그녀의 서러움이 배여 있는 곳이기도 하며 눈시울이 금방 붉어질 조짐이 여기에 내포 되어있다. 빼앗긴 왕비자리다. 너럭바위를 치마바위라 한다. 장흥 일영 면사무소 근처에 온능을 쓴 것은 그녀의 넋을 위로한 차원이다. 추존되어 단경왕후 시호를 받아 살아생전에 늠료(월급)로 근근히 생활을 이어 갔음을 알 수 있다.

의녀 대장금

중종의 왕가의 가신이라 의녀로서 평이 나 있는 의녀 장금 (중종39년) 10월27일 29일간에 배가 아파서 하기(下氣)가 소통이 안 되었으나 이를 원활히 소통시키므로 왕이 편안히 활동을 할 수 있었다. 오령산 탕제를 복용 후 약 효과를 보았다. 상께 가까이 갈 수 있는 어의 수준까지 도달함은 그녀의 진면모를 한꺼번에 볼 수 있는 장면이다. 누구보다 사랑한 여인 중 한사람이 대장금이 되었다.

대전 환경전을 아무나 들 수 있는 것이 아니다. 장금이가 자유롭게 들 수 있는 것은 의녀로서 소양교육이 잘된 까닭이다. 왕실의 산파역을 잘 터득하고 의술 공부를 열심히 해서 그의 기술을 인정받은 최초 사례다.

제 12대. 인종

장남 : 인종(1515-1545, 7,1) 경복궁 자경전 청연루 소침 31세 승하

재위기간 : 1544.11-1545.7(유정월 포함 9개월)

인성왕후 박씨	숙빈 윤씨	귀인 정씨
-	-	-

　자 천윤(天胤)으로 중종의 맏아들이다. 비(妃)는 첨지중추부사 박용(朴墉)의 딸 인성왕후(仁成王后)이다. 1520년(중종 15) 세자에 책봉되고 1544년 즉위하였다.

　인종은 신동으로 세살 때 신하들 앞에서 천자문을 오류 없이 읽는 등 미래가 촉망되는 조선의 세자였다. 거기에 효심이 남달라 칭찬이 자자했다.

　한편 세자로 있을 때 1522년에 관례(冠禮)를 행하고 성균관에 들어가 매일 세 차례씩 글을 읽었다. 동궁으로 있을 당시에는 화려한 옷을 입은 시녀를 궁 밖으로 내쫓을 만큼 검약한 생활을 하였다. 형제간의 우애가 돈독하여 누이 효혜공주(孝惠公主)가 어려서 죽자 이를 긍휼히 여겨 그로 인하여 병을 얻었으며, 서형(庶兄)인 복성군 미(福城君嵋)가 그의 어머니인 박빈(朴嬪)의 교만으로 인하여 모자가 귀양을 가게 되었을 때에 이를 석방할 것을 간절히 원하는 소를 올려 중종도 그의 우애 깊음에 감복하여 복성군의 작위를 다시 주었다 한다. 중종의 병환이 위독하게 되자 반드시 먼저 약의 맛을 보았으며, 손수 잠자리를 살폈고, 부왕 중종의 병환이 더욱 위중하자 침식을 잊고 간병에 더욱 정성을 다하였다. 병환이 위독하여짐에 따라 1545년(인종 1)에 대신 윤인경(尹仁鏡)을 불러 경원대군(慶源大君-뒤의 明宗)에게 전위하고 결국 중종은 경복궁 청연루 소침(小寢)에서 31세로 사망했다.

　이듬해 기묘사화(己卯士禍 1519년)로 폐지되었던 현량과[1](賢良科)를 부활하고 기묘사화 때의 희생자 조광조(趙光祖) 등을 신원(伸寃)해 주는 등 어진 정치를 행하려 하였다. 능은 고양(高陽)의 효릉(孝陵)이다

---

1 현량과; 덕행, 학문 재주가 능한 사람을 천거

제 13대. 명종

차남 : 경원대군(1534-1567.6.28.) 경복궁 경회루 동편 양심당 승하

재위기간 : 1545.7-1567.6(22년)

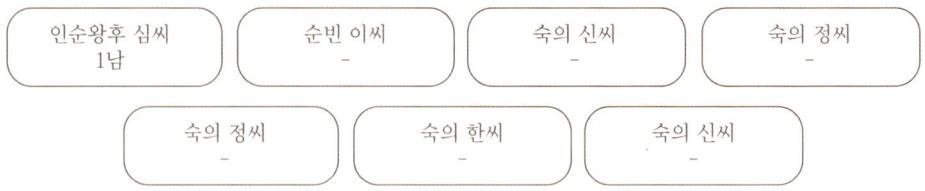

자字 대양(對陽)으로 중종·문정왕후(文定王后)의 둘째아들이다, 인종의 아우이고 비(妃)는 청릉부원군(靑陵府院君) 심강(沈綱)의 딸 인순왕후(仁順王后)이다. 처음에 경원군(慶源君)으로 봉해졌다가, 1545년(인종 1) 경원대군이 되었다. 인종이 죽자 12세로 명종이 왕위에 올랐으며, 처음에는 8년 동안 문정왕후가 수렴청정을(垂簾聽政)하였다. 정치판에 문정왕후가 사사건건 간섭하여 명종 왕이 눈물에 왕이 되어 여제 앞에서는 꼼짝 못한 한탄을 할 지경에 처하기도 했다.

문정왕후의 남동생 윤원형(尹元衡) 등 소윤(小尹)일파가 을사사화를 일으켜, 윤임(尹任) 등의 대윤(大尹) 일파를 몰아내고 소윤이 정권을 잡았다. 즉, 윤원형은 윤임이 그의 조카인 봉성군(鳳城君 - 중종의 여덟째아들)에게 왕위를 옮기려 한다고 무고하는 한편, 윤임이 인종이 죽을 당시에 계성군(桂成君 - 성종의 셋째아들)을 옹립하려 하였다는 소문을 퍼뜨리게 하여, 이를 구실삼아 왕과 문정왕후에게 이들의 숙청을 강청하여, 윤임 유관(柳灌) 유인숙(柳仁淑) 등을 사사(賜死)하게 하고, 이들의 일가와 그 당류(黨流)인 사림을 유배시켰다.

1547년 양재역(良才驛)의 벽서(壁書)사건, 여제가 나라를 어지럽힌다. 암탉이 울면 집안이 망한다. 1548년 사관(史官) 안명세(安命世)의 《시정기(時政記)》 필화(筆禍)사건, 1549년 이홍윤(李洪胤)의 옥사(獄事) 등으로 인하여 을사사화 이후 100여 명의 선비들이 참화를 당하였다.

한편 불교를 독신[1](篤信)하는 문정왕후는, 승려 보우(普雨)를 중용하여 높은 벼슬 병판을 주었고 불

---

1 독신 ; 확실한 신뢰 믿음

교를 부흥시켰다. () 즉 문정왕후는 보우(普雨)를 신임하여 봉은사(奉恩寺) 주지로 삼고, 1550년에 선교(禪敎) 양종(兩宗)을 부활시키고 이듬해에는 승과(僧科)를 설치하였다. 보우는 뒤에 도대선사(都大禪師)가 되었고 1553년 친정(親政)이 시작되나, 문정왕후와 윤원형의 간섭이 여전하였다. 이를 견제하기 위하여, 1563년 왕비(妃)의 외숙 이량(李樑)을 등용하였다. 그러나 이량도 당파를 조성하여 선비들을 숙청하려 하므로, 기대항(奇大恒)에게 밀계(密啓)를 내려 이들을 추방하였다.

1553년 명종8년 문정대비 주도 봉산의 갈대밭 수탈한 임꺽정의 난으로 경복궁 궁궐에 큰 화재가 났다. 화재로 인해 구할 것을 얻지 못하고 발만 구르고 있을 뿐이었다. 경복궁이 잿더미에 쌓여 보물과 재물이 모두 불 탔다.경회루 근정전 몇 채만 남기고 불로인해 막중한 피해를 입어 이듬해 궁궐복구로 원상대로 복구 조상에 면목을 세웠다. 그러나 1592년 선조 25년에 임진왜란으로 또 다시 화재가 나며 큰 아쉬움을 남겼다.

1565년 인순왕후 심씨와의 사이에 순회세자(順懷世子)를 낳았으나 1563년에 13세로 죽고, 1565년 4월 7일 문정대비가 창덕궁 동별전 소덕당에서 사망해 태강릉에 장사지냈다. 문정왕후가 죽자 윤원형 일당을 숙청하고, 보우가 탄핵을 받아 장살(杖殺 장, 곤, 몽둥이를 들어 구타하다) 한 뒤 제주도에 유배되어 제주목사 변협에 의해 장살 죽임을 당했고 불교의 융성함이 시들한 한때가 있었다.

이러한 혼란 중에 이때를 틈타 황해도 봉산 갈대밭을 수탈 일거리를 빼앗은 관아의 하수인은 먹고 살 길이 막막했다. 양주의 백정(白丁) 임꺽정(林巨正)이 1559년부터 1562년 사이에 황해도와 경기도 일대를 횡행하였고, 1562년 황해도 일대에서 소란을 피운 임꺽정(林巨正)을 구월산에서 포살(捕殺)하였다. 1555년 을묘왜변이 일어나 이들은 결국 이준경(李浚慶) 김경석(金慶錫) 남치훈(南致勳) 등에 의하여 영암(靈巖)에서 격퇴되었으며, 이를 계기로 비변사가 설치되었다.

명종은 1567년 6월 8일 경복궁 양심당 건물에서 생을 끝 마쳤다.
왕위는 덕흥부원군(德興府院君-중종의 아홉째아들)의 셋째아들이 계승하였으니, 이가 곧 선조이다. 능은 양주(楊州)의 목능에 잠들었다.

제 14대. 선조

3남 : 선조, 하성군(1552-1608, 2,1) 덕수궁 정릉동 행궁 석어당 승하

재위기간 : 1564.7-1608.2(40년7개월)

의인왕후 박씨 -	인목왕후 김씨 1남 1녀	공빈 김씨 1남 1녀	인빈 김씨 4남 5녀
순빈 김씨 1남	정빈 민씨 2남 3녀	정빈 홍씨 1남 1녀	온빈 한씨 3남 1녀

초휘는 균(鈞)으로 덕흥대원군(德興大院君) 초(岹)의 셋째 아들이다. 비(妃)는 박응순(朴應順)의 딸 의인왕후(懿仁王后)이며, 계비(繼妃)는 김제남(金悌男)의 딸 인목왕후(仁穆王后)이다. 1552년 11월 11일 한성(漢城) 인달방(仁達坊)에서 출생하였다. 처음에 하성군(河城君)에 봉해졌는데, 1567년(명종 22) 명종이 후사(後嗣)가 없이 죽자 왕위에 올랐다.

선조의 진 모습

왕의 모자 익선관 관모는 누구에게나 씌워 지는 것이 아니다. 보통 친지 혈족들은 한참을 왕의 모자를 썼다 벗었다 하는데 선조만 유달리 관모를 쓰지 않고 관물대에 올려두고 이상스레 둘러보았다. 선조가 보여준 유일한 이 행동으로 인해 소중한 물품에 함부로 물건을 만지지 않고 눈으로만 보는 조심성있었던 선조를 보여주었다. 석고대죄가 많은 광해군 부왕 선조의 으름장에 곤혹을 치뤘다. 다소 많은 횟수를 석고대죄하게 왕 자리를 내놓겠다고 으름장을 아우르면 꼼짝 못 하고 대죄를 하는 고충을 겪어야했다.

처음에는 유학(儒學)을 장려하였다. 이황(李滉) 이이(李珥) 등 많은 인재를 등용하여 국정 전반에 심혈과 노력을 경주 하였으며, 동서분당(東西分黨)과 동인(東人)의 남북분당 등 치열한 당쟁 속에 정치기강이 무너져 시정의 방향을 잡지 못하였고, 치정을 잘못하여서 북변에서는 1583년과 1587년 두 차례에 걸쳐 야인(野人)의 침입이 있었다. 근사록(近思錄) 《삼강행실(三綱行實)》 《심경(心經)》 《유선록(儒先錄)》 등의 전적(典籍)을 간행하여 당시 선비, 사유(師儒)를 선발함에 문사(文詞)에만 치중하는 경향이 관리도 문사에 치중하여 합격을 높여주는 경향이 있었다.

조선 통신사 황윤길(黃允吉) 김성일(金誠一)을 왜국에 파송하였다. 남쪽에서는 왜구, 왜세(倭勢)가 위협적으로 팽창하여 일본에 보내어 사정을 살피게 하였으나 정계 당파를 달리하는 두 사람의 보고가 계파가 상반되어 국방 대책을 세우지 못하고 허송세월 하다가 임진왜란을 당하게 되었다. 그는 의주(

義州)에까지 피란을 하여야 하는 시련 끝에 명나라의 원조와 이순신 등의 선전(先戰)으로 왜군을 물리칠 수 있었으나, 전후 7년에 걸친 전화로 한양을 비롯한 전 국토는 유린되고 국가재정은 파탄 일보 직전에 이르렀다.

정유재란(丁酉再亂) 왜군이 침입하고 난을 일으켜 다시 명나라에 원병을 청하는 한편 관군의 정비를 촉구하였다. 1597년 명나라와 일본 간에 진행되던 강화 회담이 깨어지고 재차 왜군이 침입하여 귀중한 전적(典籍)을 보관한 춘추관(春秋館)이 홀라당 불타서 귀중도서가 소실된 것을 애석해하며 각처에 흩어져 있는 서적들을 거두어 모아 예문각(芸文閣)에 보관하도록 하였으며, 불타서 없어진 문묘(文廟)에 설단(設壇)하고 제사를 드려 전쟁 중에도 종묘와 사직 윤기(倫紀)의 소중함을 대내외에 알렸다. 궁궐이 불타서 왕이 정릉동(貞陵洞) 행궁(行宮)에 거처를 정하고 있을 때 실의에 잠긴 선조는 불에 탄 옛 궁궐터에 초가를 얽어 옮기려고 하였으며, 명나라 장수가 왕의 거처가 초라함을 보고 궁궐의 영건(營建)을 권하였으나 왜군의 깊은 원수를 갚기 전에는 지을 수 없음을 분명히 하였다. 1597년(선조30년) 우리 수군함대가 부산에 총집결하자 이를 염려하고 병(兵)은 뜻하지 않은 곳에 나올 수 있는 것이니 부산에만 강한 군사를 집결시킬 것이 아니라 호남지역도 소홀해서는 안 되며, 약세에 놓인 육지에도 험한 곳에 군대를 배치하는 것을 주장하였는데 그 추측은 들어맞았다. 전후의 복구사업을 할 겨를도 없이 다시 당쟁이 일어 그는 재위 41년간의 태반을 당쟁에 치중 미증유의 전란에 시달리다 그 위를 암군(暗君) 광해군에게 물려주었다.

이순신
세상을 긍정적으로 본 이순신은, 전란 중에도 평상심을 저버리지 않았다.
그릇이 큰 인물인가? 불협화음이 갈등 요소로 작용했다. 임진왜란을 겪어 나라가 온통 뒤숭숭하고 전란으로 가족을 잃고 방황하는 천민이 많은것이 전쟁의 비극과 참화를 여실히 증명 해주고 있다. 임진왜란 난은 많은 백성이 목숨을 잃는 초미의 사태로 굴뚝의 연기 나는 집을 볼 수가 없었으며 갓난 애기 울음소리도 들리지 않았다. 조선을 통해 길을 내달라고 한 왜구, 왜놈들이 막무가네식 전쟁을 불사하여 우리 조선이 문화전쟁에서 실패한 전쟁이다. 1592년 4월 13일 부산포 동래로 쳐들어와 시작부터 열세를 면치 못했다. 1598년 11월 19일 전쟁이 멈춘 날이다. 선조가 피난길에 오른 날이 1592년 4월 30일 날로 창덕궁 동편 회랑에서 왕실 가족들로 피난을 피접해 파주로 오후 임진강 화석정에 도착하여 나루를 건너 개경으로 개성에서 평양, 평양에서 의주, 용만 까지 피신을 하다가 간신히 명군의 지휘한 이여송 군대와 조선군대의 일원과 힘을 합쳐 평양을 수복하고, 왜놈들을 물리치고 격퇴하여 1593년 10월 3일 다시 수도 한양을 회복했다. 명군의 지원이 없었다면 동묘가 존재하지 못했을 것이다. 은국이 명나라인 셈인데 도우러왔다가 도움을 주기에 앞서 횡포를 부렸으니 그들 또한 정말 말종 같은 민족이다.

이순신은 무예 장수다. 허나 문과 공부도 겸비된 이순신이다. 한양 건천동에서 태어나 인현동 어린 시절을 보내었다. 이정과 초계변씨 셋째아들로 청소년 시절 아산 외가에서 다복하게 자랐다. 상주 방씨와 가례를 올렸고 외가 친척집 근처 거처 현충사에 정착 하며 살았다. 20대에는 무예, 28살에는 무과시험 낙방하여 1576년 무과시험에 합격했다.

1597년 2월 25일 수군통제사 해임되고, 한양 이송되어 3월 4일 투옥되었으나 우의정 정탁의 도움으로 결백을 주장하면서 4월1일 사면되었따. 백의종군 권율장군 밑에 1597년 7월 16일 원균 칠천량 해전에서 패전하여 죽었다. '신께는 아직도 12척의 배가 남아 있습니다.' 선조 임금은 가당치도 않다고 이순신에 일침을 놨다. 그러나 이순신은 달랐다. 그는 조선 수군으로 돌아와 통제사다운 면모를 일신하였으니 이기기 위한 전쟁을 하기위해 출정을 했다. 이순신 삼도 수군통제사에 1597년 8월 29일 벽파진 진도 다시 전의를 불태워 울둘목 137척 적을 괘멸하고 대승전을 이뤘다. 이후 1597년 명랑해전 대승첩, 1598년 11월 19일 노량해전에서 전사하며 23전 23승 전승 귀신같은 존재였다. 이순신 그는 조선을 구한 명장 영웅이었다. 이순신의 장례는 84일 만에 치러지는데 벼슬 때문에 늦어진 이유를 들고 있다.

명군이 조선에 처음 발을 들여 놓을 때 겁탈, 약탈을 일삼아 공포의 대상이었다. 조선의 흥망성쇠가 삼군수군통제사에 이순신 의해 맥을 이었고 나라를 위해 자신을 초개와 같이 버리고 한 자신을 버려 한 목숨이 경각에 이르기까지 위태로움이 풍전등화나 다름이 없었으니 이순신 아니었다면 일촉즉발 누란지세를 당해 내지 못해 스스로 자멸 했을 것이다. 정신이 가득한 충신 그가 조선의 성웅인 이유는 살신성인의 의를 다해 나라를 위태 지경에서 지켜낸 장수이기 때문이다.

제 15대. 광해군

차남 : 광해군 (1575-1641,7,1.) 제주도 어등포 행원리 구좌읍에서 67세 승하

재위기간 : 1608.2-1623.3(15년1개월)

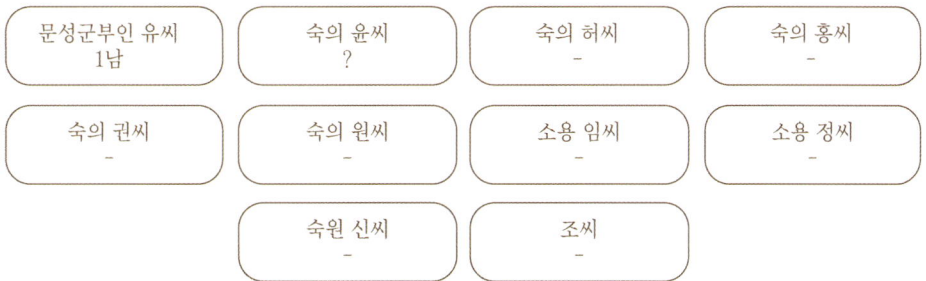

휘 혼(琿). 선조의 둘째 아들로 비(妃)는 판윤 유자신(柳自新)의 딸이다. 장자인 임해군(臨海君)이 광포하고, 인망이 없기 때문에 영창대군을 세자책봉을 명나라에 주청하였으나, 장자인 임해군이 있음을 이유로 단방에 거절당하였다. 광해군은 왕이 도저히 못될 서자 출신에다 둘째 아들이라는 흠 점 등이 있어서다. 그러나 임진왜란으로 평양에서 갑자기 광해군이 세자로 책봉되었다. 1606년 계비(繼妃) 인목왕후(仁穆王后)에게서 영창대군(永昌大君) 의(㼁)가 출생하자 선조는 영창대군을 세자로 책봉하여 왕위를 물려주려 하였고, 소북(小北)의 유영경(柳永慶)도 적통론(嫡統論)을 내세워 선조를 지지하였다.

1608년 왕위에 즉위하고 15여년 왕 자리 재위하다가 1623년 3월 12일 반정을 기화로 인조가 보위에 올라 왕을 빼앗겨 조카에 내주었다.

1608년 선혜청(宣惠廳)을 두어 경기도에서 우선적으로 대동법(大同法)을 실시했다. 1611년 양전(量田)을 실시하여 경작지를 넓혀 재원(財源) 확보를 하였으며, 선조 말에 시역한 창덕궁을 그 원년에 1608년 준공하고 1619년에 경덕궁(慶德宮 - 慶熙宮), 1621년에 인경궁(仁慶宮)을 중건하였다. 그리고 1609년에는 일본과 일본송사약조(日本送使約條-己酉約條)를 체결하고, 임진왜란 후 중단되었던 외교를 재개하였으며, 1617년 오윤겸(吳允謙) 등을 회답사(回答使)로 일본에 파견하였다. 외래문물로는 담바구 담배가 1616년에 류큐류구국(琉球國)으로부터 들어와 크게 보급되었다.

《국조보감》·《선조실록》을 편찬하였으며, 적상산성(赤裳山城)에 사고(史庫)를 설치하였다. 한편, 허균(許筠)의 [홍길동전], 허준(許浚)의 《동의보감》 등의 저술도 이때 나왔다.

1624년 서인 김류(金瑬) 김자점(金自點) 이귀(李貴) 최명길(崔鳴吉) 등이 능양군(綾陽君) 종(倧)을 받들어 인조반정(仁祖反正)을 단행하여 이이첨 정인홍은 사사하고, 광해군은 강화 교동에 유배되었다가 다시 제주도로 옮겨져 1641년(인조 19년)에 죽었다. 1637년 6월 6일 - 1641년 7월 1일 제주도에서 4년여에 부음소식을 들은 인조 광해군을 예우를 갖춰 장례를 지내게 하였다. 67세에 세상을 뜬 광해군 천수를 다했지만 왕으로 군림하던 그가 제주 탐라에 와서 4년 생활하고 적거지(謫居址)에서 생을 마감한다.

광해군은 재위 15년 동안 많은 서적을 편찬 간행하였다. 임진왜란 이후 내치(內治)로는 사고(史庫)를 정비하고 성지와 병기를 수리, 호패제(號牌制)를 실시하였으며, 대외적으로는 누수 된 국방 국경 방비와 외교에 주력하였다. 1619년 후금의 누루하치가 심양지방을 공격하여 명(明)나라의 출병요구가 있을 때 강홍립(姜弘立) 김경서(金景瑞)를 보내어 명군을 원조하게 하면서 형세를 보아 향배(向背)를 정하라는 당부를 하였다. 명나라의 모문룡(毛文龍)이 패주하자 강홍립이 후금에 항복하여 본의 아닌 출병임을 해명함으로써 후금의 침략을 모면하는 등 명과 후금 두 나라 사이에서 탁월한 양면 외교정책을 실시하였다. 선조와 함께 의주로 가는 길에 영변에서 만약의 사태에 대비해 분조(分朝)를 위한 국사권섭(國事權攝)의 권한을 위임받았다. 그 뒤 7개월 동안 강원도 함경도 등지에서 의병모집 등 분조활동을 하다가 돌아와 행재소(行在所)에 합류하였다.

광해군은 실리외교를 매우 잘한 외교문제 전문가이다. 명청의 문제를 원만히 해결하도록 했고, 손익계산서를 두들겨보고 좋은 편을 취해 중거리 외교를 한 영민함이 빛났다.

명나라의 요청에 따라 조선의 방위체계를 위해 군무사(軍務司)가 설치되자 한양이 수복되고 이에 관한 업무를 주관하였고, 1597년 정유재란이 일어나자 전라도에서 모병 군량조달 등의 활동을 전개하였다. 1594년 윤근수(尹根壽)를 명나라에 파명 하여 그 이후 선조의 갑작스러운 죽음에다 소북파의 유영경(柳永慶) 유영경의 척신정권(戚臣政權)에 대한 의도는 사류사회(士類社會)의 지지를 얻지 못하여 유영경은 도륙되고, 소북파는 몰락하였다. 이것은 1608년 선조가 병이 위독하자 그에게 선위(禪位)하는 교서를 내렸으나 소북파의 유영경(柳永慶)이 이를 감추었다가 대북파의 정인홍(鄭仁弘) 등에 의해 음모가 밝혀져 왕위에 즉위하자 임해군을 교동(喬洞)에 유배하고, 유영경을 사사(賜死)하였다.

유영경의 세자교체기도에 대해 적극적으로 반대하고 나선 것은 그에 의해 축출되었던 북인의 다른 계열인 이산해(李山海) 이이첨(李爾瞻) 정인홍(鄭仁弘) 등이고, 이들은 광해군이 즉위함에 따라 정통을 지지한 공로로 중용되어 대북(大北)이라 하였다. 1608년 즉위한 광해군은 당쟁의 폐해를 알고 억제하려다가 오히려 대북파의 책동으로 임해군, 인목대비(仁穆大妃)의 아버지인 김제남(金悌男), 영창대군 능창대군(綾昌大君) 전(佺) 등을 역모로 몰아 죽이고, 인목대비는 1617년 폐서인(廢庶人)하여 1623년 서궁(西宮)에 유폐시켰다. 1611년(광해군 3) 이언적(李彦迪), 이황(李滉)의 문묘종사(文廟從祀)를 반대한 정인홍이 성균관유생들에 의하여 청금록(靑衿錄- 儒籍)에서 삭제 당하자 유생들을 모조리 퇴관(退館)시켰다.

그에게 왕이라는 칭호는 조명되지 못하고 광해군으로 격하하여 폭군으로 치부하여 격이 떨어짐은 연산군과 광해군에 이르러 좀 더 조명을 해야 될 일이다. 중거리 외교에 달인 광해군의 치적이 있었고 연산군의 시상(詩想)은 대단한 센세이션을 일으켰고 미국에서 회자된 내용이 이를 말해준다.

무리한 궁궐 수즙 민심이탈 반기를 든 반정공신들 궁궐이 없고 가난하다면 왕을 왕으로 모실까? 무시당하는 것을 만회 차원에서 봐야 할 것 같다. 폐모 살제 인목대비 서궁 유폐 이복형제를 죽인 원한 영창대군 등이 복합되어 있는 점 사실상 죄가 많은 것이 납득이 가지 않은 부분이다.

임진왜란을 겪은 시기에 새로운 문화 등장
1906년 4월 중국으로 드나드는 신의주 – 경의선 철길이 놓여 사리원까지 교통이 편리하게 되었다. 이북 5도에 음식문화가 새롭게 생겨 급속도로 전국에 확산되었다.

잡채: 당면은 고구마 전분으로 만들어진 唐 당나라 가공 생산된 면발인데, 건조된 상태여서 가벼워서 이동을 하기가 쉬웠다. 잡채는 당면을 살짝 뜨거운 물에 삶아서 익힌 것을 재료로 야채와 닭고기. 꿩 고기가 가미된 첨가물에 참기름 간장을 약간 넣고 비벼낸 식품 기호식품으로 단연 짜장면 다음 갈 정도 호평 받았고 잔치 집 음식으로 대중에 자리 매김 되었다. 5색 빛깔의 오채 잡채 야채 시금치 당근 부추 석이버섯 표고 피망이 엉켜 시야에 먹음직하며 군침이 도는 맛으로 인기 만점이다.

문화란 외지 또 여타에 의해 충격처럼 우리 곁을 요모조모로 찾아와 디미방이 자리해 7채 무지개식품 부추잡채 송이잡채 표고버섯잡채 고추잡채 해물잡채 전복잡채 닭고기 잡채 냉채 다양성의 메뉴가 포진되어 입맛에 맞게 시식을 할 수 있어 잔치 집에 자리매김했다.

담바구: 광해시절 피운 경험담이 있으며 1600년대 임진왜란 당시 유입되다.
담배 대 길이에 따라 양반 상놈으로 담뱃불을 붙이는 사람이 있으면 귀족, 장족을 물면 양반이였다. 상류계급은 처음엔 맞담배질을 서슴없이 해댔고, 어린아이 어른 할 것 없이 곤방대에 담바구를 넣고 연

기를 들이켜 몽롱한 상태였다. 처음 담배를 피울 때 기침이 매워서 콜록콜록 하지만 담배를 애연하게 된 동기는 고독, 외로움, 쓸쓸함, 불안, 초조 등이였을 것이다. 중남미, 인도 그리고 일본을 통해 들어왔다.

책문 구두시험은 왕 앞에서 면접시험을 치뤘다. 광해 임금은 정치 현안 문제를 책문으로 제시하는데 임숙영은 오히려 질문자처럼 답변을 하니 주객이 전도되듯 분위기가 반전되고 광해는 언짢은 기색을 보이고 한바탕 광풍이 지나서야 진정이 되었다. 광해 왕이 문제라 광해 자신이 정치를 잘못해서 된 일이라고 꼬집었으니 발칵 뒤집히는 일이 벌어진것이다. 임숙영 용기와 기백이 대단하다. 이일로 관직을 못하자, 이덕형, 이항복이 부당함을 제시 광해3년 원상회복 되어 관직에 일할 수 있었다.

〈권필의 시한수를 엿보다.〉
　　宮柳靑靑花亂飛 (궁유청청화란비) 궁궐 버들 푸르고 꽃은 어지러이 나는데
　　滿城冠蓋媚春暉 (만성관개미춘휘) 도성 가득 벼슬아치들 봄볕에 아첨한다.
　　朝家共賀昇平樂 (조가공하승평락) 조정에서는 다 함께 나라 태평함을 축하하는데
　　誰遣危言出布衣 (수유위언출포의) 그 누가 포의 더러 직언을 하려고 하였는고

권필은 유희분을 공박한 시다. 이 시를 쓰자 광해군의 미움을 사서 유배 귀양 가던 차 동대문 근처에 있던 행인들이 술을 너무 많이 주어 폭음으로 죽었다.
산삼판서 침채 판서라 명하기도 이 음식을 드려서 이득을 취한 판서에 호조에 잡채판서 이충이 대표 격이라 하겠다. 넘치는 뇌물 같지는 않아 보여 뒷거래가 더 컷을 양면성 비단, 금, 은, 보화 엽전, 옥, 진주, 전토, 가옥 등이 뒷거래로 작용 된 것과 양반의 직위 높고 낮음에 차별성이라 본다.

제 16대. 인조

장남 : 인조,능안군(1595-1649.5.8.) 창덕궁 대조전 승하

재위기간 : 1623.3-1649.5(26년2개월)

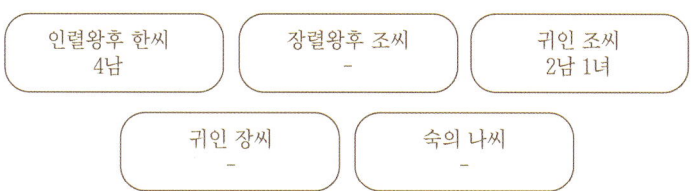

자字 화백(和伯)으로 선조의 손자이고, 비는 한준겸(韓浚謙)의 딸 인열왕후(仁烈王后)이고, 계비(繼妃)는 조창원(趙昌元)의 딸 장렬왕후(莊烈王后)이다. 1607년(선조40) 능양도정(綾陽都正)에 봉해졌다가 후에 능양군(綾陽君)으로 진봉되었다. 1623년(인조1) 김류(金瑬) 김자점(金自點) 이귀(李貴) 이괄(李适) 등 서인(西人)의 반정(反正)으로 서궁(西宮)에 유폐되어 있던 인목대비의 윤허를 받아 왕위에 추대되어 경운궁(덕수궁)에서 즉위하였다. 능은 교하(交河)의 장릉(長陵)이다.

세자빈의 질고 疾苦

심양의 마더, 속환사녀, 농사의 기재, 기인이었다. 귀인 조씨 모함을 받아 전복속의 독약 사건 연루 되어 친정 금천에서 사사를 받았다. 귀인 조씨는 초비인 인렬왕후 생전부터 인조의 후궁으로 들어와 있었다. 인조의 총애를 받는 후궁이었음에도 인렬왕후가 죽고 난 뒤, 왕비가 될 수 없었던 이유는 걸림돌이 된 서출내기 후궁으로 대접도 변변치 못해서다.

출신 성분이 서출이었기 때문이었다. 아버지는 순창조씨 조기라는 사람인데, 경상도의 관찰사급을 지낼 만큼의 고위층이었다. 그러나 어머니가 양첩이었기 때문에 그 신분이 서얼이었고 이 신분은 후궁조차 될 수 없는 걸림돌로 작용했다. (이미 인조대왕 이전에 후궁으로서 국모의 지위를 얻은이가 문종비 현덕왕후권씨, 성종비 폐비윤씨, 정현왕후 윤씨, 중종비 장경왕후윤씨가 있었기에 조씨의 출신이 온전한 양반이었다면 충분히 가능 했을 일이다)

그러나 , 인렬왕후의 형부 되는 승지 정백창이 인조에게 후궁으로 천거하여 정식절차를 밟지 않고 소위 뒷문으로 들어가 후궁이 되었다. 후궁이 된 후 인조가 귀인을 총애하자 많은 신하들이 서출을 후궁으로 들 일 수 없다하고 반대하였으나 인조가 수긍하지 않았다. 국모의 자리를 비워둘 수 없어 왕비를 처녀간택하게 되는데 이때 뽑혀서 왕비에 오른이가 장렬왕후 양주 조씨이다. 장렬왕후는 중년의 인조가 처

녀 간택한 왕비였던 만큼 세자나 봉림대군보다도 어린나이였다. 나이어린 중전은 연장자인 며느리 강빈과 소현세자가 거북했을 것이고 그들이 청나라에 볼모살이를 하는 동안에도 항상 후일을 염려했다. 그러던 중에 귀인조씨가 다가와 후일에 관해 더욱 겁을 주니, 심리적으로 몹시 불안했다.

이미 귀인은 강빈과 반목하여 지내는 상태였는데 나이 많은 며느리가 귀국하여 한 궁궐에 서 지내게 되면서 강빈과 장렬왕후의 갈등이 심화되고 고조되었다. 강한성정의 강빈은 나이어린 시어머니를 제치고 궁궐의 안주인을 자청하여 대소사를 처리하니 강씨의 강빈옥사; 금천 친가에서 사약을 받고 35세에 세상을 하직하였다. 1646년 3월 15일 소현세자빈 강석기의 딸이다.
그러나 강빈이 사사된 후, 한배를 탔던 장렬왕후의 위기의식은 극에 달했고, 이를 이용한 귀인의 계략에 합류하게 된 것이다. 귀인 조씨에 의해 인조의 곁에서 내쫓기게 되는데 이유는 왕비에게 천연두 마마 증상이 있으니 임금지척에 머무를 수 없다는 것이었다.

호종자 胡種者
; 병자호란(丙子胡亂) 때 정조(情操)를 잃고 애비 없이 낳은 아이를 호종자로 불러졌다.
1638년 6월 13일에 사헌부 오른 문건 조선왕조실록 포로로 붙들려간 여인에 대한 처리 관련해서 경연에서 계하다.
청나라인에 정조를 짓밟힌 여인들은 인조는 홍제천에서 목욕을 하면 없던 사실로 무마하겠다는 취지에 사회적 이슈로 부각되어 심각했던 조선의 단면 전쟁 후에 골치 꺼리가 양반가의 가문에 수치를 들어 이혼을 요구해와 영의정 장유의 며느리 장선징이 며느리 한씨가 청나라에 끌려갔다. 대표격 이혼을 왕이 혼자만 허락하면서 가문을 더럽힌 여인에 제사를 맞길 수 없다해 시어머니 요청을 받아들인 사례이다.
또 달리 쫓겨난 여인이 대성통곡 목을 맨 여인도 부지기수 환향녀(還鄕女)가 여기서 탄생어 이기도 하다. 남한산성에서 내려 올적에 인조는 평민 신분으로 남문을 통과치 못하여 서문으로 왕의 의복을 못 입고 평상복으로 하산을 하게 된다. 항복의 비문 잠실 롯데 석촌호수 서북단에 비석문건 단서가 영의정인 백헌 이경석이 문건을 쓰다 영의정이 명예롭게 은퇴 못한 초유의 사건 발생하였다. 조선포로 수만 명 넘게 청나라로 끌려갔다.
심양관 식솔 192명의 대식구 논농사를 지어 8년 뒤 소현세자가 심양에서 귀국 시 4,700석의 여유분 쌀이 남았다. 소현세자의 귀국은 불행 또 조선의 큰 좌절이다. 심양의 소군이라 불려 질 때 몸을 더 낮춰 더 라면 무사 안일 했을 터이다.

인조의 인격

인조와 추종세력들 유교국가에 반한 행위에 모순을 스스로 자행 자폭이다.

강석기 졸기에 왕곡을 못 가게 완강히 거절 거절당한 뒤 심양으로 소현세자빈 발길을 돌려야 했으니 그 무거운 발걸음이 천근만근 보다 더 무거웠다. 이래도 조선 조정에서 유교국가의 기치를 얘기 할 수 있을까 유교국가 이념을 운운 할 수 있을까? 낯 부끄러운 이야기다. 인조와 조정신하를 망라해 집안 통수라 해야 맞을 터이다.

소현세자 죽음

청나라 황제께서 조선의 국왕을 갈아 치울 수 있다는 삼전도 항복 조항을 넣어 제후국에 초라한 치부를 드러낸 아픔 그 자체 였다. 조선에 왕위를 바꿔 치울 수 있다고 하니 너무 치욕적인 것은 인조 자신 이였다. 그리 하여 청군을 더욱 싫어하는 것은 당연지사 아들 소현세자 인조와에 미묘한 갈등은 심양에서 돌아온 뒤 8년간 헤어져 사는 것이 부자(父子)에 연마저 끊어야 하다니, 어처구니 없는 일이다. 정말 자식을 사랑한 게 맞는 왕인가? 심양에서 돌아와 호되게 부왕으로 부터 야단을 맞고 급기야 벼루 돌로 이마를 맞은 채 피를 흘려 시름시름 앓다가 죽게 된다, 독살 사건이 개입된 정황이 다분한데 갈장을 치루고 그는 한 많은 생을 마감하고 마는데 이어서 또 한 가지 잊을 수 없는 왕의 처사였다. 세자빈 강빈이 고국에 돌아와 친정아버지 상을 당하여 보내주기를 청 했으나 왕곡 가는 것을 금하고 끝내 장례 참석지도 못하고 되돌아선 그녀 한없는 눈물을 흘리고 말았다.

소현은 아까운 조선 인재였다. 부왕에 대를 이을 그가 졸지에 숨을 거두고 심양에 볼모사건은 그가 처한 상황에서도 조선을 사랑 했었다. 외국 선교사 주선으로 천주교를 영접한 놀라운 발전 그리고 과학기술 교재 서양 문물을 받아들여 좀 더 발전적이고 지향적인 차원을 꿈꾸고 있었다.

소현세자의 시신

시신은 일곱 구멍에서 피 자국 이었다. 그의 죽음은 약물에 의한 중독사 이었다. 인조 후궁 조소용 승선군을 낳고 기세 등등하여 자신의 아들을 세자로 책봉하려 들었다. 인조와 소현세자 세자빈 험담을 늘 어놓았다.

소현에 죽음에 의문이 가기 시작한 부분이다. 보위에 오를 수 있는 그를 독살함으로써 조선에 궁궐 에선 술렁이기 시작 했다. 누가 소현세자를 죽였을까? 인조 부왕은 소현에 죽음에 가타부타 아무런 이야기를 하지 않았다. 어의들에 책임을 묻지 않는 부분도 의심 가는 일이다. 진상을 파고든 강빈 역시 죽음

을 당 한다. 사약을 받게 되는데 인조 시아버지에 밉게 보인 탓이라

왜 인조는 전의들에 문책성 책임을 묻지 않았을까? 자신의 결부가 거긴 연유되었으니 그냥 유야무야 넘어 가는 것이 그에 지론 이었다 봐야 한다.

심양에서 생활

조선은 병자호란을 치르면서 노예 신분과 그리고 오랑캐 짓밟힌 여인의 정조는 속수무책에 가까웠다.

1636년 12월2일 한양을 청이 기습했고 10만 대군 앞에 조선의 기세는 꺾이고 말았다.

고초를 겪은 조선은 참혹 그 자체였다. 청태종 누루하치에 항복을 하는 한 백헌 이경석은 삼전도의 비문을 써야할 영의정으로서 품격을 잃게 되고 명예롭게 은퇴하지 못했다. 병자호란 1636년 12월에서 1637년 1월 그해 겨울은 매섭고 혹독하게 추웠다. 인조는 항복하려는 비문을 그가 짓도록 하였고 인조의 노여움을 살 수 없어 따를 수밖에 없었다. 청태종의 오만방자가 깃들어간 그곳에 조선의 침략을 사실화 하였고, 조선의 왕을 갈아 치울 수 있다는, 단서를 넣게 하였다. 병자호란 인조는 살기위한 항복을 하므로 그의 영민성은 찾아보기 힘들다. 호로 자식이 범람했고, 지아비 없는 여인의 정절을 잃고 졸지에 화냥년이 되 버린 촌극과 비극을 낳았다.

조선은 관대하지 못했고 내 몰린 여인네 심정 또 다른 비극이 상존하여 무너진 유교 가르침 조선은 여인들을 받아들인다는 명목으로 궁여지책에 홍제천에 몸을 담가 입욕을 하면 없던 일로 한다는 인조의 허구성 놀라움을 금치 못한다. 한번 더렵혀진 정절을 어디서 만회하랴,

용인되지 않고 용납되지 않은 조선의 문화, 그들은 내 몰리고 화냥년의 길을 가는 참담한 꼴이었으니 조선이 전쟁을 치르고 볼모로 붙들려간 심양 여인, 거기에는 강빈의 아름다운 고운 심성이 사랑으로 넘쳐었다. 인조는 그것마저 부정 한다. 조선의 여인 조신하지 못하고 나 댄다는 것이 이유였다. 사건 미명아래 강석기의 졸기에 왕곡을 못 가게 인조는 강빈을 돌려세우는 초강경 무리수를 둔 인조 결코 정당화 될 수 없는 상채기를 인조는 범했다. 광해의 정당성과 배치되고 위배되는 어리석은 누를 범 하고 마는 데 그것이 결정타다. 인조 반군의 명분이 허실로 들어나는 계기 인 셈이다. 본인 스스로 자처한일 유교국가에 성리학을 우선하던 전제에서 강빈의 왕곡을 막은 자체는 자기 스스로를 부정한 사례 어찌 되었던 용납 될 수 없는 일을 저지른 우를 범한 용렬한 임금 인 것이다.

끝내 문상을 못한 딸의 심정 강빈은 심양으로 발길을 돌려야했던 세자빈 정말 어처구니없는 아버지의 죽음 앞에 가 볼 수 없는 여인 이런 조선이 어디 있을까? 인조의 정당화에 먹칠한 사건이다. 조선 순수에서 어긋난 사례 유교국가에서 절대 용납 되어 질 수 없는, 인조 의 처사는 두고두고 길이 남을 우(愚)를 범한 임금으로 남을 것이다.

강빈

그녀는 심양에서 노예들을 구출했다. 포르투갈에 팔려갈 운명에서 비참에선 조선 노예들의 통곡 그 자체를 조선은 부인하려 했지만 강빈은 싸매주고 어루만져 주었고 한사람이라도 노예로 팔려 갈 운명에서 구출 하려고 돈을 지불하였다. 속환사녀와 맞물려 어려운 난관에 봉착되기도 하였다.

이때 강빈이 조선의 국모 역할을 톡톡히 해내는데 이것을 모함 시기하는 질투 조귀인의 방정으로 인해 강빈 설 자리를 잃게 되는 불화를 겪게 되고 슬픈 비극이 한 둘이 아니었다. 인조는 왜 강빈을 부인 하려고 들었을까? 조정 신하들과 불화 마찰을 가져온 예다.

8년 동안 이국땅에서 슬픔의 한을 견딘 여인 강빈이다. 그러나 냉담한 조선은 그녀를 쉽게 받아들이려 하지 않았다. 정조를 잃은 조선의 여인의 기구한 운명이다. 또 다른 운명의 기로에선 강빈, 심양에서 볼모를 청산하고 돌아올 즈음 쌀이 심양 창고에 그득했다. 조선인 들이 경작한 심양 농사 는 대풍을 맞이했고 자급 수급이 이뤄진 첫 외국 나가 농사를 일군 사례이다.

국왕은 번뇌, 고뇌, 고민이 많던가? 충동적 이어서 안 되고 안일에 젖어서도 안 되는 것이 군주의 모습이라 본다. 유교적 이념 절제, 낭비 근절, 호화 사치를 버려야 산다. 지금 이런 것들이 통상적 이념에서 떼 놓을 수 없는 임금의 자질일 것이라고 본다.

소현세자 그는 청나라와 우호적인 태도라 부왕 인조로부터 시기어린 질투를 받게 되고 병자호란으로 패잔병과 노예로 끌려 간 조선인 쌀농사를 잘 지은 대가로 조선 노예 팔려 나온 심양에 남문 앞 잊을 수 없는 강빈 에 아픈 모습 이었다. 여자가 사대부가 왕실에 여인이 너무 나대고 있다는데 시아버지 인 인조로부터 미움을 사는 결정적 원인이라 하겠다. 소현세자 그의 죽음은 청나라와 연관 되어 있다는 정황이 뚜렷하다. 그는 친청파라 오랑캐 합세 한다고 격노하고 그 이유로 내내 외면 당한다.

그는 조선을 일으킬 수 있는 개혁 인물이었으나 그러나 그의 꿈은 좌절되고 한순간 수포로 돌아갔다. 남한산성의 45일 전쟁에 청으로부터 왕을 모욕 준 탄천 항복 수항단 고두삼배 인조 아홉 번 머리를 조아렸다. 남한산성을 내려와 탄천을 가야하는 아픈 역사다. 창경궁 양화당의 준거지로 한 인조는 답답했다. 소현세자빈 강씨(姜氏)를 금천에서 사사(賜死)하는 비극이 일어났다.

박식한 면도 없고 정치적 제스처도 없는 무지몽매한 인조가 겪는 아픔이 백성에 고통으로 이어졌다. 우유부단한 인조 아예 왕으로서 자격 수준이 문제다. 1627년 정묘호란과 1636년 병자호란 두 난을 치르고 얻은 것 없이 백성을 도탄에 빠지게 해 비극을 맛본 심양에 절규를 모른 왕, 얼마나 조선포로가 수만 명 넘게 노예로 붙들려가 고초를 겪었는데 잘 인지 못하는 왕 거기에 문제점이 노출 되고 있다. 부덕한 인조의 처세술에 구멍이 뚫린 흠집이다.

즉위 후 광해군 때 희생된 영창대군 임해군 진(臨海君 17), 연흥부원군(延興府院君) 김제남(金悌男) 등의 관직을 복권시켰다. 또한, 반정공신들에 대한 논공행상에 있어서는 도감대장(都監大將) 이수일(李守一)을 내응(內應)의 공이 있다 하여 공조판서로 임명한 데 비하여 이괄은 2등에 녹공하여 한성판윤, 이어 도원수 장만(張晩) 휘하의 부원수 겸 평안병사로 임명하자 이괄은 이에 불만을 품고 1624년(인조 2) 난을 일으켰다. 1624년 이괄이 반란을 일으켜 한양을 점령하자 일시 공주(公州)로 피난하였다가 도원수 장만(張晩)이 이를 격파한 뒤 환도하였다. 한양의 새아침, 광해군 때의 중립정책을 지양하고 반금친명(反金親明) 정책을 썼으므로, 1627년 후금군사 3만 여명으로 침략하여 의주를 함락시키고, 파죽지세로 평산(平山)까지 쳐들어오자 조정은 강화도로 천도하였으며, 최명길(崔鳴吉)의 강화주장을 받아들여 형제의 의(義)를 맺었는데, 오랑캐와 맺은 이것을 호랑이보다 더 무섭다하여 정묘호란이라 한다.

정묘호란 이후에도 조정이 은연중 친명적(親明的) 태도를 취하게 되자, 1636년 국호(國號)를 청(淸)으로 고친 태종이 누루하치가 10만 대군으로 침입하자 혹독한 추위와 식량난으로 45일을 버티다 남한산성(南漢山城)에서 패하여 백기를 들고 투항 청군(淸軍)에 항복, 군신(君臣)의 의를 맺고 소현세자(昭顯世子)와 봉림대군(鳳林大君)이 볼모로 잡혀가는 치욕을 당하였는데, 이것을 병자호란이라고 한다. 즉, 임진왜란 이후 여러 차례의 내란 외침으로 국가의 기강과 경제상태가 악화되었는데도 집권당인 서인은 공서(功西) 청서(淸西)로 분열되어 싸웠고, 김자점이 척신으로 집권하여 횡포를 일삼았다. 1636년 12월 형제의 관계를 군신의 관계로 바꾸자는 청나라의 제의를 거부하자, 10만여 군으로 다시 침입하였다. 혹한 속에 질풍노도 같이 쳐들어온 청군을 막지 못하고, 봉림대군(鳳林大君) 인평대군(麟坪大君)과 비빈(妃嬪)을 강도(江都)로 보낸 뒤 길이 막혀 남한산성으로 물러가 항거하였다. 그때 척화파 주화파간의 치열한 논쟁이 전개되었으나, 주화파의 (조선 현실 여건상 화해를 깨뜨리면 안 된다.) 장유 최명길 윤회 등 뜻에 따라 성을 나와 삼전도(三田渡 - 지금의 松坡)에서 군신의 예를 맺고, 소현세자(昭顯世子) 봉림대군을 볼모로 하자는 청나라 측의 요구를 수락하고 말았다. 이에 따라 청나라 태종은 두 왕자와 척화파 (청나라를 치고 명나라 의리를 지킨다.) 척화론자인 삼학사(三學士), 즉 홍익한(洪翼漢) 윤집(尹集) 오달제(吳達濟)를 데리고 철병하고, 양화당에 입궐한 창경궁이다. 조정은 환도하였다.

1645년 오랜 볼모의 생활에서 벗어난 소현세자가 북경에서 돌아온 지 얼마 되지 않아 1645년 4월 26일 의문의 변사를 당한 뒤, 소현세자의 아들을 후계자로 하지 않고 2남인 봉림대군을 세자로 세움으로써 현종, 숙종 때 예송 예론(禮論)의 불씨가 되기도 하였다.

이이(李珥) 이원익(李元翼)이 주장한 대동법을 실시했으며, 여진족과의 관계를 고려하여 국경지대인 중강(中江)·회령(會寧) 경흥(慶興) 등지에 개시(開市)하여 그들과의 민간무역을 공인하였다.

소현세자가 청나라에서 돌아올 때 과학서적 천주교서적 천리경(千里鏡) 화포 등을 가지고 왔으며, 특히 소현세자는 서양 문물의 효시 서양의 역법(曆法)인 시헌력(時憲曆)을 사용 하였다. 1634년 양전(量田 : 토지조사)을 실시하여 토지제도를 정비·시정하였으며, 연등9분(年等九分)의 법을 정비하여 세제(稅制)를 합리화하였다.

1645년 볼모생활에서 돌아온 소현세자가 죽자 조정은 세자 책봉 문제로 시끄러웠으며, 봉림대군을 세자로 책봉한 뒤 소현세자빈 강씨(姜氏)를 금천에서 사사(賜死)하는 비극이 일어났다. 그러나 이와 같은 난국 속에서도 군제(軍制)를 정비하여 총융청(摠戎廳) 수어청(守禦廳) 등을 신설하였으며, 북변(北邊) 방위와 연해 방위를 위하여 여러 곳에 진(鎭)을 신설하였다.

한편 《동사보편(東史補編)》《서연비람(書筵備覽)》《황극경세서(皇極經世書)》 등의 서적도 간행되었고, 걸출한 인물 송시열(宋時烈) 송준길(宋浚吉) 김육(金堉) 김집(金集) 등의 대 대정치가가 배출되기도 하였다.

제 17대. 효종

차남 : 봉림대군(1619-1659.5.4) 창덕궁 대조전 41세 승하

재위기간 : 1649.5-1659.5(10년)

| 인선왕후 장씨 1남 6녀 | 안빈 이씨 1녀 |

　1645년 4월 26일 세자가 창경궁 환경전에서 갑자기 죽자 봉림대군이 5월에 돌아와 9월 27일에 세자로 책봉되었다. 1649년 인조가 죽자 창덕궁 인정문(仁政門)에서 즉위하였고 오랫동안의 볼모생활 중 원한을 품고 은밀히 북벌계혁을 수립하였다. 청나라에 대한 김상헌(金尙憲), 송시열(宋時烈) 등을 중용(重用)하였다. 북벌개혁은 백성의 녹을 빼앗는 형태로 변질되어 북벌을 위한 군비의 확충을 기하여 군제의 개편, 군사훈련의 강화 등에 힘썼다.

　1649년 이 해 김자점(金自點) 관직을 파직시키고, 인조 말년부터 세력을 떨치던 공서파(功西派) (서학, 서교를 배척한 세력) 의 낙당(洛黨) 청서파(淸西派)를 등용했으며, 청서파의 득세 한때 유배 중이던 김자점의 청나라에다 밀고로 기밀이 누설되어 조선이 한때 고초를 겪었으나, 이를 잘 무마하였다.

　1652년 북벌의 선두부대인 어영청을 대폭 개편, 강화하고 금군(禁軍)을 기병화하는 동시에 1655년에는 금군을 내삼청(內三廳)에 모두 흡수 통합하고 600여명의 군액을 1,000명으로 증액하여 조선 중기 왕권강화에 노력하였다. 1654년 3월에는 지방군의 핵심인 속오군(束伍軍)의 훈련을 강화하기 위하여 관무재(觀武才) 등에 참가하여 군사훈련 강화에 노력하였다. 1655년 8월에는 능마아청을 설치하여 무장들로 하여금 강습권과(講習勸課)하도록 하였으며, 이듬해 정월에는 금군의 군복을 협수단의(夾袖短衣)로 바꾸어 행동에 편리하게 하는 등 집념 어린 군비확충에 노력하였으나 재정이 이에 따르지 못하여 때로는 부작용이 일어나기도 하였다. 인조 때 설치되었다가 유명무실화된 영장제도(營將制度)를 강화하는 동시에 1656년에는 남방지대 속오군에 보인(保人)을 지급하여 훈련에 전념하도록 하였다. 직접 표류해온 네덜란드인 하멜(Hamel, H.) 등을 훈련도감에 수용하여 군기시에서 염초(焰硝)생산에 조총, 화포 등의 신무기를 개량, 수보하고 이에 필요한 화약을 얻기 위해 노력하였다.

　한편 김육(金堉)의 주장으로 충청도와 전라도에 대동법(大同法)을 실시했고, 김육의 강력한 주장으로 상평통보(常平通寶)를 유통하게 하였다. 1659년 5월 4일 41세를 일기로 창덕궁 대조전에서 사망했다. 능은 경기도 양주의 건원릉(健元陵) 서쪽에 장사하였으나 뒤에 경기도 여주군 능서면 왕대리로 옮겼다.

제 18대. 현종

장남 : 현종(1641-1674) 창덕궁 대조전 승하

재위기간 : 1659.5-1674.8(15년 3개월)

명성왕후 김씨
1남 3녀

자 字 경직(景直). 효종의 아들이다. 어머니는 우의정 장유(張維)의 딸 인선왕후(仁宣王后)이고 비는 돈령부영사 김우명(金佑明)의 딸 명성왕후(明聖王后)이다. 병자호란 후 아버지 봉림대군(鳳林大君 : 孝宗)이 청의 볼모로 가 있던 선양[瀋陽]에서 심양에서 출생하였다. 1644년(인조22) 귀국하여 1649년 왕세손(王世孫)에 책봉되고, 그해 효종이 즉위하자 왕세자가 되었다.

1674년(현종15) 어머니 인선왕후가 죽자 자의대비의 복상문제가 일어나, 이번에는 남인의 기년제를 채택하여 대공설(大功說 : 9개월설)을 주장한 서인은 실각하고 남인 정권이 수립되었다. 주자의 《가례 家禮》에 의한 사례(四禮)의 준칙이 지켜지고 있었지만, 왕가에서는 성종 때 제정된 《오례의 五禮儀》에 준칙이 되어 있었다.

1662년 호남의 산군(山郡)에도 대동법(大同法)을 실시, 다음해 경기도에 양전(量田)을 실시하였다. 지방관의 상피법(相避法)을 제정하기도 하였다.

1668년 김좌명(金佐明)에게 명하여 동철활자(銅鐵活字) 10만여 자를 주조케 하였고 혼천의(渾天儀)를 만들어 천문관측과 역법(曆法)의 연구에 이바지하였다.

병비(兵備)에 유의하여 어영병제(御營兵制)에 의한 훈련별대(訓鍊別隊)를 창설하였으며 함경도 산악지대에 장진별장(長津別將)을 두어 개척을 시도, 1660년(현종1) 두만강 일대에 출몰하는 여진족을 북쪽으로 몰아내고 북변의 여러 관청을 승격시켰다.

현종이 사망하자 명성왕후가 반함례를 시행하는 가운데 중전이 반함의식을 참여 안해야하는데 간섭에 문제를 야기 시켜 신하들의 질타를 받고 물러서게 되었다.

능은 경기도 구리시의 동구릉(東九陵)이다.

제 19대. 숙종

장남 : 숙종(1661-1720.6.8.) 경희궁 융복전에서 승하

재위기간 : 1674.8-1720.6(45년 10개월)

자 명보(明譜). 종의 외아들이며 어머니는 청풍부원군(淸風府院君) 김우명(金佑明)의 딸인 명성왕후(明聖王后) 김씨. 비는 영돈녕부사(領敦寧府事) 김만기(金萬基)의 딸 인경왕후(仁敬王后), 계비는 영돈녕부사 민유중(閔維重)의 딸 인현왕후(仁顯王后), 제2계비는 경은부원군(慶恩府院君) 김주신(金柱臣)의 딸 인원왕후(仁元王后). 1667년(현종 8) 왕세자에 책봉되고, 1674년 즉위하였다

숙종에 즉위 기간은 조선 중기 이래 계속되어온 붕당정치(朋黨政治)가 절정에 이르면서 한편으로는 그 파행적 운영으로 말미암아 당폐(黨弊)가 적폐로 심화되고 붕당정치 자체의 파탄이 일어나던 시기였다. 당시 예론(禮論)에 치우쳐 논쟁이 비등하였고, 당쟁이 격심하여 갈 바를 잃었다.

왕의 즉위 초는 앞서 현종 말년 예론(禮論)에서의 승리로 남인이 득세하였고, 1680년 허견(許堅)의 역모와 관련되어 남인이 실각 경신대출척(庚申大黜陟)으로 서인이 집권하였다. 다시 1689년(숙종 15) 희빈 장씨(禧嬪張氏)가 낳은 왕자 (후일의 경종)에 대한 세자책봉이 문제가 되어 남인정권이 들어섰다가 기사환국(己巳換局), 1694년 남옥(濫獄)이 문제되고 폐출되었던 민비(閔妃)를 복위시킴을 계기로 남인이 정계에서 완전히 세가 약화되며, 대신 이미 노론 소론으로 분열되어 있던 서인이 재집권하는 갑술환국(甲戌換局)의 연속적인 변화가 있었다. 그 뒤에도 노론 소론 사이의 불안한 연정(聯政)형태가 지속되다가 다시 1716년 노론 일색의 정권이 갖추어지면서 소론에 대한 정치적 박해가 나타나게 된다. 송시열(宋時烈)의 오례문제(五禮問題)를 둘러싼 고묘논란(告廟論難), 논쟁, 민비의 폐출에서 야기된 왕과 대소신료(臣僚)들 간의 충돌, 그리고 송시열 윤증(尹拯)간의 대립에서 야기된 시시비비(是非), 왕세자와 왕자(후일의 영조)를 각기 지지하는 소론 노론의 분쟁과 대결 등 사상(思想)에 정치쟁점으로 인하여 당

파간의 정쟁은 전대(前代)에 비할 수 없으리만치 격심하였다.

그러나 대외적인 전쟁이 없어 사회가 점차 안정기로 접어든 때로 선조 말 이후 계속된 대동법(大同法)을 경상도(1677)와 황해도(1707)에 실시하여 평안도 함경도를 제외한 전국에 실시하게 되어 실효를 거두었으며, 임진왜란 병자호란 이후 계속된 토지사업을 추진하여 강원도(1709)와 삼남지방(1720)에 실시함으로써 서북지역의 일부를 제외하고는 완결 실효를 거두었다. 주전(鑄錢)을 본격적으로 실시하여 상평통보(常平通寶)를 주조해 사용, 중앙관청 및 지방관청 등에 통용하도록 하였다. 특히 폐한지(廢閑地)로 버려둔 압록강 주변의 무창(茂昌) 자성(慈城)의 2진(鎭)을 개척하여 영토회복운동을 전개하였고, 1712년 함경감사 이선부(李善溥)로 하여금 백두산(白頭山) 정상에 정계비(定界碑)를 세우게 하여 국경선을 확정하였으며, 금위영(禁衛營)을 추가로 설치하여 5영체제를 완수하였다. 일본에는 1682년과 1711년 두 차례에 걸쳐 통신사를 파견한 적이 있다.

영의정 이유(李濡)의 건의에 의하여 1712년 북한산성을 수축, 남한산성과 함께 한양을 방어책으로 양대 거점으로 삼게 하였다. 임진왜란 때 선조가 의주용만으로 피난을 떠나 민심을 잃어 다시는 궁을 져버리지 않고 백성들과 한양의 수도를 사수한다는 목적이 뚜렷하였다. 1703년 양역이정청(良役釐正廳)을 설치, 양역변통의 방안을 강구하게 하고 이듬해 당시 민폐의 해결을 위하여 호포제(戶布制)실시를 군포균역절목(軍布均役節目)을 마련함으로써 1필에서 3, 4필까지 심한 차이를 보이는 양정(良丁) 1인의 군포부담을 일률적으로 2필로 균등화하였다. 대동법과 호포제는 백성들과 나라에 운명을 함께한 비장한 마음이었다. 양미와 군포, 모시나 베를 받아 세금을 충당한 대동법의 특이법이 함께한 조선문화의 특징이다.

숙종 기간에 《대명집례(大明集禮)》《선원록(璿源錄)》 등이 간행되었고, 《대전속록(大典續錄)》《신증동국여지승람(新增東國輿地勝覽)》 등이 편찬되었다.

능은 장옥정 희빈 장씨 명릉(明陵)으로 경기도 고양시 서오릉(西五陵)에 있다.

제 20대. 경종

장남 : 경종(1688-1724.8.25.) 창경궁 환취정에서 승하

재위기간 : 1720.6-1724.8 (4년 2개월)

단의왕후 심씨 선의왕후 이씨
-                      -

　자 휘서(輝瑞). 숙종의 아들로. 어머니는 희빈 장씨(禧嬪張氏). 비(妃)는 청은부원군(靑恩府院君) 심호(沈浩)의 딸 단의왕후(端懿王后). 계비는 어유구(魚有龜)의 딸 선의왕후(宣懿王后)이다. 1690년(숙종 16) 송시열(宋時烈) 등이 반대하는 가운데 세자에 책봉되었으며, 이복동생인 연잉군(延礽君 : 뒤의 영조)은 노론(老論)의 지지를 받고 그는 소론(少論)의 지지를 받았다. 1717년 대리청정(代理聽政)하였으나, 어려서부터 질병이 있어 그 해 숙종이 몰래 노론의 이이명(李頤命)을 불러 세자가 무자다병(無子多病)함을 이유로 그의 즉위 후의 후사는 연잉군으로 정할 것을 부탁한 일이 있어 노·소론이 크게 대립각을 세워야만 했다. 그의 질환이 점점 심하여 정무수행이 어려워지자, 권위도 추락되었으며, 이를 기회로 권신(權臣)의 전횡과 당인(黨人)들의 음모가 더욱 심하여졌다. 세제 대리청정의 발설자인 김창집(金昌集) 이이명 조태채(趙泰采) 이건명(李健命) 등의 노론 4대신을 유배 보냈다.

　목호룡(睦虎龍)의 고변(告變)이 있자, 1722년 노론이 시역(弑逆)하고, 이이명을 추대할 계획을 세우고 있다는 유배 중인 노론 4대신을 사사(賜死)한 뒤 노론을 모두 숙청하였다. 이것이 신임사화(辛壬士禍)이다. 이후 소론의 과격파인 김일경 중심의 정권은 노론에 대한 가혹한 탄압을 벌여서 그의 재위 4년 동안은 당쟁(黨爭)의 절정기를 이루었다. 독도(獨島)가 우리의 영토임을 밝히는 내용을 담은 남구만(南九萬)의 《약천집 藥泉集》을 간행하였다. 1724년 서원에 급여한 전결(田結)의 환수를 의논하였다. 능은 서울 성북구 석관동에 있는 의릉(懿陵)이다.

제 21대. 영조

차남 : 연잉군(1694-1776.3.5.)

재위기간 : 1724.8-1776.3(51년 7개월)

자 광숙(光叔).숙종이 양성(養性)이라는 헌호(軒號)를 내렸다. 숙종의 2남으로 어머니는 화경숙빈(和敬淑嬪) 최씨. 1699년(숙종 25) 6세 때 연잉군(延礽君)에 봉해지고, 1721년에 왕세제로 책봉되었다. 1704년(숙종 30) 20세 때 맞은 군수 서종제(徐宗悌)의 딸이 첫 왕비 정성왕후(貞聖王后)이고, 1757년(영조 33) 왕후의 승하로 1759년에 김한구(金漢耉)의 딸 정순왕후(貞純王后)를 계비로 맞았다.

영조의 삼대 치적으로는 탕평, 균역, 외에 준천(濬川), 즉 청계천(淸溪川)을 준설한 것이 손꼽힌다. 한양 도성 가운데를 흐르는 청계천을 오랫동안 준설하지 않아 홍수 때 범람이 잦아 1760년에 준천사(濬川司)를 세웠다. 영조는 백성들의 사정을 직접 보고, 듣기 위해 재위 25년째 이 후 50여 회나 궁성을 나와 거리 행차를 하였으며, 1773년에는 경희궁 건명문(建明門)에 신문고를 달게 하였다.

1773년 6월에는 청개천의 양변을 돌로 축대를 쌓아 흙이 파 내려가지 않도록 공사를 하였다. 흙과 모래가 뒤 섞여 물난리를 겪어 준설작업을 단행하였고 거지들에게 엽전을 구휼하듯 몇 관을 청계천 광통교에서 나눠주었다. 청계천에서 정월대보름에 짚신 밟기 다리 밟기를 광통교에서 실시하여 견각을 지니게 한해를 건강히 보낼 수 있도록 민심을 챙긴 영조였다.

이인좌의 난을 계기로 반란 시 도성을 버리고 다른 곳으로 피난하지 않고 백성 민과 함께 지킨다는 전략을 새로 세워 1745년에 훈련도감 어영청 금위영 등 3군문이 도성을 분담하여 보수 관리하게 하고, 1751년 9월에 수성윤음(守城綸音)을 내려 도성의 5부 방민이 유사시 삼군문 지휘 아래 방어할 구역을 분담하여 실제 훈련을 병행하기도 하였다. 영조는 스스로 유교에 검약 절제의 생활로 일관하는 한편, 재위 중에 여러 차례 금주령과 사치풍조 금단의 조치를 내렸다. 요 순의 치세를 재현하는 것을 목표로 하는 탕평정치는 민에게 고통을 주고 있는 여러 가지 폐단들을 고치는 개혁적 조치들을 많이 단행되었다.

탕탕평평이란 논제 청계천 준천사업 백성들에 일자리를 마련, 균역법을 시행하였다.

영조는 만천의 백성(萬川 百姓)들에게 밝은 달과 같은 임금이 되고자 노력하였다. 선왕의 때부터 시작된 궁 밖 행차와 더불어 역대 왕릉 참배를 명분으로 도성 밖으로 나가 백성들을 직접 만나며 소통하는 기회를 100회 이상 가졌다. 이러한 행차는 부자(父子) 간의 애정과 애도의 흔적을 엿볼 수 있는 계기가 되었다

또한 영조는 학식 있는 신하들과 강론하는 자리인 경연(經筵)을 재위 52년간 무려 3,458회를 열었다. 연평균 66회에 달하는 이 횟수는 조선일대에 최다 기록이었다.

1750년 7월에는 양역 변통의 균역법(均役法)을 시행하여 논공을 불식시켜 종결지었으며 백성들에게 큰 부담이 되어온 양역(군역)조의 납포량을 일률적으로 1필을 감한 어염세 결전세(結田稅) 등을 부과해 결손을 채우게 하였다.

1755년에 귀양간 윤지(尹志) 을사처분(乙巳處分)으로 나주 괘서사건을 일으켜 정국이 소용돌이쳤으며, 1762년에는 세자에 대한 지나친 기대와 벌열의 움직임에 대한 과도한 경계심으로 세자를 뒤주 속에 가두어 죽이는 참사를 빚기도 하였다.

1770년 정월 편집청(編輯廳)을 설치하여 《동국문헌비고(東國文獻備考)》를 편찬할 때 상위고(象緯考) 편찬 단계에서(4월) 세종조의 측우기 만드는 법을 터득하여 호조에 명해 양궐 兩闕과 서운관에 만들어 설치하게 하는 한편 팔도에 분송하여 매번 비가 올 때마다 강우량의 척촌(尺寸)을 재서 보고하게 했다. 학교고(學校考)를 편찬하는 순서(6월)에서는 주(州) 부(府) 군(郡) 학에 6현(賢)을 함께 배향하게 하였다.

1776년 3월 영조의 승하로 경희궁에서 왕위에 오른 이산 정조는 곧 왕비를 왕대비로 올리면서 어머니 혜빈(惠嬪)을 혜경궁으로 높이는 격상을 하였다. 자신의 왕통에 관한 정리를 이렇게 마친 다음 곧 홍인한 정후겸 등을 사사(賜死)했다. 그 잔당 무리 70여 명을 처벌하면서 《명의록(明義錄)》을 기술 김치인 등이 지어 그들의 죄상을 하나하나 낱낱히 밝혀냈다.

제 22대. 정조

차남 : 정조(1752-1800)6월28일 승하

재위기간 : 1776.3-1800.6(24년 3개월)

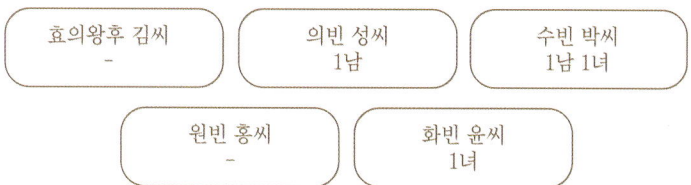

정조는 장헌세자와 혜경궁홍씨의 둘째아들로 창경궁 경춘전에서 태어났다. 자(字)는 형운(亨運), 호 홍재(弘齋). 이름은 산(祘)이다. 정조는 1759년에 세손으로 책봉되었으며, 1762년 2월에 좌참찬 김시묵(金時默)의 딸인 효의왕후(孝懿王后)와 결혼하였다. 이 해 5월에 아버지가 뒤주 속에 갇혀 죽는 광경을 목도해야 했다.

1776년 3월에 영조의 승하로 정조는 경희궁에서 왕위에 오르게 되었고, 이어서 왕비를 왕대비로 즉위시키면서 어머니 혜빈을 혜경궁으로 격상하였다. 그 후 자신의 왕위와 왕통에 대한 정리를 마치고, 홍인한, 정후겸 등을 포함한 일부 사람들을 사사(賜死)하여 처벌했다. 이 때 그 잔당 무리 중 약 70여 명을 처벌하면서, 《명의록(明義錄)》이라는 문서를 작성하였고, 김치인 등이 이 문서를 통해 그들의 죄상을 상세하게 밝혀내었다.

정조는 재위 2년째인 1777년에 대고(大誥)의 형식으로 민은(民隱)과 민산(民産) 폐단을 방지하기 위해 노력했다. 그는 각 전궁(殿宮)의 공선정례(貢膳定例)를 수정하여 궁방의 법외 납수분을 줄이고 궁방전의 세납도 궁차징세법(宮差徵稅法)을 폐지하고, 본읍에서 징수하여 궁방에 직접 공급하도록 변경하였다. 이를 통해 왕실은 스스로 모범을 보이는 모습을 보였다.

또한, 그는 2년차에서 내수사(內需司)를 통해 도망 노비를 추세(추쇄)하는 관직을 혁파하였다. 이러한 조치 이후, 감사 수령들을 통해 민은을 살피는 행정을 강화하고, 악법을 제거하고 무고한 백성을 보호하기 위해 어사를 자주 파견하였다. 게다가 지방 상급 향리들에게도 소견을 듣고 백성들의 고통을 직접 파악하였다. 이렇게 정조는 국정 개혁을 통해 백성들의 복지를 증진하고 민생을 개선하기 위해 노력했다.

도시로 모여든 이농인구가 중소상인으로 자리잡아감에 따라 1791년에 이른바 신해통공(辛亥通共)의 조치로 시전 상인들의 특권을 없애 상업 활동의 기회를 균등히 나눠 갖게 했다.

정조는 학문에 깊은 관심을 가진 왕이었다. 규장각을 설치하여 문치를 실행하고 자아성찰을 통해 학문과 정치를 병행하려는 자세를 보였다. 과거제도 개선을 위해 소과 대과(大科)는 규장각을 통해 국왕이 직접 관장하였다. 소과(小科 : 흔히 道科라고 불렸다)도 혁신하고자 주나라의 고사를 빌려 빈흥과(賓興科)로 이름을 고쳐 시행했다. 빈흥과는 국왕이 직접 출제하여 이것을 규장각신이 가지고 현지에 내려가 과시장에서 개봉 게시하고 답안지를 거두어 규장각에 가지고 와서 국왕의 주관 아래 채점하여 합격자를 발표하도록 하였다.

규장각에 검서관(檢書官) 제도를 신설하고 북학파의 거두 박지원(朴趾源)의 제자들, 즉 이덕무(李德懋)·박제가(朴齊家). 유득공(柳得恭)·등을 등용함으로써 그 사상의 북학파의 실현이 정치사로 부각되었다. 138명의 각신 서얼도 등용하여 문호를 넓혀 학문의 격을 소통시키는 중요한 역할을 했다.

정조는 인재 양성을 위해 초계문신제(抄啓文臣制)와 선전관 무강(武講)을 시행하고, 성균관에서 유생들이 공부할 수 있도록 학문 환경을 개선하였다. 형벌 제도의 개혁에도 관심을 기울여 기준을 어긴 형구를 바로잡고, 《흠휼전칙(欽恤典則)》을 각 도에 배포하였다. 그는 억울한 형벌을 받는 백성이 없도록 사형수의 결옥안을 밤새 검토하였고, 이를 바탕으로 《심리록(審理錄)》이라는 책자를 편찬하였다.

정조는 시와 서화에도 조예가 깊었으며, 국궁에서도 명궁(名弓)이라 불릴 만큼 뛰어난 실력을 보였다. 그러나 화성 건설에는 막대한 자금을 소모하여 국가 재정에 큰 부담을 주었고, 결국 그의 이상은 실행되지 못한 채 끝나고 말았다. 정순왕후에 의해 장용영이 혁파되면서 정조의 친위 체제는 해체되었고, 그의 개혁도 중단되었다.

효심 깊은 군주인 정조는 유교 국가의 왕으로서 효를 몸소 실천하고 1795년 어머니의 회갑연을 아버지의 원소가 있는 화성유수부에서 봉수당에서 열어 전국의 노인들에게 두루 양로 혜택이 돌아가는 조치를 내리기도 하였다. 즉 이 행사를 기념해 조관(朝官)은 70세 이상, 일반 사서(士庶)는 80세 이상, 80세 전이라도 해로한 자 등에게 1계를 가자(加資)하여 모두 75,145인이 혜택을 보았는데 《인서록(人瑞錄)》

》이라는 책으로 이 사실의 자세한 내용을 남겼다. 1793년의 현륭원 참배를 계기로 비변사로 하여금 원행정례(園行定例)의궤를 저술하게 하여 원행의 절차, 행렬 규모와 의식 등을 정례화하고, 1795년 잔치의 모든 사실은 《정리의궤통편(整理儀軌通編)》으로 남겼다. 재위 18년째인 1794년에 발병한 절후(癤候), 즉 부스럼이 피부를 파고드는 병이 격무와 과로로 아주 심해져 1800년 6월 28일 49세로 창경궁 영춘헌에서 일생을 마쳤다. 이곳이 집복헌 자리이기도 하다. 정조의 사망은 커다란 산이 무너진 것과 같았으며, 그의 이상과 개혁 또한 함께 막을 내렸다. 정조의 개혁과 이상은 그의 재위 24년 동안 끊임없이 추진되었지만, 그가 꿈꿨던 유토피아는 결국 실현되지 못했다. 그의 노력은 왕으로서의 책임감과 인간적인 고뇌를 보여주는 사례로, 오늘날까지 조선 시대의 중요한 역사적 교훈으로 남아 있다.

한편, 영조의 유지에 따라 효장세자도 진종(眞宗)대왕으로 추숭하고, 효장묘도 영릉(永陵)으로 격을 높였다. 그 다음에 생부의 존호도 사도세자에서 장헌세자로 높이고, 묘소도 수은묘(垂恩墓)에서 영우원(永祐園)으로 격상하고 경모궁(慶慕宮)이라는 묘호(廟號)를 내렸다.

타계하기 한 해 전에 아버지 장헌세자의 저술을 손수 편집하여 예제(睿製) 3책을 남겼고 자신의 저술·강론 등도 수년 전부터 각신들에게 편집을 명하여 생전에 《홍재전서(弘齋全書)》 찬집을 통해서 100권으로 정리된 것을 보았으며, 1814년에 순조가 규장각에 명하여 이를 간행하였다.
이외 정조의 업적으로는 장용영을 설치하고 근왕군의 대열에 서도록 시위의 진면모를 보여 그가 우위 선점에 있다는 의미로 보아야 할 것이다. 서얼에 대한 차별을 없앴으며 상인들의 자유로운 상업 활동을 보장하는 신해통공을 발표 하였다. 유언에 따라 현륭원 옆에 이산을 묻고 건릉(健陵)이라 했다. 시호를 문성무열성인장효(文成武烈聖仁莊孝)라고 하였으며, 왕조가 대한제국으로 바뀐 뒤 1900년에 선황제(宣皇帝)로 추존되었다.

제 23대. 순조

차남 : 순조(1790-1834)

재위기간 : 1800.7-1834.11(34년 4개월)

순원왕후 김씨	숙의 박씨
1남 4녀	1녀

　순조는 정조와 수빈 박 씨의 둘째 아들로 창경궁 집복헌에서 탄생하였다. 성은 이(李), 자는 공보(公寶), 휘는 공(玜)이며, 호는 순재(純齋)이다. 창덕궁 중희당에서 1남 문효 세자가 일찍 요절하여, 1800년 (정조 24) 왕세자에 책봉되고, 그 해 6월에 11세의 나이로 즉위하였다. 어린 나이의 순조를 대신해 대리 청정한 정순왕후 대왕대비는 공노비를 혁파하고, 서얼 철폐, 서얼 유통을 시행하였다. 그러나 정조 때부터 집권해오던 시파(時派)에게 보복을 가하는 등 정치적인 목적을 달성하기 위해 사교금압(邪敎禁壓)이라는 명분으로 200여 명의 천주교 교도 신도가 목숨을 잃게 되었다.

　순조의 재위 시기는 다양한 내란과 재난 사건이 빈번하게 발생한 시기였다. 1811년에는 한양에서 도적과 거지 떼가 활동하였으며, 1813년에는 제주도의 토호 양제해(梁濟海)와 1815년에는 용인의 이응길(李應吉)이 민란을 일으켰다. 1817년에는 유칠재(柳七在)와 홍찬모(洪燦謨) 등의 흉서사건(凶書事件)이 발생하였고, 1819년에는 원예(院隷)와 액예(掖隷)의 작당 모반 운동(謀叛運動)이 일어났다. 1826년에는 청주에서 괘서사건(掛書事件)이 발생하였으며, 1821년에는 서부 지방에서 전염병이 크게 번져 약 10만여 명이 목숨을 잃었고, 재위 기간 34년 중 19년에 걸쳐 한재(旱災)와 수재(水災) 등의 자연재해와 화재, 천재지변이 잇달아 발생한 어려운 시기였다.

　순조는 1827년에 계획한 대로 아들인 효명세자에게 대리청정을 맡기고 국정 일선에서 물러났다. 효명세자는 김조순 일파의 영향을 견제하며 적극적으로 정치 개혁을 추진했으나, 3년 후에 희정당에서 피를 토하고 급사하여, 1830년 5월 6일 어린 나이에 세상을 떠났다. 이로 인해 조정은 불안정한 상태에 놓이게 되었다. 한편 순조는 다양한 문화 활동과 지식 지원에도 관심을 두었다. 예를 들어, 1774년에는 영조 50년에 동궁이 세자 때에 이시원등에 여러가지 책을 간행을 하도록 지시했다. 또한, 다양한 문학 및 지식서를 간행하고, 일본과의 통신을 시도하는 등 다양한 치적을 이루었다.

　능(陵)은 경기 광주의 현재 내곡동에 위치한 인릉(仁陵)이다.

제 24대. 헌종

장남 : 헌문종(1827-1849, 6,6)

재위기간 : 1834.11-1849.6(14년 7개월)

| 효현왕후 김씨 | 효정왕후 홍씨 | 경빈 김씨 | 궁인 김씨 |
| - | - | - | 1녀 |

헌종은 순조의 손자이다. 익종과 신정왕후의 아들로 창경궁 경춘전(景春殿)에서 태어났다. 자(字)는 문응(文應), 원헌(元軒), 휘(諱)는 환(奐)이다.

조선의 왕 중에서 8살이라는 가장 어린 나이에 즉위한 왕 헌종은 첫 왕비로 김조근의 딸을 맞이했으나 열여섯 나이에 요절하였고 두 번째 왕비로 홍재룡의 딸을 맞이하였다. 그러나 왕비가 후사를 낳지 못해 난감해지자 김재청의 10대손 경빈을 간택하였는데 그녀에게 첫눈에 반한 헌종은 그녀에게 정 1품 품계를 내렸으며 독서를 하고 서고로 사용하며 휴식을 취할 공간인 석복헌을 지어주었다.

헌종은 도량이 깊은 인물이었다. 자상했고 온화한 마음은 고매함과 함께 더불어 서적, 화첩, 낙관, 돌 모으기가 취미였다. 그는 정조를 본보기로 삼았고, 도서관을 관장하며 다양한 책과 씨름을 통해 폭넓은 지식을 습득하였다. 헌종은 지식을 소유의 목적이 아닌 다양한 분야에서 혜안을 펼치고자 했으며, 낙선재의 기둥 주련에서 볼 수 있는 것처럼 소동파를 사랑하며 예술과 문화에 대한 열정을 가지고 있었다. 낙선재 현판과 인존 낙관의 쌍리에 초룡이 새겨진 것과 정면 11개 좌 4개 후 6개 모두 21개의 주련으로 낙선재 기둥마다 청나라 서예 대가들의 휘호를 접할 수가 있으니 헌종의 예술의 혼이 박힌 문화재임을 알 수있다. 특히 추사 김정희 선생의 글을 좋아했다. 또한 낙선재의 벽돌 담장과 문화 창살은 청나라의 문양과 양식을 따르고 있어, 그 시대의 문화적 영향을 뚜렷하게 보여준다. 이는 당시 청나라와의 교류와 영향을 받았음을 시사하는 중요한 증거이다.

헌종은 경빈에게 시간을 내어 자상하게 시를 가르쳐 주었다. 이는 부인인 경빈에 대한 애정과 배려를 나타내는 행동으로, 경빈 김 씨가 석복헌에서 자신의 아들을 낳기를 간절히 고대했을 것이다. 그러나 헌종의 기대와 달리 경빈은 후사를 두지 못했고, 경빈을 맞이한 지 불과 2년도 되지 못한 1849년 6월 6일 헌종은 23살 어린 나이로 창덕궁 중희당에서 세상을 떠났다. 능은 양주(楊州)의 경릉(景陵)이다.

제 25대. 철종

3남 : 철종(1831.6.17.-1863.12.8)

재위기간 : 1849.6-1863.12(14년 6개월)

철인왕후 김씨 1남	귀인 박씨 1남	귀인 조씨 2남	숙의 방씨 -
숙의 범씨 1녀	궁인 이씨 1남	궁인 김씨 -	궁인 박씨 -

철종은 정조의 이복동생이자 사도세자의 서자인 은언군(恩彦君)의 손자로, 전계부원군(全溪府院君)의 셋째 아들이다. 강화도의 한 농부로 살다가 1849년 대왕대비 순원왕후(純元王后:純祖妃)의 명으로 궁중에 들어와 덕완군(德完君)에 책봉되었으며, 1850년 19세로 헌종의 뒤를 이어 즉위하였다. 휘는 변(昪), 초명은 원범(元範), 자는 도승(道升)이고, 호는 대용재(大勇齋)이다.

고종의 즉위 이후, 대왕대비 김 씨가 수렴청정(垂簾聽政)을 맡았으며, 1851년에는 대왕대비의 근친인 김문근(金汶根)의 딸을 왕비로 삼았다. 김문근은 국구(國舅)로서 권력을 장악하며, 안동 김씨의 세도정치가 정점에 이르렀다. 이러한 시기에 최제우(崔濟愚)가 주도한 동학사상은 학정에 대항하며 민중 사회로 확장되어 새로운 정치세력으로 강화되었다. 동학사상은 만민평등을 주장하였으며, 천주교의 사상도 일반 민중뿐만 아니라 실세 양반층에까지 영향을 미치며 확고한 지지를 얻기 시작했다.

1852년부터 왕의 친정(親政)이 시작되었다. 1853년 봄에는 관서지방의 기근 대책으로 곡간, 선혜청전(宣惠廳錢) 5 만냥과 사역원삼포세(詞譯院蔘包稅) 6 만냥을 진대(賑貸)하게 하였고, 또한, 그 해 여름에는 한재가 엄청날 정도로 재곡이 부족한 상황을 애석하게 여겨 재용을 절약하고 탐묵에 대한 징벌을 강화하는 등 여러 대책을 시행했다. 1856년 봄에는 화재를 입은 약 1,000호의 여주 민가에 은자(銀子)와 단목(丹木)을 내려주어 구황케 하였고 함흥의 화재민에게도 3,000냥을 지급하였으며, 그 해 7월에는 영남의 수재 지역에 구휼미를 내어 구제하게 하는 등 빈민구호책에 적극성을 보였다. 그러나 정치에 어두운 김씨 친족 일파의 전횡(專橫)으로, 속출하는 민란을 근본적으로 수습하려는 의욕조차 보이지 못하고 있었다. 철종은 결국 14년간의 재위 기간 동안 세도정치의 혼란 속에서 여러 어려움을 겪으며, 정치를 바로잡지 못한 채 세상을 떠났다

제 26대. 고종

차남 : 철종(1852-1919,1월21일)

재위기간 : 1863.12-1907.7(43년 7개월)

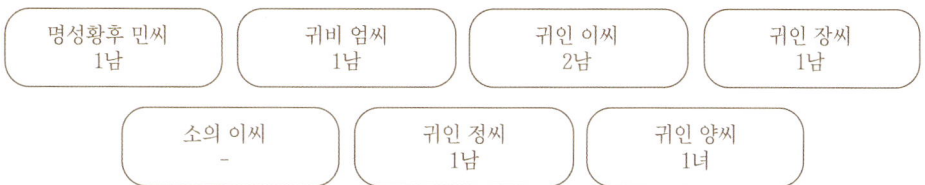

고종은 조선후기 제26대 왕이자 대한제국 제1대 황제이며 영조의 현손 흥선군 이하응과 여흥부대부인 민씨의 둘째 아들로 정선방(貞善坊)에서 출생하였다. 아명은 이명복(李命福), 초명은 이재황(李載晃), 후에 이희(李熙)로 개명, 자는 성림(聖臨), 후에 명부(明夫)로 고쳤으며, 호는 성헌(誠軒)이다.

1863년 12월, 철종이 후사 없이 승하하자 조대비(趙大妃)의 전교(傳敎)로 고종 본명 이재황 아명 이명복이 12세에 즉위하였다. 새 왕의 어린 나이로 인해 조대비가 수렴청정을 맡았지만, 큰 정치 대정(大政)을 협찬하게 한다는 명분으로 정권은 흥선대원군에 넘어가 이로부터 대원군의 10년 친정시대가 열렸다.

고종은 친족 계급인 타파 문벌을 해체하고, 척신(戚臣)을 배제하여 세도정치를 개혁했다. 또한 당파 갈등을 초월하고 인재를 등용하여 정치의 안정성을 증진했으며 의정부의 권한을 복원하고, 비변사(備邊司)를 폐지하여 중앙 집권을 강화했다. 군사 조직을 강화하기 위해 삼군부(三軍府)를 설립했으며 한강 양화진(楊花津)에 포대(砲臺)를 건설하여 서울의 경도 수비를 강화했다. 또한 양반 계급으로부터 세금을 징수하고, 양반 유생의 특권을 제한 등은 고종 초기 10년 동안 대원군이 이룩한 치적이다.

그러나, 개화당과 사대당의 갈등으로 인해 1875년 9월 19일 강화도 월미도 근처 초지진에서 왜놈의 침략이 발생했다. 이 사건을 계기로 쇄국정책을 버리고 일본과 병자수호조약을 체결했다. 이로 인해 1876년 2월 강화조약이 체결되었으며, 이 조약은 불평등한 조약으로 인해 백성들의 분노와 불만을 일으켰다.

1881년에는 신사유람단이 일본에 파견되어 새로운 문물과 신식 군대 훈련을 시찰했다. 그 결과로 왜별기군을 창설하고 군영 제도를 개혁하려 했지만, 기존 군대와의 갈등이 발생했다. 이어서, 정권은 명성황후 민비와 민씨 일가(민겸호, 민승호, 민태호)를 중심으로 한 척신 세도정치가 재개되었다. 이로 인해 국정 논쟁이 시작되었다. 김옥균, 박영효, 홍영식 등이 갑신정변(甲申政變)을 일으켜 파란을 겪고, 고종은 경우궁(景祐宮) 계동궁(桂洞宮) 등 여러 궁궐로 이동하였다. 이런 중에도 한, 미, 한, 영 수호조약을 맺어 서방국가와 외교적 관계를 맺었지만, 1885년에는 조선에서 청나라의 우월권을 배제하고, 일본도 동등한 세력을 가질 수 있게 하는 청나라와 일본 간에 간의 천진 조약[天津條約]이 체결되어 일본의 한반도 내 세력이 강화되었다. 경복궁 중수(重修)에 따른 엄청난 재정의 파탄, 악화(惡化)인 당백전(當百錢)의 주조(鑄造)와 원납전. 문전세, 양반세, 신낭전, 피폐된 민초들의 과중한 노역(勞役)으로 인해 민심이 흐트러졌다. 경복궁 중수(重修) 작업으로 인한 재정 파탄과 민심 저하 문제도 있었으며, 세금 징수, 노역 등으로 민심이 흩어졌다. 또한, 천주교도 약 8,000명이 탄압을 받고 학살당하는 등, 이 시기에는 다양한 사건과 변화가 있었다.

또한, 1866년에 프랑스 군대가 강화도를 침입하는 병인양요(丙寅洋擾)와 신미양요(辛未洋擾) 등 어두운 정치적 사건들이 발생하며, 이로 인해 쇄국정책이 더욱 강조되었다. 민비의 전략적 계획에 따라 대원군이 섭정에서 물러나자, 1873년 11월 (고종 10년) 고종이 친정(親政)을 하게 되었다. 이것은 고종이 직접 국정을 주도하는 시대의 시작을 의미한다.

집옥재
1891년 협길당을 경복궁으로 옮겨 고종 자신의 서재와 외국 사신을 접대, 접견, 정무를 보던 장소로 사용하였다. 고종이 자신의 서재를 만든 것은 군왕으로서 책도 읽고 (4만권의 장서를 비치) 스스로 의지가 있다는 것을 나타낸 것이다.

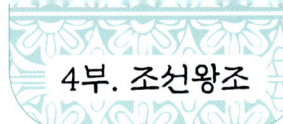

4부. 조선왕조

조선 시대의 관직 官職

조선 직급은 정 1품에서 종 9품 품계로 나누어져 있다.

관직은 벼슬 관(官), 벼슬 직(職) 즉, 벼슬(官職)을 의미하며 조선 관직(官職)은 직무의 일반적 종류를 뜻하는 관(官)과 구체적 범위를 뜻하는 직(職)을 통틀어 이르는 말이다. 문관과 무관을 총칭하는 문무백관, 또는 조정의 모든 벼슬아치를 총칭하는 만조백관으로도 일컬어지며 경직(京職)은 한양 서울에 있는 관직을 말한다.

의정부 議政府

의정부는 의논할 의(議), 정사 정(政), 관청 부(府) 즉 '조선 정사(政)를 의논(議) 하는 관청(府)'이라는 뜻을 가진 조선의 최고 행정기관으로 오늘날로 치면 청와대 아래 국무총리실이며, 빈청을 뜻한다.

의정부에는 임금 곁에서 나라를 다스리는 일인 정사(政事)를 돕는 영의정, 좌의정, 우의정 3명의 삼정승(三政丞)이 소속되어 있었다. 조선시대에는 정승이 총 365명 탄생되었다. 정승은 고려 시대와 조선 시대에 가장 높은 벼슬로 오늘날의 국무총리에 해당한다. 부서 빈청이 있어 왕을 알현하기 전 빈청에서 토론을 하고나서 왕을 접견하였다.

삼정승(三政丞)
- 영의정(領議政) : 의정, 의결을 담당하는 부서 기관인 의정부(議政)를 거느리는(領) 사람'으로 정1품 벼슬이며, 조선 시대 관직 중 가장 높다.
- 좌의정(左議政) : 의정부(議政府)의 두 번째 높은 벼슬로 정 1품이다. 백관을 통솔하고 일반정사와 외교를 처리 운영한다.
- 우의정(右議政) : 의정부(議政府)의 세 번째 높은 벼슬로 종 1품이다.

육조 六曹

여섯 육(六), 마을 조(曹) 즉 조선 시대, 나라의 일을 나누어 맡아보던 여섯 관부(官府)로 고려 시대에는 상서성(尙書省) 아래에 두었고 조선 시대에는 의정부 아래에 육조(六曹)를 두어 행정을 담당하게 하였다. 의정부와 육조를 합치면 오늘날의 행정부(行政府)에 해당한다. 광화문 밖 궐외각사에 진영이 포진해 있다. 육조의 으뜸 벼슬은 육조판서(六曹判書)로 육경(六卿) 혹은 육판서(六判書)라고도 하며, 육조(六曹)에 소속된 6명의 판서를 말한다. 오늘날의 장관에 해당한다.

- 천관· 이조(吏曹) 이조판서 : 이방, 행정자치부에 해당한다.
- 지관· 호조(戶曹) 호조판서 : 호방, 오늘날의 재정경제부로 집의 호수(戶數)를 파악하여 세금을 걷고 지출하는 부서이다.
- 춘관· 예조(禮曹) 예조판서 : 예방, 오늘날의 교육인적자원부와 문화관광부에 해당한다.
- 하관· 병조(兵曹) 병조판서 : 병방, 오늘날의 군사를 담당하는 부서인 국방부에 해당한다.
- 추관· 형조(刑曹) 형조판서 : 형방, 오늘날의 법무부에 해당한다.
- 동관; 공조(工曹) 공조판서 : 공방, 오늘날의 산업자원부와 건설교통부에 해당한다.

승정원 承政院

조선시대 승정원은 이을 받들 승(承), 정사 다스릴 정(政), 집 원 (院) 즉, 왕의 명령을 받들고 다스리던 집이라는 뜻을 가진 기관으로 오늘날의 대통령 비서실이다. 조선시대 국왕이 관원에게 내리는 각종 문서를 교지(敎旨)라고 불렀는데 왕의 교지를 받들어 왕의 명령을 출납하였으며 승정원일기'를 기록하였다.

승정원의 수장은 도승지(都承旨)로 도웁 우두머리 도(都), 이을 받들 승(承), 뜻 지(旨) 즉, 왕의 뜻을 받드는 우두머리라는 뜻을 가지고 있다. 육방승지의 으뜸이며 정 3품 오늘날의 대통령 비서실장이다.

의금부 義禁府

의금부는 옳을 의(義), 금할 금(禁), 관청 부(府) 즉 조선시대에 왕의 명령에 의해 죄인을 다스리던 사법(司法) 기관으로, 오늘날의 사법부이다. 옳은(義) 것과 금(禁) 하는 것을 판결하였으며 주로 반역죄를 처벌하였는데, 일반 범죄는 형조(刑曹)에서 다스렸다.

---

1 승정원일기(承政院日記) : 승정원에서 왕의 명령을 모두 기록한 일기로, 조선 전기부터 있었으나 임진왜란과 병자호란 때 다 소실되고, 오늘날 전하는 것은 인조 이후의 것이다.

사헌부 司憲府

사헌부는 맡을 사(司) , 법 헌(憲), 관청 부(府) 즉 법(憲)을 맡은 관청으로 고려와 조선 시대에, 관리가 법을 어기는지 비리를 저지르는지 조사하여 그 책임을 묻는 일을 맡았던 오늘날의 감사(監査) 기관인 검찰청을 의미한다. 우리나라의 최고 법규는 헌법(憲法)으로, 이때 헌(憲)자는 법(法)을 뜻한다.

사간원 司諫院

사간원은 맡을 사(司), 간할 간(諫), 집 원(院)이라는 뜻으로 조선 시대에 삼사(三司 : 사헌부, 사간원, 홍문관) 가운데 임금에게 간(諫)하는 일을 맡아보던 관청이다. 웃어른이나 임금에게 옳지 못하거나 잘못된 일을 고치도록 말하는 것을 '간(諫)한다'고 하는데 임금으로 옳지 않은 일을 많이 한 연산군 때 사간원을 없앴다가, 다음 왕 인 중종 때 다시 설치하였다.

홍문관 弘文館

홍문관은 클 홍(弘), 글월 문(文), 집 관(館) 즉 조선시대에 학자들이 모여 학문을 연구하고 궁중의 책과 글에 관련되는 일과 ,자문에 응하는 일을 맡아보던 관청으로 오늘날의 국립도서관 겸 연구소이다. 세종 때 연구소로 기능이 확대된 집현전(集賢殿)이 세조 때 홍문관(弘文館)이 되었다. 옥당(玉堂), 옥서(玉署), 영각(瀛閣)이라는 명칭을 갖기도 했다.

홍문관의 수장은 학문(學)을 끌고 가는(提) 큰(大) 사람이라는 뜻의 대제학(大提學)으로 정2품(지금의 장관)의 고위 관리로 집현전(集賢殿)과 홍문관(弘文館)을 관장하였다. 당대 최고의 학자가 대제학을 지냈으며 오늘날의 국립연구소장 및 국립도서관장이다. 예문관 관원을 지내야 품계를 받을 수 있다. 광산 김씨, 연안 이씨, 달성 서씨와 같이 대제학을 지내고 3대가 과거시험을 통과하면 명문가 집안이라 하였다.

춘추관 春秋館

춘추관은 봄 춘(春) , 가을 추(秋). 집 관(館) 즉 봄(春)과 가을(秋)을 포함한 사시사철의 역사를 기록하는 집(館)이라는 뜻을 가진 고려 시대와 조선 시대에 국사(國史)의 기록을 맡아보던 관청이다. 문사들의 기사 정리, 정사, 왕사, 어록, 간행, 찬집 어전회의 기록 등을 보관하던 곳이다 .

현재 청와대의 대통령의 기자회견 장소와 출입 기자들의 사무실로 사용되고 있는 건물도 춘추관(春

秋館)이다. 기자들이 국사(國史)를 기록하여 알리는 곳이라는 뜻으로 만들었을 것으로 추측한다.

지금은 1년을 봄, 여름, 가을 겨울로 나누지만, 한자를 만들었던 옛 중국에는 1년을 봄과 가을로만 나누었다. 그래서 춘추(春秋)라는 말이 1년이나 한해라는 의미로 사용되었고, 공자가 편찬한 춘추(春秋)라는 책도 주나라의 역사를 기록한 책이다. 역사는 매년 일어나는 일을 기록한 것이니, 춘추(春秋)라는 이름이 붙었다. 더 나아가 춘추는 '나이'라는 말로도 사용되었다. 지금도 나이의 높임말을 춘추(春秋)라고 하여 올해 춘추가 어떻게 되시나요? 와 같이 춘추를 나이에 빗대어 말하기도 한다.

성균관 成均館

성균관은 이룰 성(成), 고를 균(均), 집 관(館)의 합성어로 뜻으로 고려 말과 조선 시대 최고의 교육기관으로, 오늘날의 국립 대학과 같은 역할을 한다. 성균(成均)이란 말은 성인재지미취(成人才之未就 : 인재로서 아직 성취되지 못한 것을 완성하게 하고), 균풍속지부제(均風俗之不齊 : 풍속이 가지런하지 못한 것을 고르게 한다.)라는 교육이념에서 나왔다. 조선시대에는 진사나 생원이 되면 성균관에 입학하여, 공부를 더 한 후 대과(大科 : 큰 과거)에 응시할 수 있었다. 성균관의 최고관직은 대사성(大司成)으로 정3품이다.

한성부 漢城府

한성부는 한수 한(漢)자와 재,성 성(城)자, 관청 부(府)자의 합성어이며, 한성을 관리하는 곳으로 현재의 서울 시청과 같다. 한성부의 수장은 판윤(判尹)으로 불리며, 조선 시대 동안 519년 동안 832명의 판윤이 탄생했다.

조선 시대에는 서울을 한성(漢城)이라고 부르며, 한강(漢江)에 위치한 '성(城)'이라는 의미를 가지고 있다. 한강의 이름에 '한(漢)'자가 들어간 이유는 여러 가지 설이 있다. 한(漢)자는 원래 중국 양쯔강 중류에서 갈라진 강의 이름으로 중국 한나라의 이름도 한(漢)이다. 일부 학자들은 우리 조상들이 중국에서 이 이름을 빌려온 것으로 주장한다. 또 다른 학자들은 '한(漢)'자를 '큰'이라는 순수 우리말에서 가져왔다고 주장한다. '한글'의 '한'자는 '크다'라는 뜻이기 때문이다.

8도 八道

8도란 팔(八) : 여덟 팔, 도(道) : 길 구역 즉 전국의 8개의 지방행정구역 명칭으로 조선 태종 13년(1413년) 때 확정된 경기, 충청, 전라, 경상, 강원, 황해, 평안, 함경(함길)도 등 8개의 도를 일컫는다. 8도란 말은 1455년(세조 1년)에 편찬하기 시작하여 1477년(성종 8)에 완성된, 팔도지리지(八道地理志)란 책이 발간된 뒤 널리 쓰이기 시작했다. 그 때의 팔도와 명칭과 유래는 다음과 같다.

경기도(京畿道) : 경기는 원래 서울을 중심으로 5백리 이내로 왕이 직접 다스리는 땅을 의미한다.
함경도(咸鏡道) : 함흥(咸興)과 경성(鏡城)의 첫 글자를 따왔다.
평안도(平安道) : 평양(平壤)과 안주(安州)의 첫 글자를 따왔다.
강원도(江原道) : 강릉(江陵)과 원주(原州)의 첫 글자를 따왔다.
황해도(黃海道) : 황주(黃州)와 해주(海州)의 첫 글자를 따왔다.
경상도(慶尙道) : 경주(慶州)와 상주(尙州)의 첫 글자를 따왔다.
전라도(全羅道) : 전주(全州)와 나주(羅州)의 첫 글자를 따왔다.
충청도(忠淸道) : 충주(忠州)와 청주(淸州)의 첫 글자를 따왔다.

8도에는 백성을 보고 살피기 위해 임금이 보낸 사신(使)이라는 뜻의 관찰사(觀察使)를 파견하였다. 관찰사는 조선 시대 8도(道)의 으뜸 벼슬로 오늘날의 도지사에 해당한다.

고려 시대와 조선 시대에는 벼슬 이름으로 사(使)자를 사용하였는데 사(使)자는 '아전처럼 시키는 일을 하는 사람'이란 뜻으로 만들어진 글자로, '시키다', '부리다', '심부름꾼' 등의 뜻을 가지고 있다. 임금이 보내는 사신(使臣)이나, 대통령의 명령으로 외국에 나가는 대사(大使), 지방에 파견을 보내는 지방관 등은 모두 왕이나 대통령의 심부름꾼이란 뜻으로 이러한 사(使)자가 사용되었다. 외국에 가는 사신이나 대사처럼 지방에 가는 사람도 멀리 가기 때문에 이런 이름이 붙었다고 짐작된다.

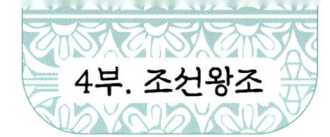

조선시대의 과거시험제도

과거의 응시자격

조선의 과거는 문과, 무과, 그리고 기술, 전문직, 잡과를 통한 시험제도를 갖추고 있었다. 이 시험제도는 관직에 진출하고 업무를 수행하기 위한 방법으로 활용되었다. 이 중에서 정기적으로 3년마다 실시되는 정시 시험인 '식년시'가 있었는데, 이 시험은 자, 묘, 오, 유, 시 등 다양한 시험 항목을 치뤘다.

과거의 조선 시험제도는 상인, 수공업자, 승려, 무당, 노비, 그리고 서얼(일반 백성)을 제외하고는 누구나 응시할 수 있었다. 그러나 조선 후기로 갈수록 가문 출신이나 출신 지역에 따른 차별적인 시험응시 자격 부여 경향이 나타났다.

이와 함께 시험 응시과정에서 재밌는 사실 중 하나는 응시자가 시험을 보는 동안 용무(화장실)를 볼 때의 상황이다. 응시자들은 일반적으로 대책 없이 회랑(시험장) 내부에서 소변을 보았고, 이로 인해 회랑 내에 코를 찌르는 정도로 지린내가 심하게 나는 경우가 많았다.

이렇게 인정전 주변 궐내에서 노상방뇨를 하는 사례가 빈번히 발생하자 광해군 시대에는 병조(조선의 경찰 기관)에서 처벌을 하도록 하였다.

과거제도

조선의 관리 임용제도는 과거가 가장 비중이 컸다. 크게 문과와 무과로 구별되고 그밖에 잡과(기술관 등용), 승과(승려 법계 시험), 이과(서리 선발), 취재(하급관리 선발)가 있었다. 그 가운데에서는 문과가 가장 핵심이었다.

1) 소과

소과(小科)는 생원(경전 시험)과 진사(문장 시험)를 통해 관료를 선발하는 시스템으로 '생진시', '사마시'라고 불리어졌다. 주로 향교나 사학에서 출신과 하급 관료들을 대상으로 실시한 시험이었다. 매 과거(시험 주기)마다 1차와 2차 두 번에 걸쳐 시험이 진행되었고, 각각에서 생원 100명과 진사 100명이 선발되었다. 소과에 합격한 사람들에게는 '백패(소과 합격증)'와 성균관 입학 자격이 부여되었다.

2) 대과

대과(大科)는 생원, 진사, 성균관 유생, 그리고 3품 이하의 현직 관료 등이 응시할 수 있었다. 대과 시험은 세 차례에 걸쳐 진행되었고, 갑, 을, 병 세 가지 등급으로 나뉘었다. 갑과의 장원 급제자는 종 6품 이상의 참상관(參上官)으로 임명되고, 병과 합격자는 정 9품 이상의 관리로 임명되었다. 각도의 인구 비례로 초시(1차)에서 240명, 복시(2차)에서 33명, 전시(3차)에서 등급(순위)을 결정하는 시험을 치렀고, 합격자에게는 '홍패(대과 합격증)'와 관직이 부여되었다.

3) 무과

무인은 문반에 비해 지위가 약한 면이 있어 조선의 무신은 한 단계 아래 계급을 지니기도 했다. 무과는 양인 이상이면 응시가 가능하고 무예와 병서 시험을 치러 28명을 선발하였는데 합격자는 '선달'이라고 불렸다. 무과는 기창(騎槍), 궁술(弓術) 등의 무예와 경서(經書), 병서(兵書) 등을 시험과목으로 하였다.

4) 문과

33인을 뽑아 기용했다. 여기서 우수한 성적을 내 과거시험에 장원을 차지하면 종 6품에 품계를 하사받아 지방고을 원님으로 나가기도 했다. 이것은 상당히 권위 있는 직위였다. 그만큼 장원을 차지하는 것은 쉽지 않았다. 그럼에도 과거시험에서 아홉 번이나 1등을 차지한 뛰어난 인물이 있다. 바로 이이 이율곡이다. 단 한번, 신사임당이 운명하고 삼년동안 시묘 살이를 한 영향 때문인지 그 후에 봤던 과거시험에서만 쓰디쓴 낙방을 경험했다.

반면 과거를 한 차례도 치르지 않고 영의정 영상까지 오른 인물이 있다. 바로 영의정을 18년 역임한 황희의 셋째 황수신이 그 주인공이다. 과거 없이 음서 음관제도, 즉 낙하산 제도로 과시 없이 영의정에 오르는 기염을 토했다. 그 당시 시대상이 반영됨을 보여준다.

식년시; 3년마다 치르는 정시 시험으로. 영화당에서 왕에게 마지막 눈도장을 찍기위해 각자의 기량을 펼치는 면접을 봤다.
특별시; 성균관에서 특별히 별시 시험을 치른 후 입궐하는 경우도 있었는데 이 또한 합격자에게는 경사였다.

소과와 대과로 나뉘는데 소과는 대과 응시자를 걸러내기 위한 자격시험이었고, 소과에 합격한 이후 대과에 응시 및 합격해야만 관직으로 나아갈 수 있었다.

5). 잡과

잡과는 중인 자제가 주로 응시하였는데 총 46명을 뽑았다. 잡과는 관상감(觀象監), 사역원(司譯院), 전의감(典醫監), 형조(刑曹) 등에 근무하는 중인(中人)의 자제 중 그 분야에 소양이 있는 자들을 해당 관청에서 선발하였다. 잡과 합격자는 해당 부서의 하급 관리로 임용되고 승진도 할 수 있었으나 최고 3품(당하관)까지 밖에 오를 수 없었다.

과거는 정기적으로 3년에 한 번씩 치르도록 되어 있었다. 이와 같은 정기 과거를 '식년시'라고 하며 519년 동안 163차례 이루어졌다. 양반들의 요구로 식년시 외에도 '별시'라고 불리는 부정기 과거가 실시되었는데 이 별시의 회수가 식년시의 회수보다 훨씬 많았다. 총 740 차례나 치뤄졌으며 과거 조선시대에 별시를 자주 실시하였던 이유는 그들을 모두 등용하려는 것이 아니라 양반층을 회유하려는데 목적이 있었다. 따라서 과거에 합격했다 하더라도 모두 관직에 임용되는 것은 아니었다. 일종의 명예직인 '산직'이나 녹봉을 받지 못하는 '무록관' 등으로 임명되는 경우도 허다하였다.

조선시대 관리 등용 제도에서 음서(고려·조선 시대 부(父)나 조부(祖父)가 관직생활을 했거나 국가에 공훈을 세웠을 경우에 그 자손을 과거에 의하지 않고 특별히 서용하는 제도)보다 과거가 비중이 컸다는 것은 그만큼 관료주의 국가로서의 면모를 갖추었음을 말하며 학력과 능력이 존중된 합리적 사회였음을 뜻한다. 그러나 현량과(학문과 덕행이 뛰어난 인재를 천거에 의해 대책(對策)만을 시험보고 채용하는 제도 - 조선 중종 때 조광조의 건의에 따라 시행된 관리등용 제도)가 시행되기도 하고 후기에는 특정 가문 중심의 세도정치가 성행하면서 과거제도는 점차 문벌을 양산하는 형식적 절차로 전락하고 말았다. 실학자들의 과거제도 무용론이 등장한 것도 이러한 맥락에서 였다. 그리하여 과거제도는 갑오개혁 때 폐지되고 새로운 관리등용법이 채용되어 종래의 신분구별 등도 없어지게 되었다.

*지공거: 과거시험 감독관이다. 조선에서 가장 공경 받은 자가 뽑혔으며, 과거시험에 합격한 사람 중 가장 존경스러운 인물로는 퇴계 이황을 손꼽을 수 있다.

참고서적

- 궁궐 현판의 이해
- 궁궐 주련의 이해
- 조선시대 궁궐 용어 해설
- 경복궁 석조조형물 실측도면집
- 경복궁 석조조형물 천수 조사
- 경복궁 석조조형물 천수조사 목록표
- 경복궁 복원기본계획
- 북궐도
- 근정전 상권
- 근정전 하권
- 경복궁 아미산 굴뚝 실측조사
- 자경전 및 자경전 십장생 굴뚝 실측조사
- 조선 왕실 왕비와 후궁의 생활
- 집옥재 수리조사서
- 조선시대 국장에 나타난 외와 내의 구분
- 조선왕조실록
- 한권으로 읽는 조선왕조실록 박영규 저

- '조선 왕실의 음식문화' 소개 - 한복려
- 한국 회화사 연구 안휘준 저.
- 고구려 고분벽화 연구 전호태 저.
- 고구려 사신도의 연구 권선희 저.
- 특별기획전 고구려 - 특별기획전 고구려 추진위원회 편.
- 민족문화대백과 사전
- 조선태조어진
- 태조실록
- 연려실기술
- 국조보감
- 승정원일기
- 일성록
- 조선고적도보
- 경국대전
- 한경지략
- 대한계년사 정교

저자 : 박동환

펴낸이: 김예진, 김예은

형태 및 본문언어

280 / 190*260 / 한국어

가격정보: 23,000원

ISBN 978-89-963636-8-2

발행처 : 한마음문화사